BORUTO

-NARUTO NEXT GENERATIONS-

18. Schriftrolle

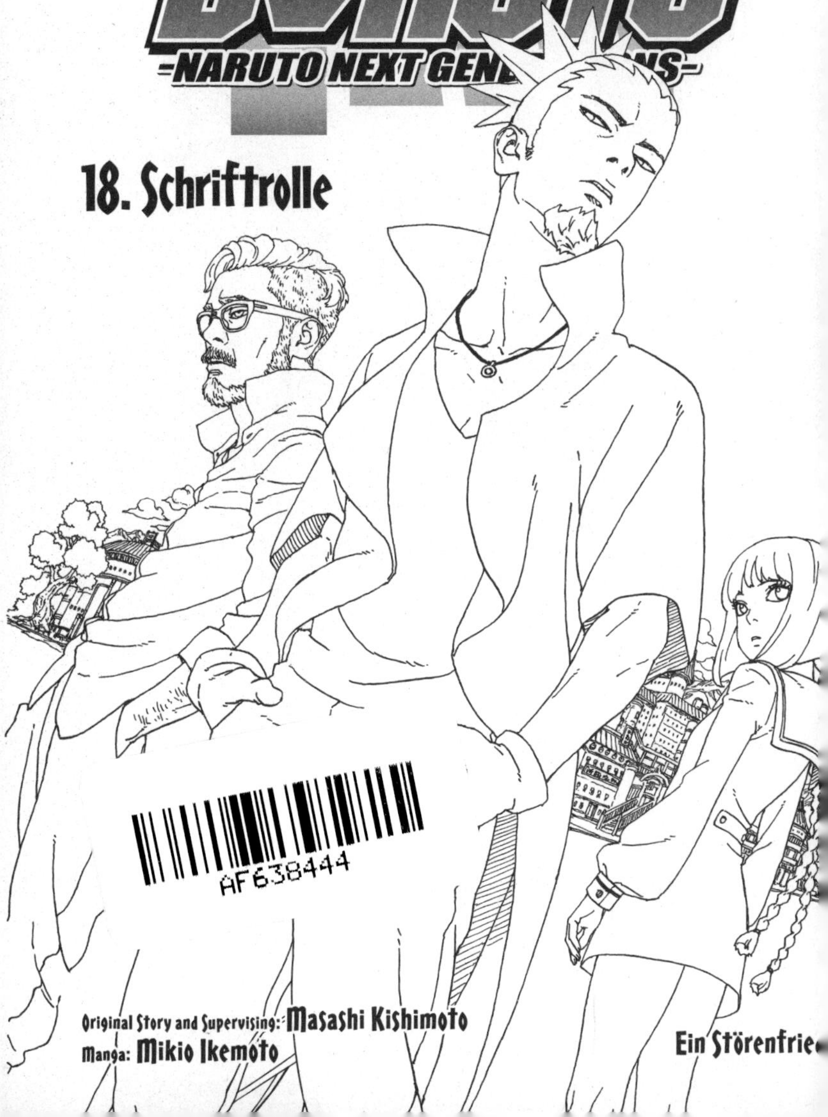

Original Story and Supervising: Masashi Kishimoto
Manga: Mikio Ikemoto

Ein Störenfrie

BORUTO
-NARUTO NEXT GENERATION-

Charaktere

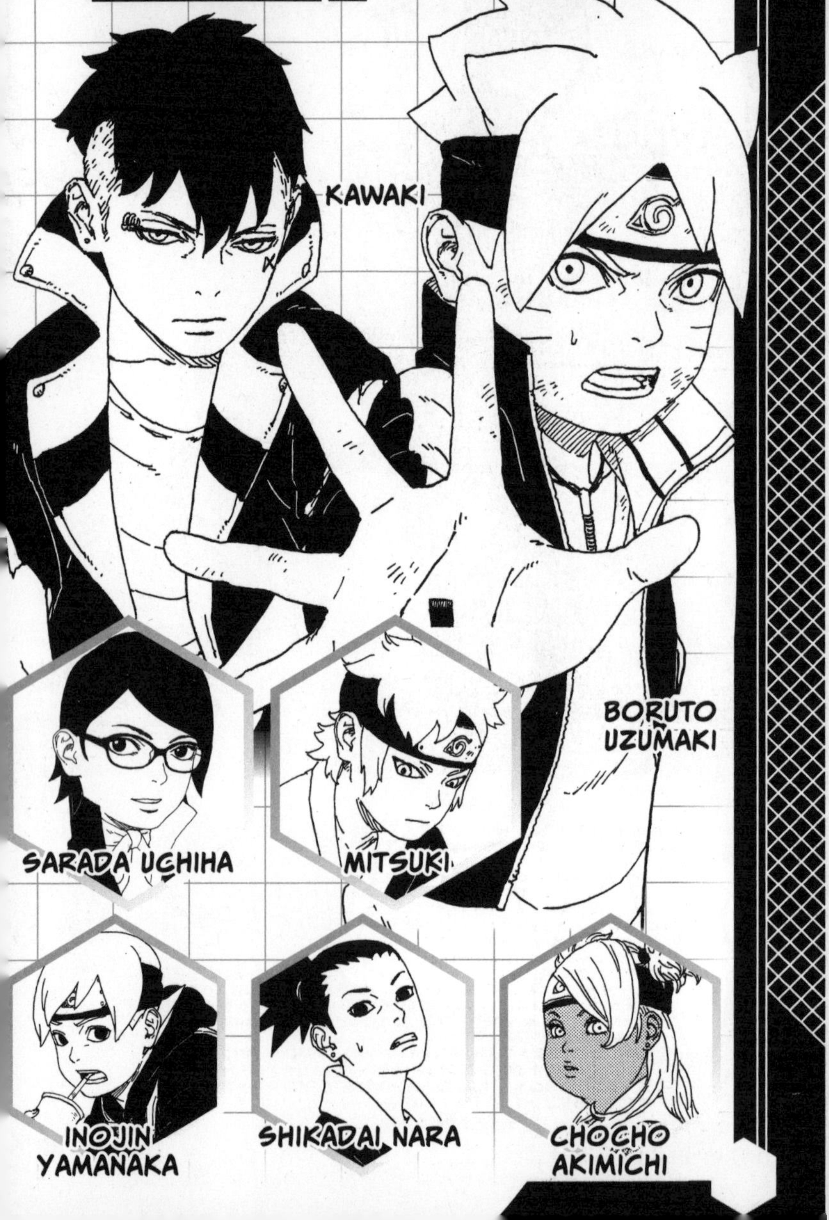

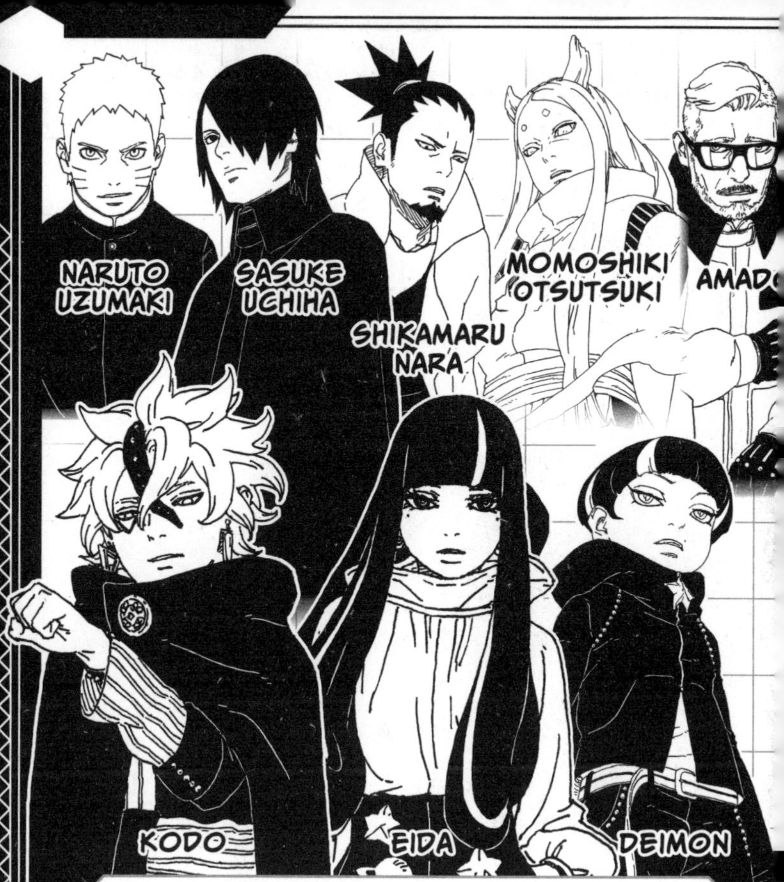

STORY

DER NINJA-WELTKRIEG IST VERGANGENHEIT, DIE MENSCHEN IM DORF KONOHAGAKURE GENIESSEN DEN FRIEDEN. DOCH DANN GREIFEN DIE OTSUTSUKIS DAS DORF AN UND HINTERLASSEN BEI BORUTO, DEM SOHN VON NARUTO, DEM SIEBTEN HOKAGE, EIN SELTSAMES MAL: KAMA.

NACH DEM VORFALL STÖSST BORUTO AUF EINEN JUNGEN NAMENS KAWAKI, DER EBENFALLS EIN KAMA TRÄGT. KAWAKI WIRD VON NARUTOS FAMILIE IN OBHUT GENOMMEN, GEWÖHNT SICH ALLMÄHLICH AN DAS LEBEN IN KONOHA UND RESPEKTIERT NARUTO.

ABER DANN VERSUCHT ISSHIKI OTSUTSUKI, MITHILFE VON KAWAKIS KÖRPER WIEDER AUFZULEBEN. NARUTO UND SEINE MITKÄMPFER KÖNNEN DAS JEDOCH VERHINDERN, SODASS ISSHIKI STIRBT. KODO, DER LETZTE AUS DER KERNTRUPPE VON KARA, ÜBERNIMMT VON ISSHIKI DEN OTSUTSUKI-WILLEN, SCHWÖRT, NARUTO UND DIE ANDEREN ZU SCHLAGEN, UND ERWECKT DAFÜR CYBORG-GESCHWISTER.

IM KAMPF GEGEN KODO GEWINNT KAWAKI DAS KAMA WIEDER, DAS ER VERLOREN HATTE, UND DURCHSCHLÄGT MIT DESSEN KRAFT BORUTOS BRUST – BORUTO SCHEINT TOT ZU SEIN, DOCH DIE DATEN VON MOMOSHIKI OTSUTSUKI LASSEN IHN WIEDER AUFLEBEN...

BORUTO

Boruto
-Naruto Next Generation-

18. Schriftrolle

Ein Störenfried

INHALT

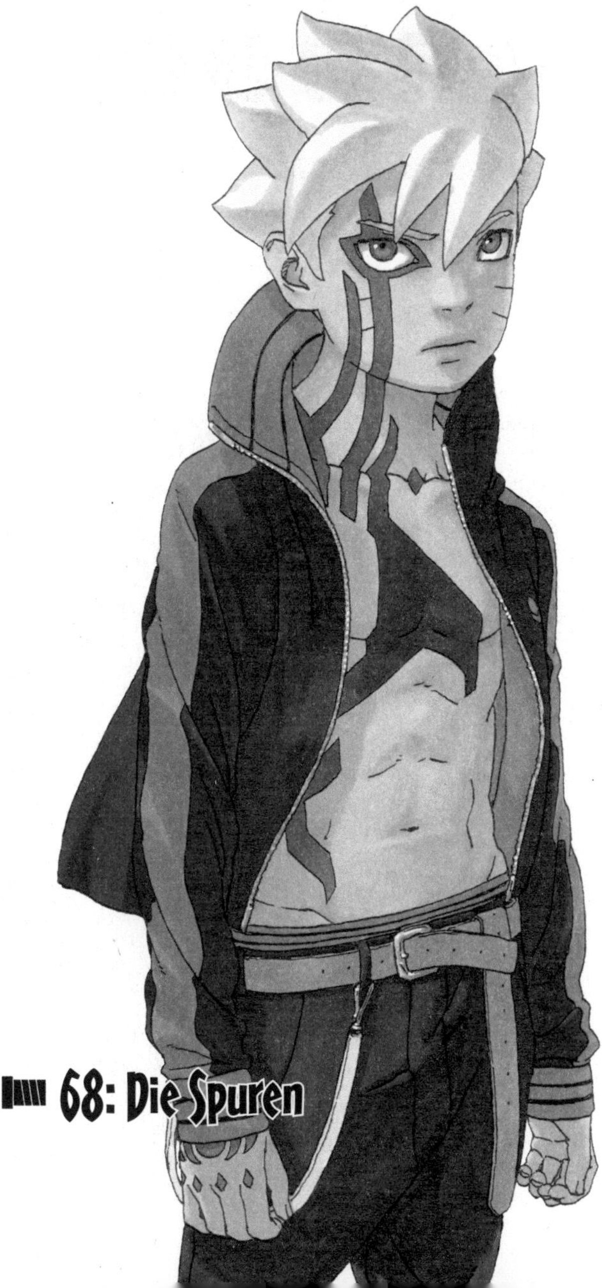
68: Die Spuren

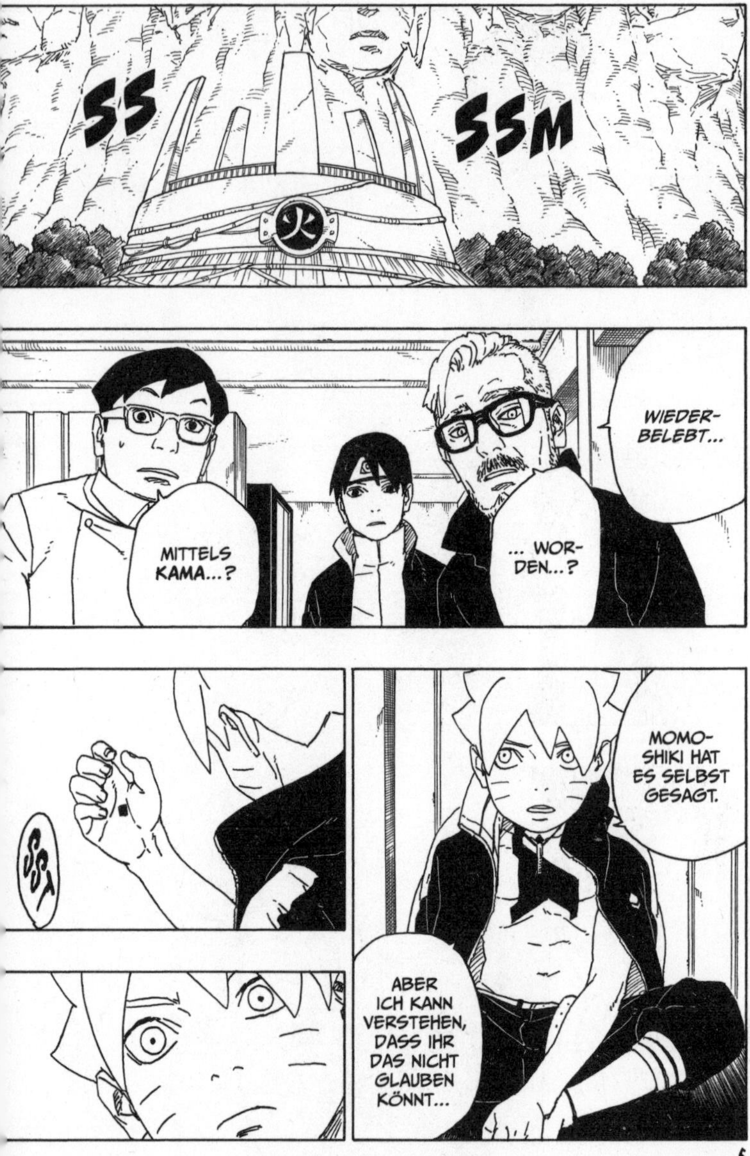
SSM
SS
WIEDER-BELEBT...
... WOR-DEN...?
MITTELS KAMA...?
MOMO-SHIKI HAT ES SELBST GESAGT.
SST
ABER ICH KANN VERSTEHEN, DASS IHR DAS NICHT GLAUBEN KÖNNT...

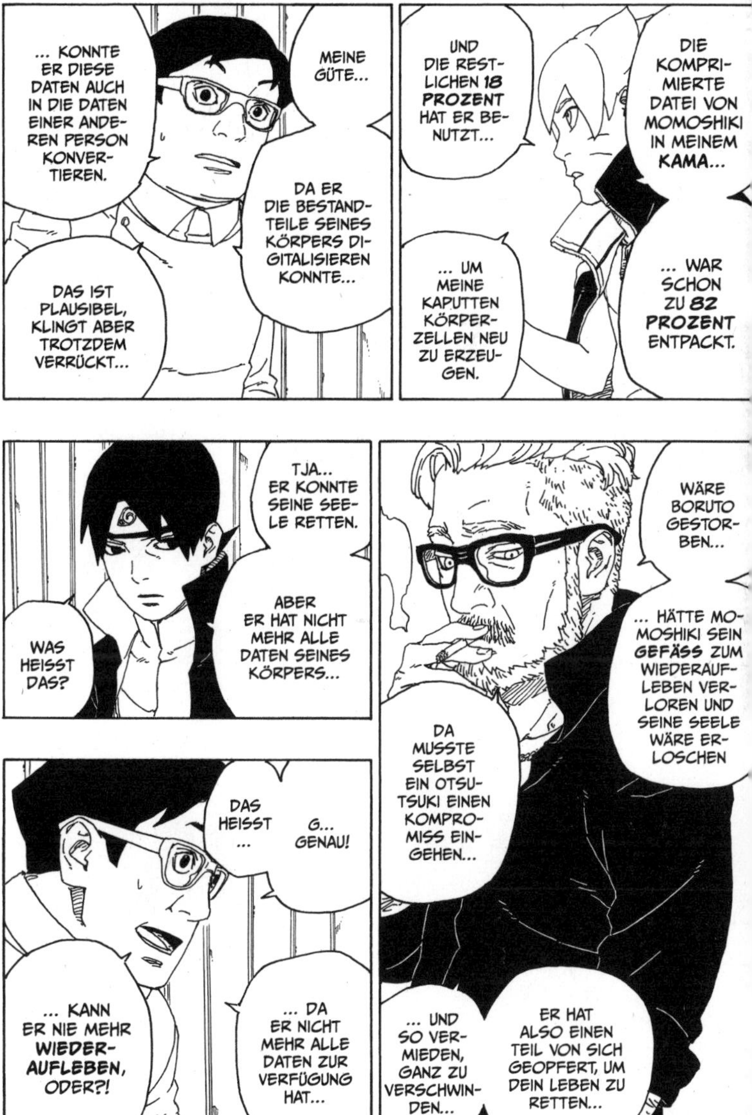
DIE KOMPRIMIERTE DATEI VON MOMOSHIKI IN MEINEM KAMA...
... WAR SCHON ZU 82 PROZENT ENTPACKT.
UND DIE RESTLICHEN 18 PROZENT HAT ER BENUTZT...
... UM MEINE KAPUTTEN KÖRPERZELLEN NEU ZU ERZEUGEN.
MEINE GÜTE...
DA ER DIE BESTANDTEILE SEINES KÖRPERS DIGITALISIEREN KONNTE...
... KONNTE ER DIESE DATEN AUCH IN DIE DATEN EINER ANDEREN PERSON KONVERTIEREN.
DAS IST PLAUSIBEL, KLINGT ABER TROTZDEM VERRÜCKT...
WÄRE BORUTO GESTORBEN...
... HÄTTE MOMOSHIKI SEIN GEFÄSS ZUM WIEDERAUFLEBEN VERLOREN UND SEINE SEELE WÄRE ERLOSCHEN
DA MUSSTE SELBST EIN OTSUTSUKI EINEN KOMPROMISS EINGEHEN...
TJA... ER KONNTE SEINE SEELE RETTEN.
ABER ER HAT NICHT MEHR ALLE DATEN SEINES KÖRPERS...
WAS HEISST DAS?
ER HAT ALSO EINEN TEIL VON SICH GEOPFERT, UM DEIN LEBEN ZU RETTEN...
... UND SO VERMIEDEN, GANZ ZU VERSCHWINDEN...
G... GENAU!
DAS HEISST ...
... DA ER NICHT MEHR ALLE DATEN ZUR VERFÜGUNG HAT...
... KANN ER NIE MEHR WIEDERAUFLEBEN, ODER?!

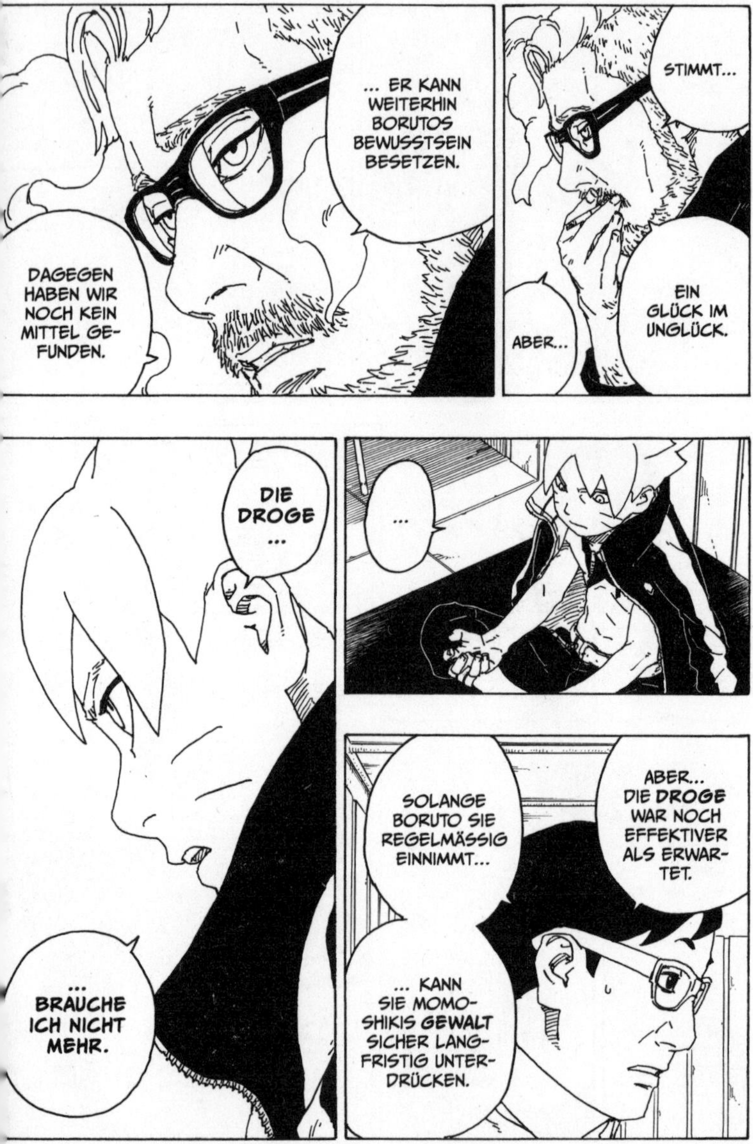

STIMMT...
EIN GLÜCK IM UNGLÜCK.
ABER...
... ER KANN WEITERHIN BORUTOS BEWUSSTSEIN BESETZEN.
DAGEGEN HABEN WIR NOCH KEIN MITTEL GE-FUNDEN.
...
ABER... DIE DROGE WAR NOCH EFFEKTIVER ALS ERWAR-TET.
SOLANGE BORUTO SIE REGELMÄSSIG EINNIMMT...
... KANN SIE MOMO-SHIKIS GEWALT SICHER LANG-FRISTIG UNTER-DRÜCKEN.
DIE DROGE ...
... BRAUCHE ICH NICHT MEHR.

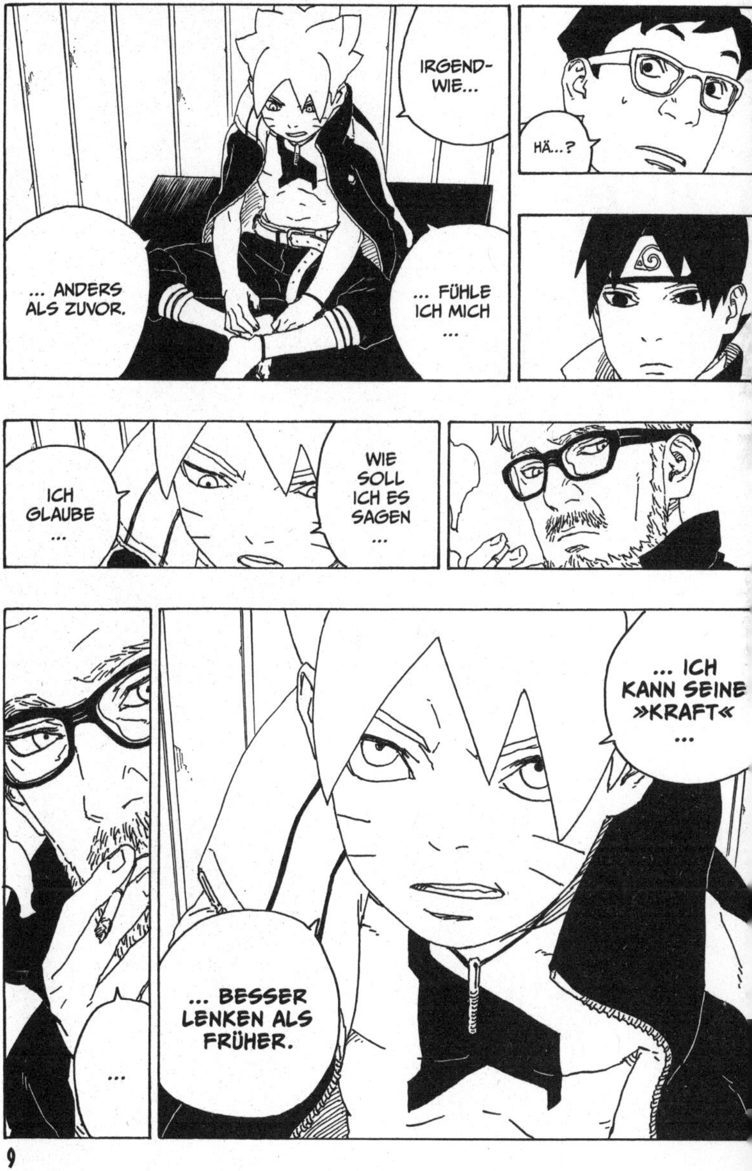
HÄ..?
IRGEND-WIE...
... FÜHLE ICH MICH ...
... ANDERS ALS ZUVOR.
WIE SOLL ICH ES SAGEN ...
ICH GLAUBE ...
... ICH KANN SEINE »KRAFT« ...
... BESSER LENKEN ALS FRÜHER.
...

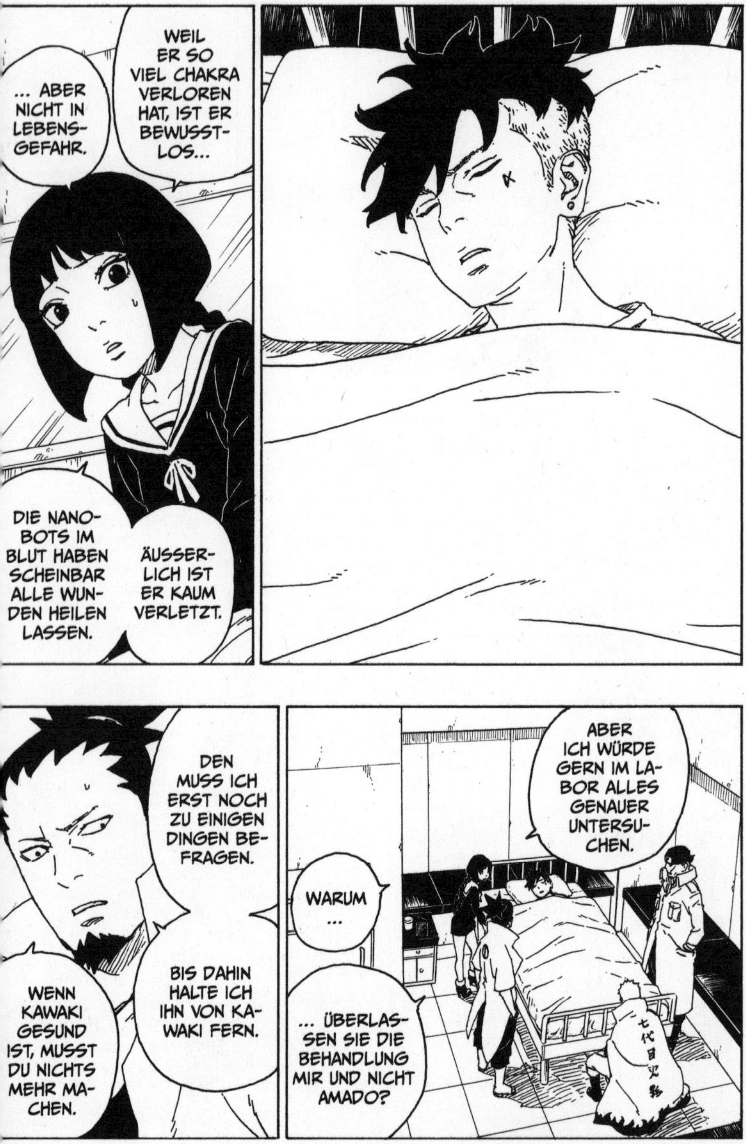
WEIL ER SO VIEL CHAKRA VERLOREN HAT, IST ER BEWUSSTLOS...
... ABER NICHT IN LEBENSGEFAHR.
ÄUSSERLICH IST ER KAUM VERLETZT.
DIE NANOBOTS IM BLUT HABEN SCHEINBAR ALLE WUNDEN HEILEN LASSEN.
ABER ICH WÜRDE GERN IM LABOR ALLES GENAUER UNTERSUCHEN.
WARUM ...
... ÜBERLASSEN SIE DIE BEHANDLUNG MIR UND NICHT AMADO?
DEN MUSS ICH ERST NOCH ZU EINIGEN DINGEN BEFRAGEN.
BIS DAHIN HALTE ICH IHN VON KAWAKI FERN.
WENN KAWAKI GESUND IST, MUSST DU NICHTS MEHR MACHEN.

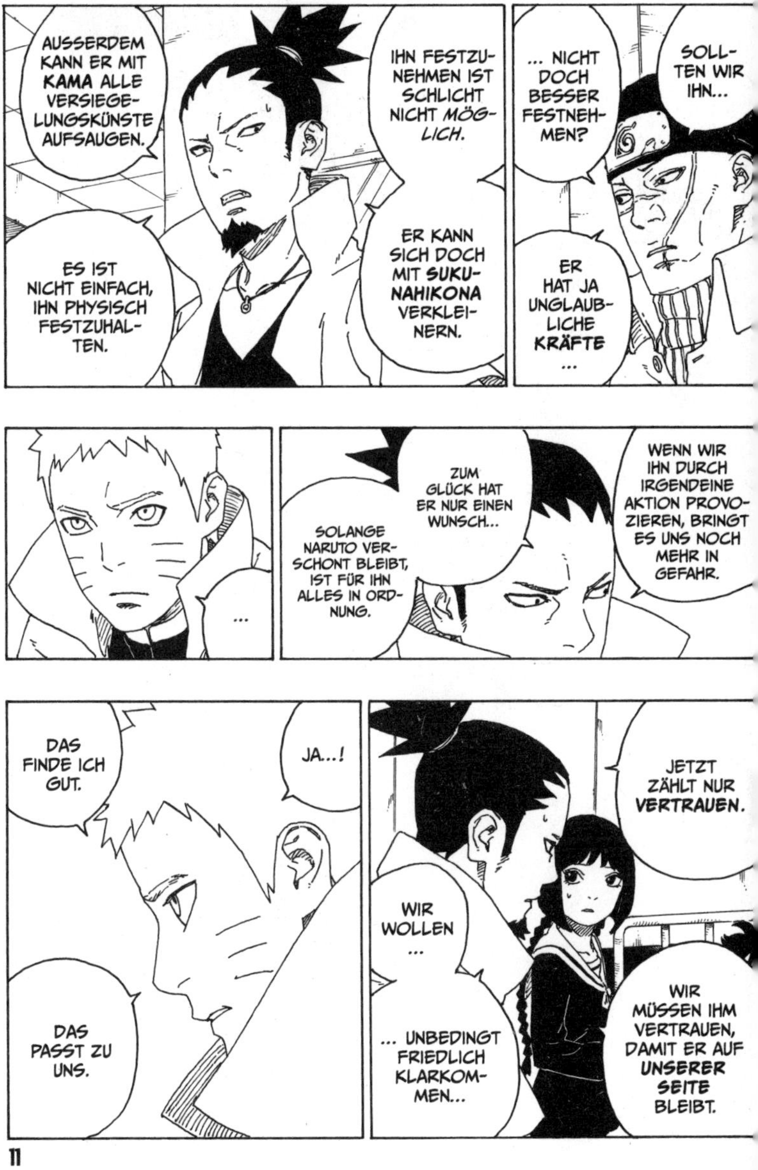
SOLLTEN WIR IHN...
... NICHT DOCH BESSER FESTNEHMEN?
ER HAT JA UNGLAUBLICHE KRÄFTE ...
IHN FESTZUNEHMEN IST SCHLICHT NICHT MÖGLICH.
ES IST NICHT EINFACH, IHN PHYSISCH FESTZUHALTEN.
ER KANN SICH DOCH MIT SUKUNAHIKONA VERKLEINERN.
AUSSERDEM KANN ER MIT KAMA ALLE VERSIEGELUNGSKÜNSTE AUFSAUGEN.
WENN WIR IHN DURCH IRGENDEINE AKTION PROVOZIEREN, BRINGT ES UNS NOCH MEHR IN GEFAHR.
ZUM GLÜCK HAT ER NUR EINEN WUNSCH...
SOLANGE NARUTO VERSCHONT BLEIBT, IST FÜR IHN ALLES IN ORDNUNG.
...
JETZT ZÄHLT NUR VERTRAUEN.
WIR MÜSSEN IHM VERTRAUEN, DAMIT ER AUF UNSERER SEITE BLEIBT.
WIR WOLLEN ...
... UNBEDINGT FRIEDLICH KLARKOMMEN...
JA...!
DAS FINDE ICH GUT.
DAS PASST ZU UNS.

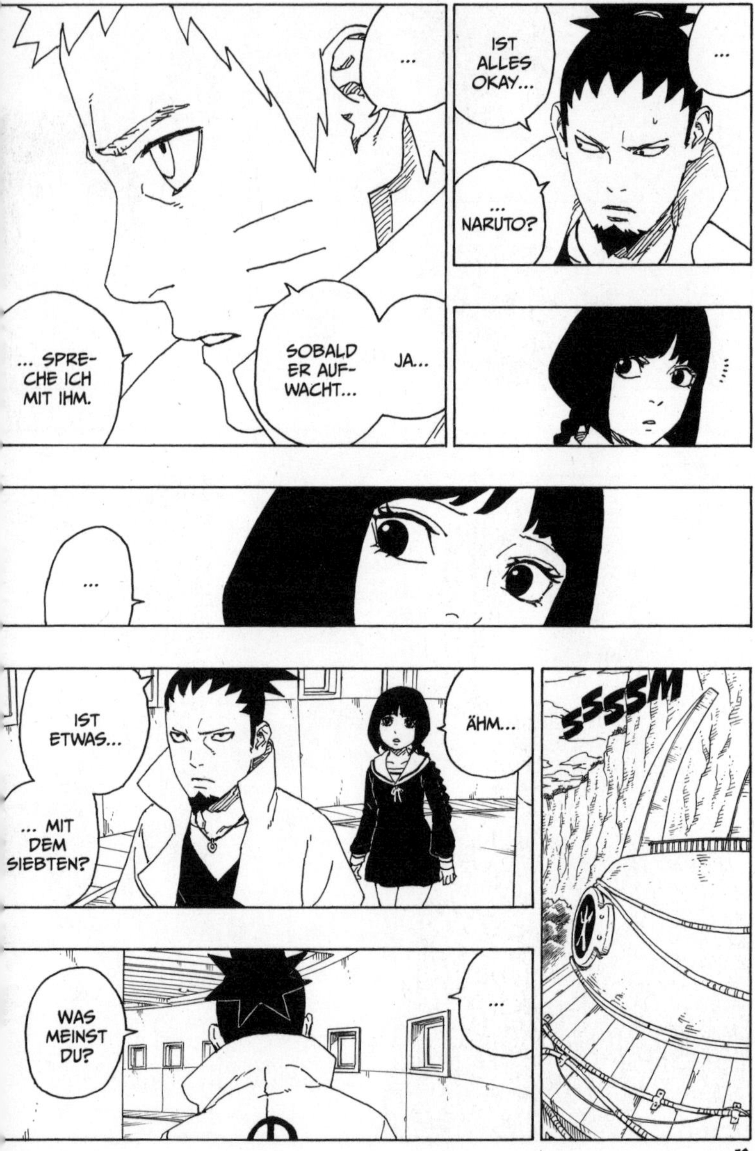
...
IST ALLES OKAY...
... NARUTO?
...
JA...
SOBALD ER AUFWACHT...
... SPRECHE ICH MIT IHM.
...
SSSSM
ÄHM...
IST ETWAS...
... MIT DEM SIEBTEN?
...
WAS MEINST DU?

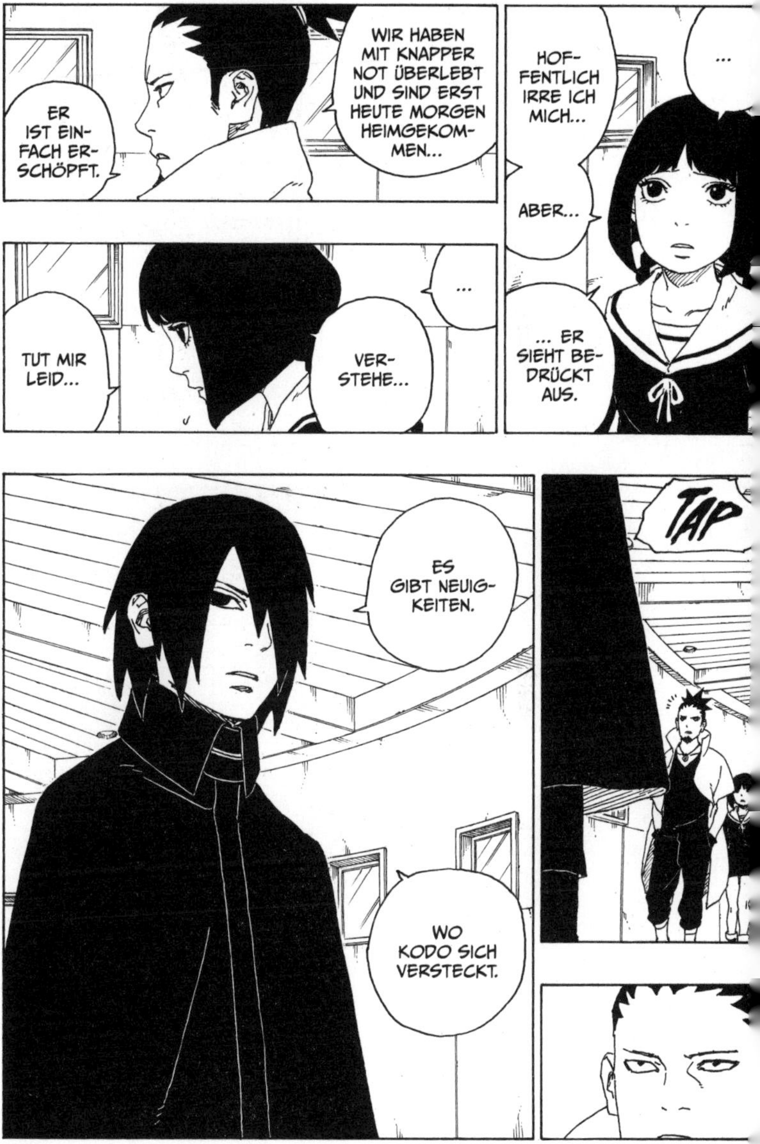
...
HOFFENTLICH IRRE ICH MICH...
ABER...
... ER SIEHT BEDRÜCKT AUS.
WIR HABEN MIT KNAPPER NOT ÜBERLEBT UND SIND ERST HEUTE MORGEN HEIMGEKOMMEN...
ER IST EINFACH ERSCHÖPFT.
...
VERSTEHE...
TUT MIR LEID...
TAP
ES GIBT NEUIGKEITEN.
WO KODO SICH VERSTECKT.

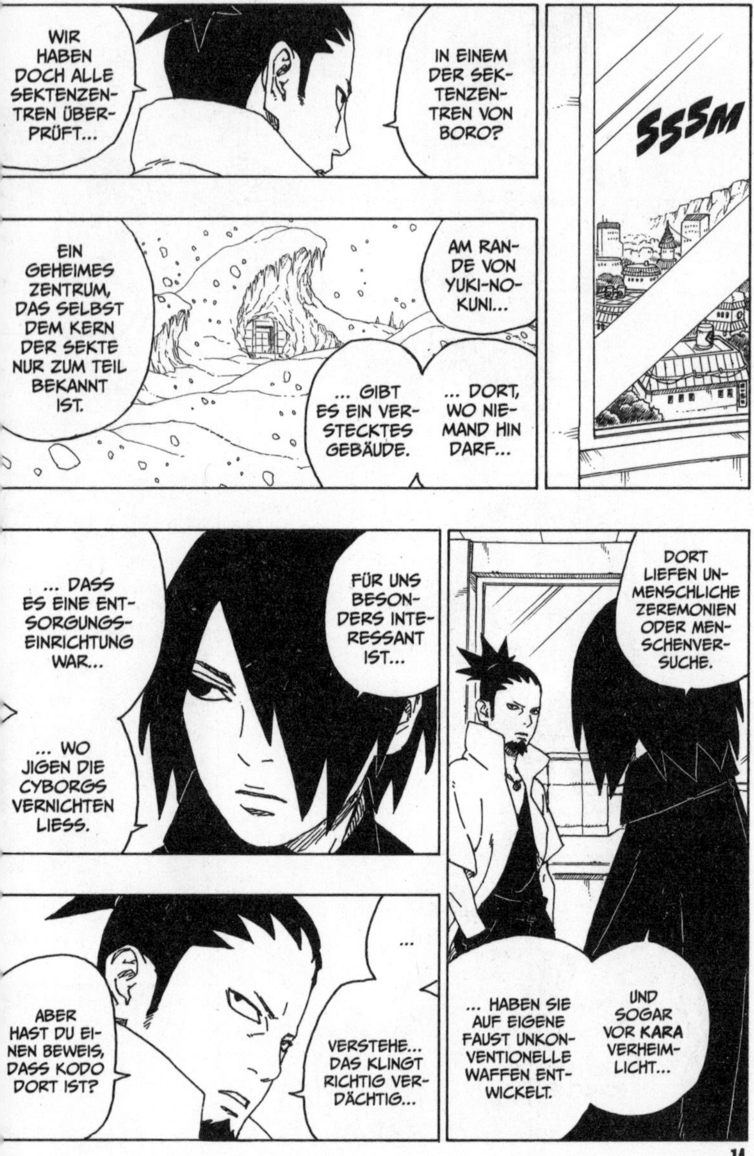
SSSM
IN EINEM DER SEKTENZENTREN VON BORO?
WIR HABEN DOCH ALLE SEKTENZENTREN ÜBERPRÜFT...
AM RANDE VON YUKI-NO-KUNI...
... DORT, WO NIEMAND HIN DARF...
... GIBT ES EIN VERSTECKTES GEBÄUDE.
EIN GEHEIMES ZENTRUM, DAS SELBST DEM KERN DER SEKTE NUR ZUM TEIL BEKANNT IST.
DORT LIEFEN UNMENSCHLICHE ZEREMONIEN ODER MENSCHENVERSUCHE.
UND SOGAR VOR KARA VERHEIMLICHT...
... HABEN SIE AUF EIGENE FAUST UNKONVENTIONELLE WAFFEN ENTWICKELT.
FÜR UNS BESONDERS INTERESSANT IST...
... DASS ES EINE ENTSORGUNGSEINRICHTUNG WAR...
... WO JIGEN DIE CYBORGS VERNICHTEN LIESS.
...
VERSTEHE... DAS KLINGT RICHTIG VERDÄCHTIG...
ABER HAST DU EINEN BEWEIS, DASS KODO DORT IST?

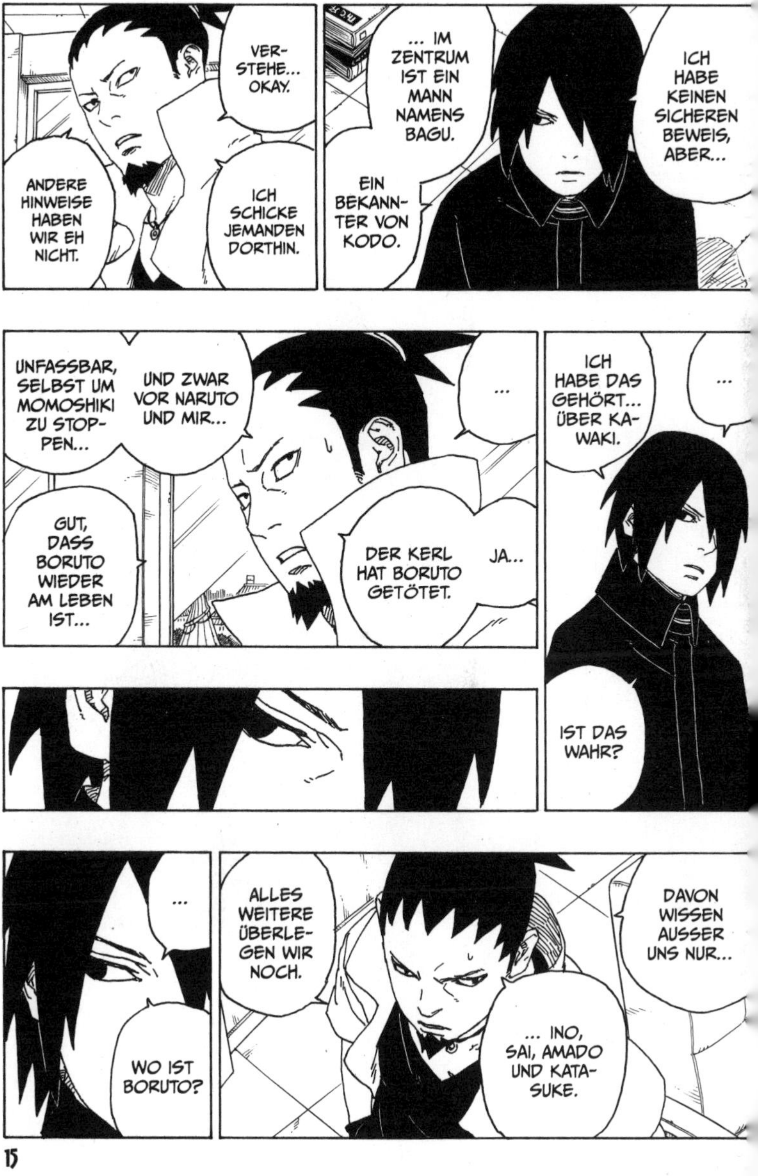
ICH HABE KEINEN SICHEREN BEWEIS, ABER...
... IM ZENTRUM IST EIN MANN NAMENS BAGU.
EIN BEKANNTER VON KODO.
VERSTEHE... OKAY.
ICH SCHICKE JEMANDEN DORTHIN.
ANDERE HINWEISE HABEN WIR EH NICHT.
...
ICH HABE DAS GEHÖRT... ÜBER KAWAKI.
IST DAS WAHR?
...
JA...
DER KERL HAT BORUTO GETÖTET.
UND ZWAR VOR NARUTO UND MIR...
UNFASSBAR, SELBST UM MOMOSHIKI ZU STOPPEN...
GUT, DASS BORUTO WIEDER AM LEBEN IST...
DAVON WISSEN AUSSER UNS NUR...
... INO, SAI, AMADO UND KATASUKE.
ALLES WEITERE ÜBERLEGEN WIR NOCH.
...
WO IST BORUTO?

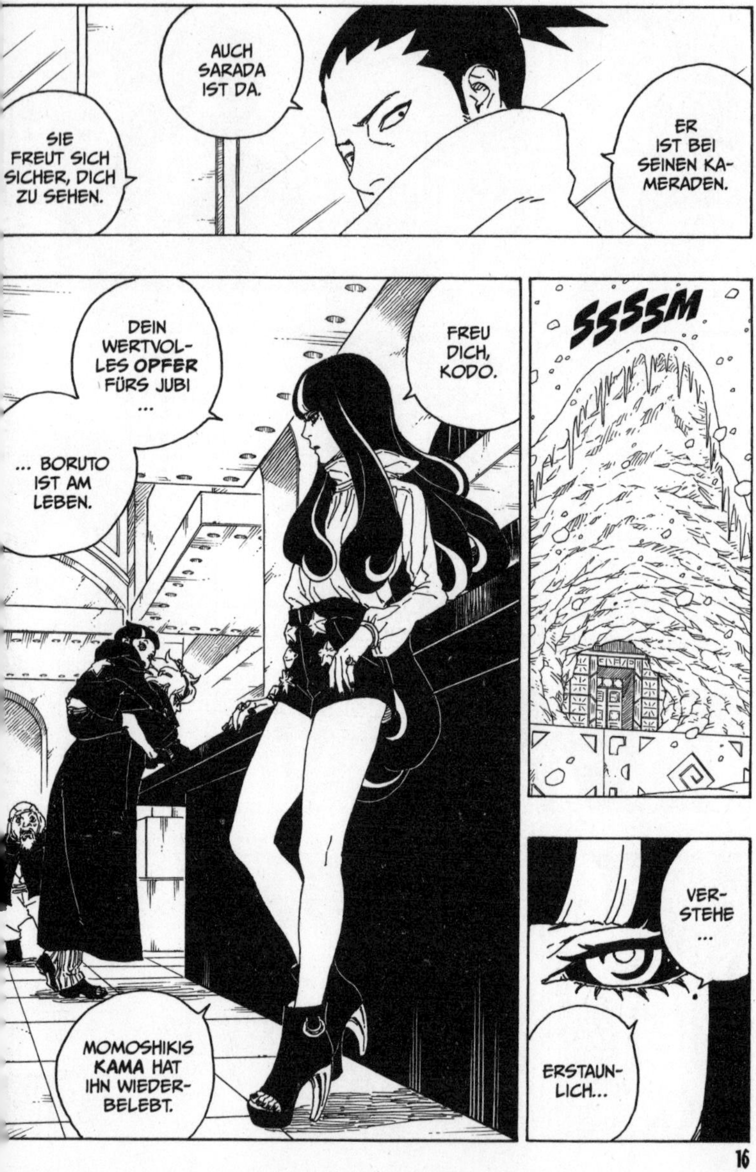
ER IST BEI SEINEN KAMERADEN.
AUCH SARADA IST DA.
SIE FREUT SICH SICHER, DICH ZU SEHEN.
SSSSM
FREU DICH, KODO.
DEIN WERTVOLLES OPFER FÜRS JUBI ...
... BORUTO IST AM LEBEN.
MOMOSHIKIS KAMA HAT IHN WIEDERBELEBT.
VERSTEHE ...
ERSTAUNLICH...

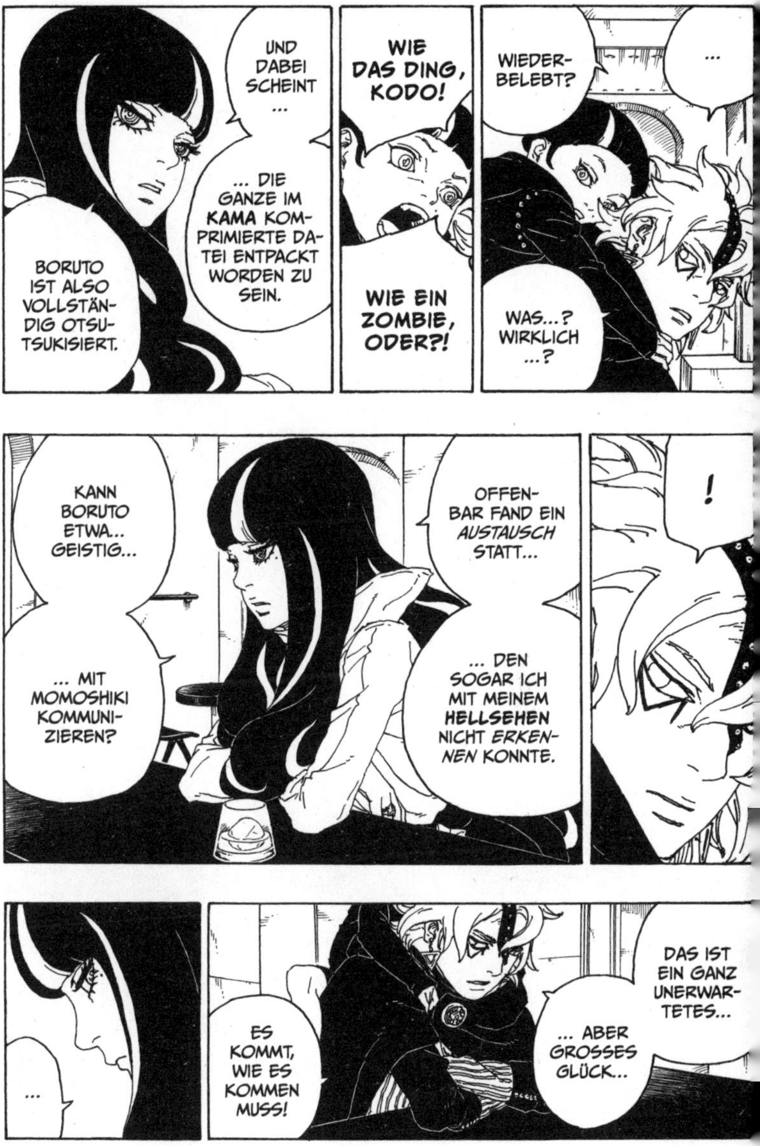

...
WIEDER-BELEBT?
WAS...? WIRKLICH ...?
WIE DAS DING, KODO!
WIE EIN ZOMBIE, ODER?!
BORUTO IST ALSO VOLLSTÄNDIG OTSUTSUKISIERT.
UND DABEI SCHEINT ...
... DIE GANZE IM KAMA KOMPRIMIERTE DATEI ENTPACKT WORDEN ZU SEIN.
!
OFFENBAR FAND EIN AUSTAUSCH STATT...
... DEN SOGAR ICH MIT MEINEM HELLSEHEN NICHT ERKENNEN KONNTE.
KANN BORUTO ETWA... GEISTIG...
... MIT MOMOSHIKI KOMMUNIZIEREN?
DAS IST EIN GANZ UNERWARTETES...
... ABER GROSSES GLÜCK...
ES KOMMT, WIE ES KOMMEN MUSS!
...

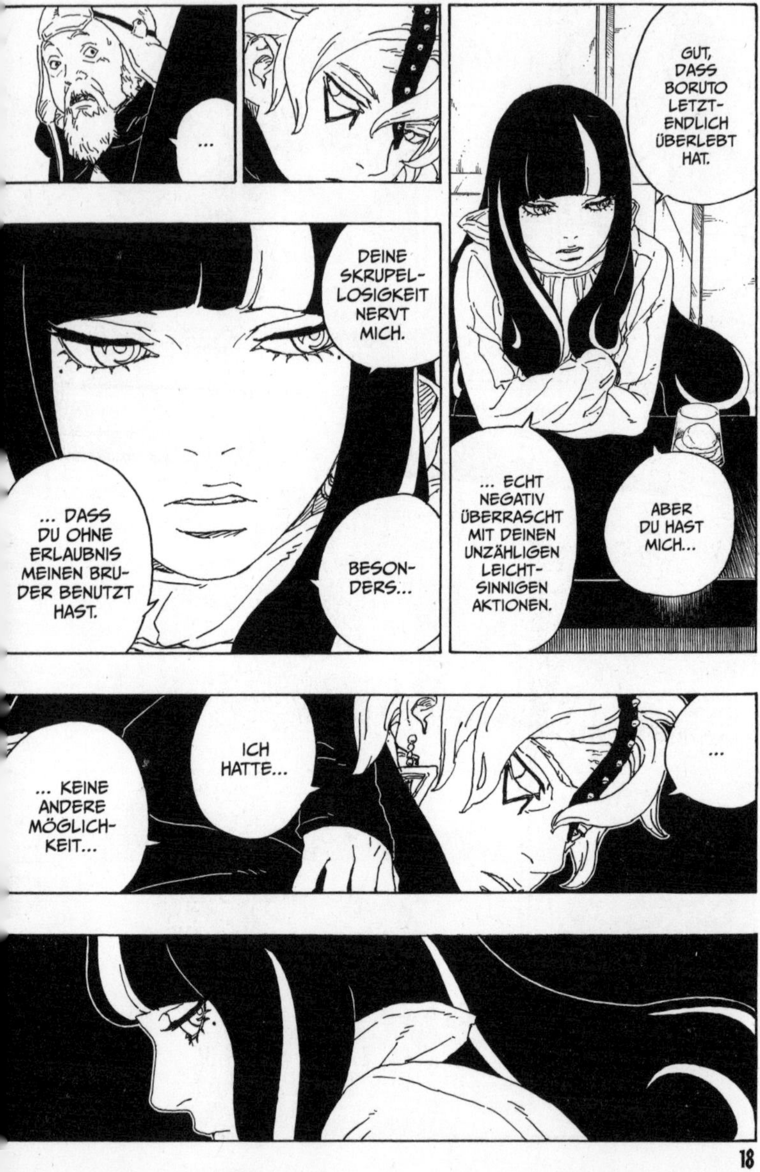
GUT, DASS BORUTO LETZTENDLICH ÜBERLEBT HAT.
ABER DU HAST MICH...
... ECHT NEGATIV ÜBERRASCHT MIT DEINEN UNZÄHLIGEN LEICHTSINNIGEN AKTIONEN.
...
DEINE SKRUPELLOSIGKEIT NERVT MICH.
BESONDERS...
... DASS DU OHNE ERLAUBNIS MEINEN BRUDER BENUTZT HAST.
...
ICH HATTE...
... KEINE ANDERE MÖGLICHKEIT...

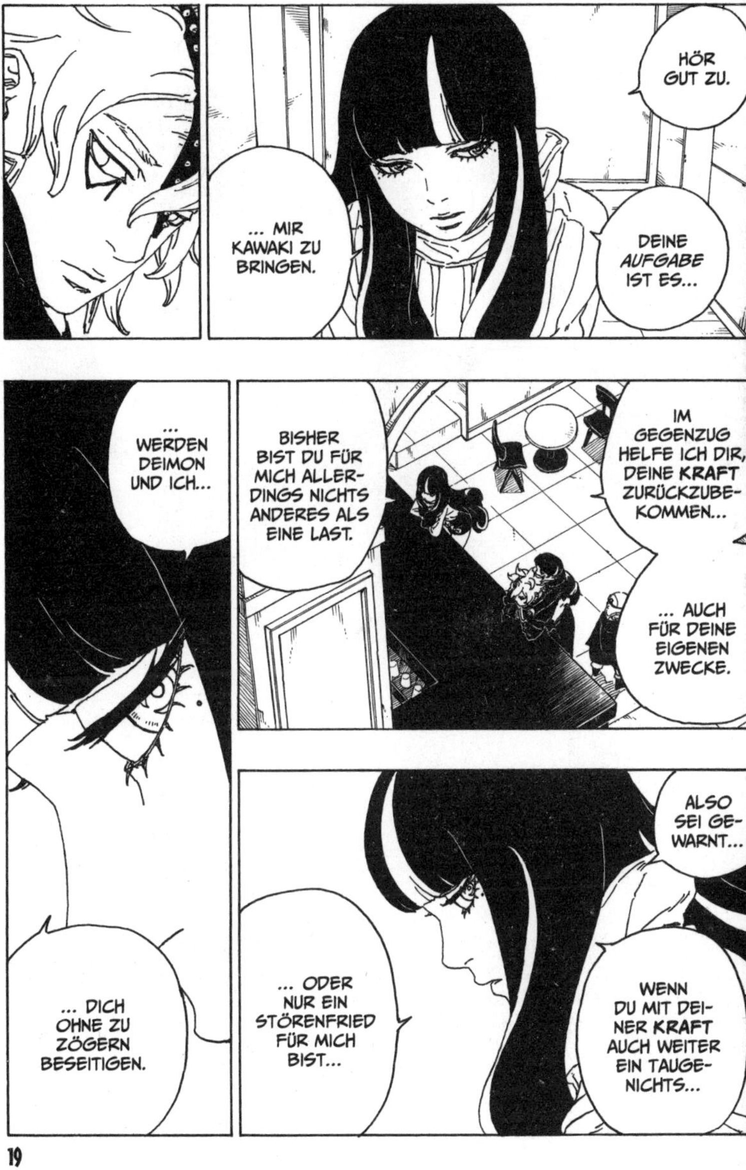
HÖR GUT ZU.
DEINE AUFGABE IST ES...
... MIR KAWAKI ZU BRINGEN.
IM GEGENZUG HELFE ICH DIR, DEINE KRAFT ZURÜCKZUBEKOMMEN...
... AUCH FÜR DEINE EIGENEN ZWECKE.
BISHER BIST DU FÜR MICH ALLERDINGS NICHTS ANDERES ALS EINE LAST.
... WERDEN DEIMON UND ICH...
ALSO SEI GEWARNT...
WENN DU MIT DEINER KRAFT AUCH WEITER EIN TAUGENICHTS...
... ODER NUR EIN STÖRENFRIED FÜR MICH BIST...
... DICH OHNE ZU ZÖGERN BESEITIGEN.

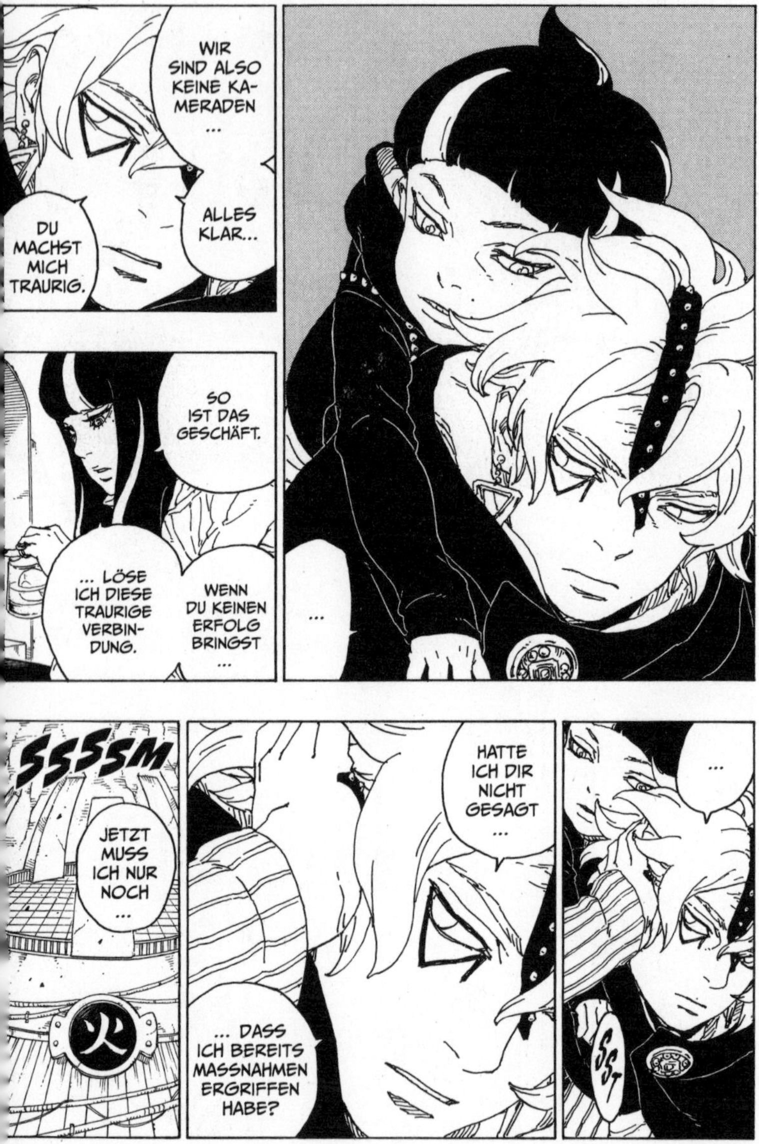
...
WIR SIND ALSO KEINE KAMERADEN ...
ALLES KLAR...
DU MACHST MICH TRAURIG.
SO IST DAS GESCHÄFT.
WENN DU KEINEN ERFOLG BRINGST ...
... LÖSE ICH DIESE TRAURIGE VERBINDUNG.
...
SST
HATTE ICH DIR NICHT GESAGT ...
... DASS ICH BEREITS MASSNAHMEN ERGRIFFEN HABE?
SSSSM
JETZT MUSS ICH NUR NOCH ...

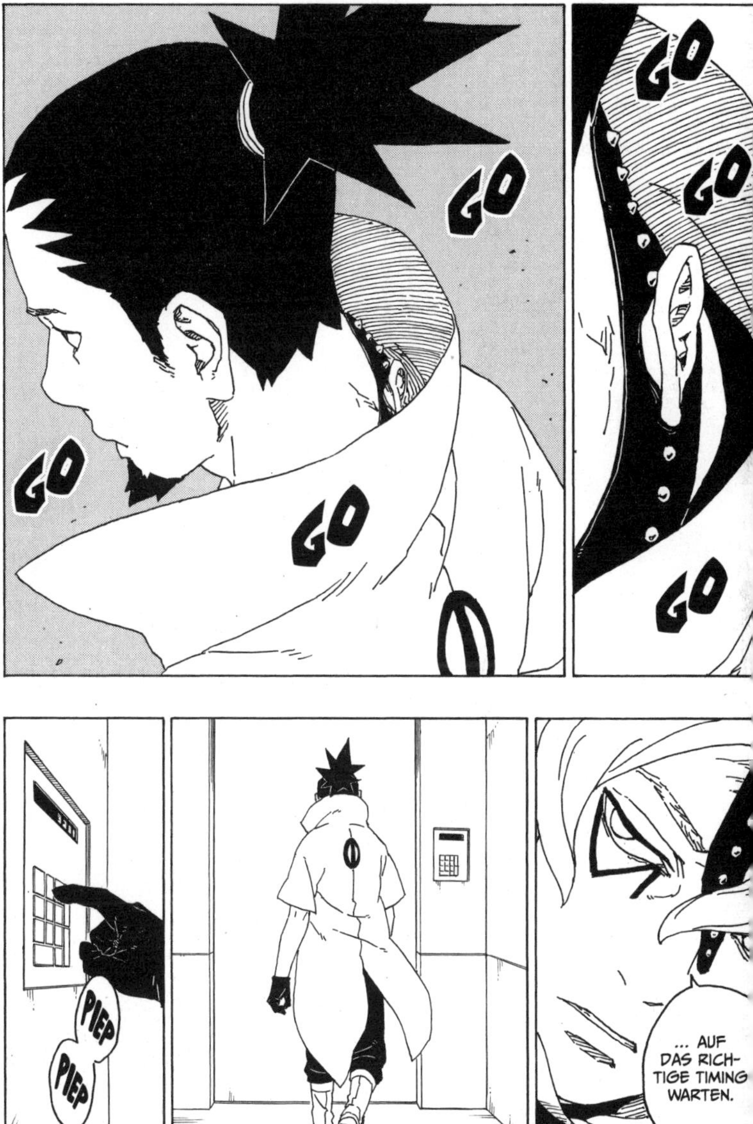
GO
GO
GO
GO
GO
GO
GO
... AUF DAS RICHTIGE TIMING WARTEN.
PIEP
PIEP

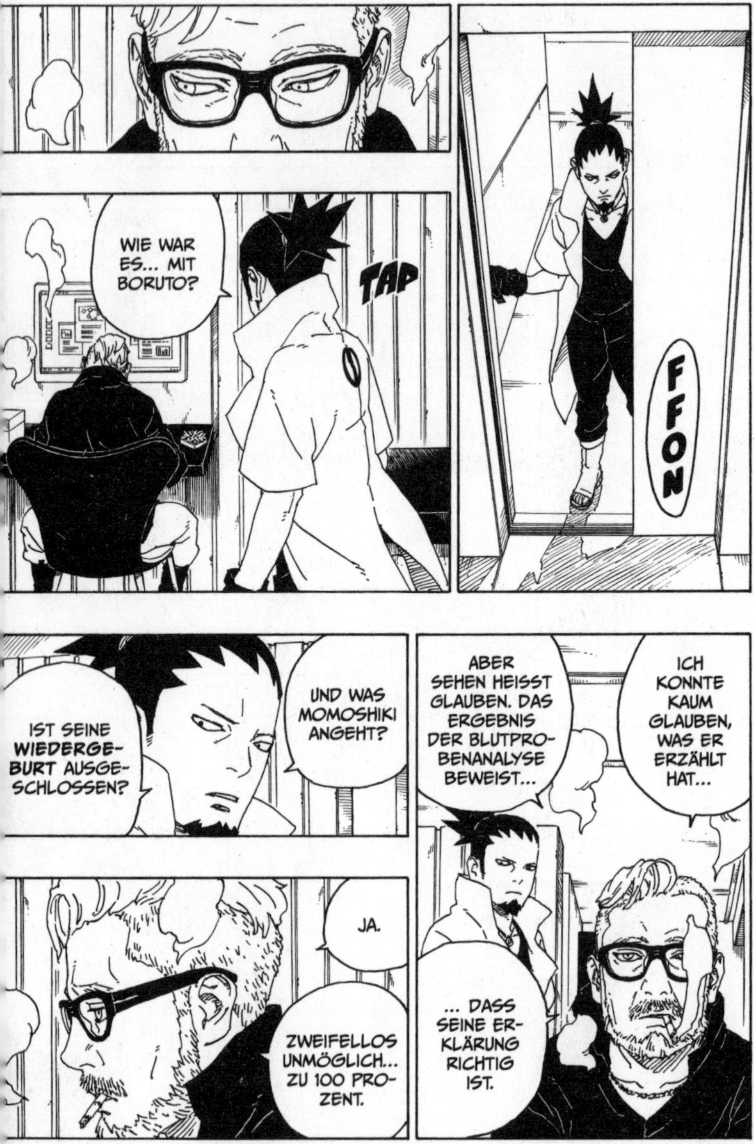

FFON
TAP
WIE WAR ES... MIT BORUTO?
ICH KONNTE KAUM GLAUBEN, WAS ER ERZÄHLT HAT...
ABER SEHEN HEISST GLAUBEN. DAS ERGEBNIS DER BLUTPROBENANALYSE BEWEIST...
... DASS SEINE ERKLÄRUNG RICHTIG IST.
UND WAS MOMOSHIKI ANGEHT?
IST SEINE WIEDERGEBURT AUSGESCHLOSSEN?
JA.
ZWEIFELLOS UNMÖGLICH... ZU 100 PROZENT.

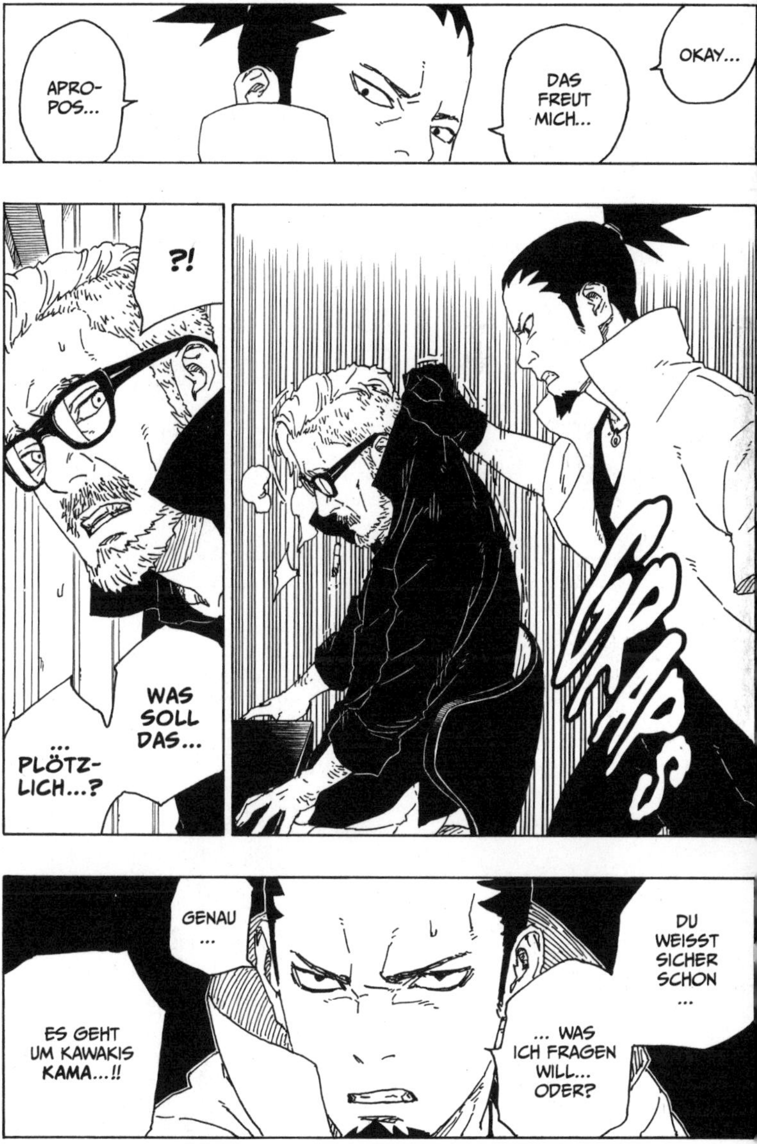
OKAY...
DAS FREUT MICH...
APRO-POS...
?!
CRASH
WAS SOLL DAS...
... PLÖTZLICH...?
DU WEISST SICHER SCHON ...
... WAS ICH FRAGEN WILL... ODER?
GENAU ...
ES GEHT UM KAWAKIS KAMA...!!

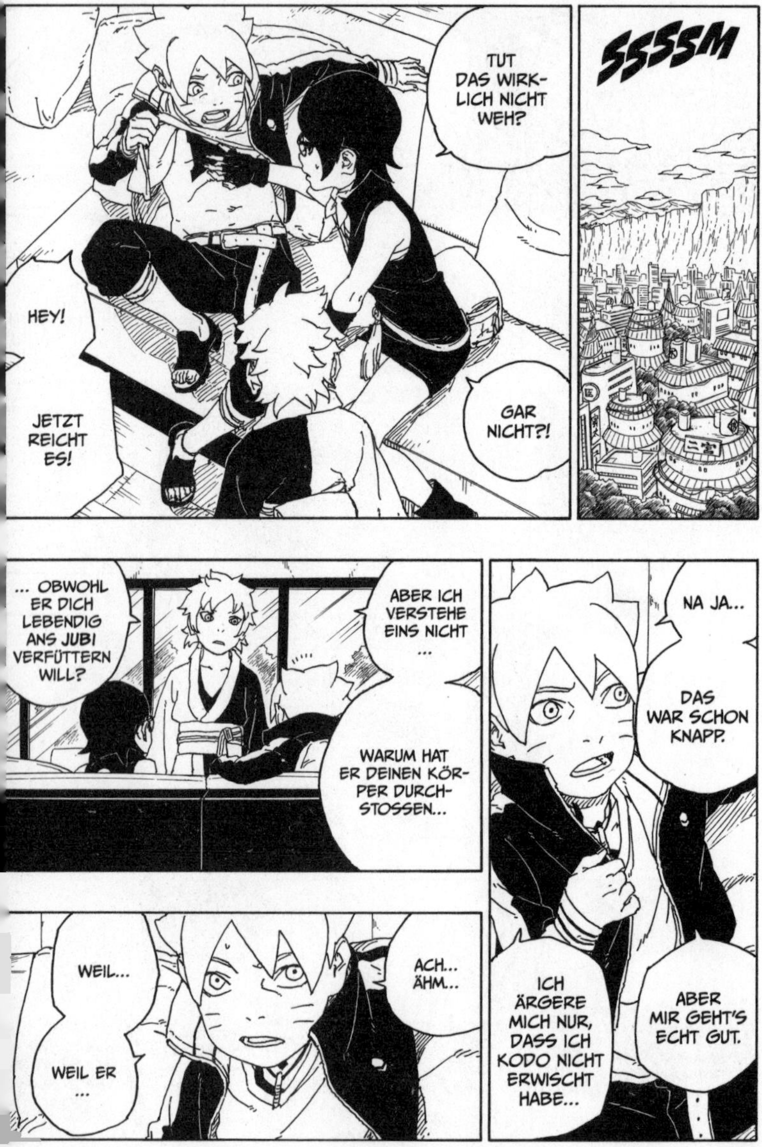
SSSSM
TUT DAS WIRKLICH NICHT WEH?
GAR NICHT?!
HEY!
JETZT REICHT ES!
NA JA...
DAS WAR SCHON KNAPP.
ABER MIR GEHT'S ECHT GUT.
ICH ÄRGERE MICH NUR, DASS ICH KODO NICHT ERWISCHT HABE...
ABER ICH VERSTEHE EINS NICHT ...
WARUM HAT ER DEINEN KÖRPER DURCHSTOSSEN...
... OBWOHL ER DICH LEBENDIG ANS JUBI VERFÜTTERN WILL?
ACH... ÄHM...
WEIL...
WEIL ER ...

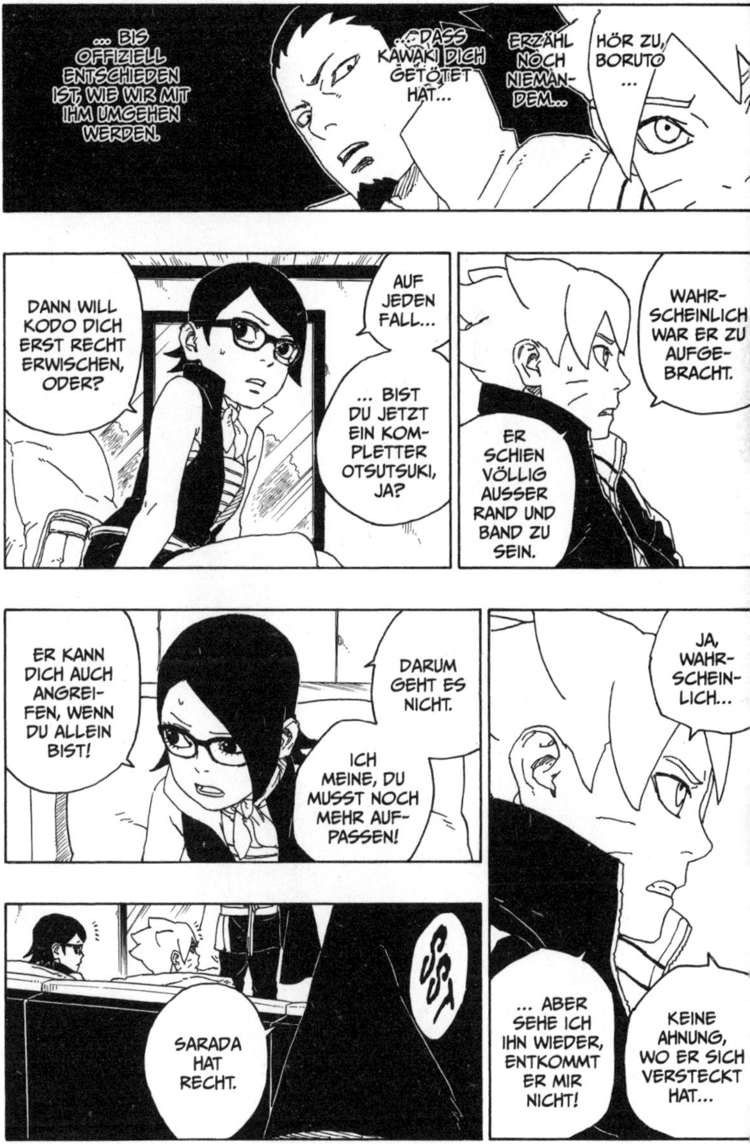
HÖR ZU, BORUTO ...
ERZÄHL NOCH NIEMANDEM...
... DASS KAWAKI DICH GETÖTET HAT...
... BIS OFFIZIELL ENTSCHIEDEN IST, WIE WIR MIT IHM UMGEHEN WERDEN.
WAHRSCHEINLICH WAR ER ZU AUFGEBRACHT.
ER SCHIEN VÖLLIG AUSSER RAND UND BAND ZU SEIN.
AUF JEDEN FALL...
... BIST DU JETZT EIN KOMPLETTER OTSUTSUKI, JA?
DANN WILL KODO DICH ERST RECHT ERWISCHEN, ODER?
JA, WAHRSCHEINLICH...
KEINE AHNUNG, WO ER SICH VERSTECKT HAT...
... ABER SEHE ICH IHN WIEDER, ENTKOMMT ER MIR NICHT!
DARUM GEHT ES NICHT.
ICH MEINE, DU MUSST NOCH MEHR AUFPASSEN!
ER KANN DICH AUCH ANGREIFEN, WENN DU ALLEIN BIST!
SSST
SARADA HAT RECHT.

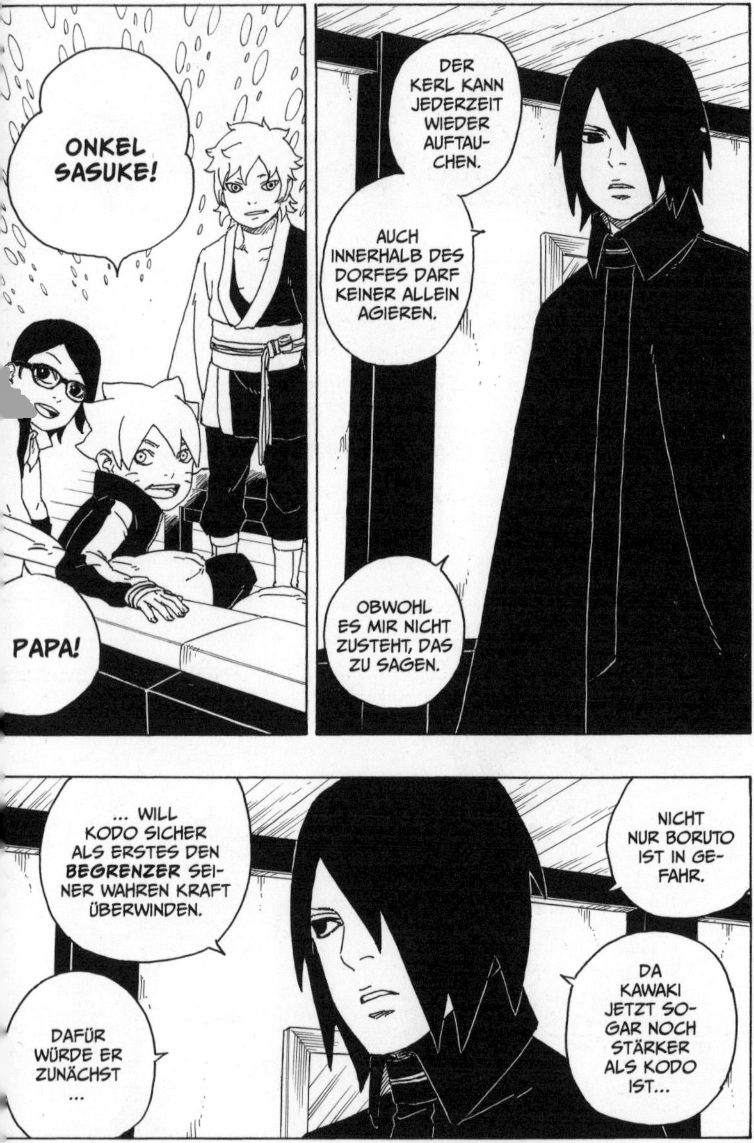
DER KERL KANN JEDERZEIT WIEDER AUFTAU-CHEN.
AUCH INNERHALB DES DORFES DARF KEINER ALLEIN AGIEREN.
OBWOHL ES MIR NICHT ZUSTEHT, DAS ZU SAGEN.
ONKEL SASUKE!
PAPA!
NICHT NUR BORUTO IST IN GE-FAHR.
DA KAWAKI JETZT SO-GAR NOCH STÄRKER ALS KODO IST...
... WILL KODO SICHER ALS ERSTES DEN BEGRENZER SEI-NER WAHREN KRAFT ÜBERWINDEN.
DAFÜR WÜRDE ER ZUNÄCHST ...

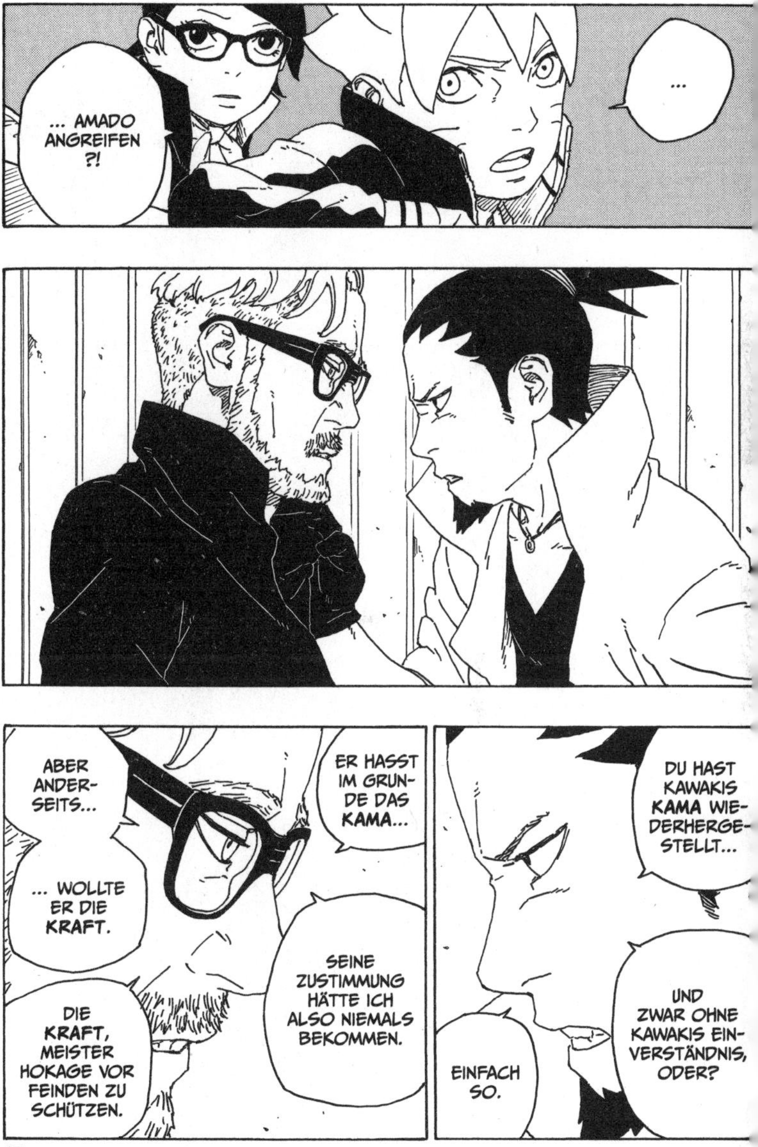
...
... AMADO ANGREIFEN ?!
DU HAST KAWAKIS KAMA WIEDERHERGESTELLT...
UND ZWAR OHNE KAWAKIS EINVERSTÄNDNIS, ODER?
EINFACH SO.
ER HASST IM GRUNDE DAS KAMA...
SEINE ZUSTIMMUNG HÄTTE ICH ALSO NIEMALS BEKOMMEN.
ABER ANDERSEITS...
... WOLLTE ER DIE KRAFT.
DIE KRAFT, MEISTER HOKAGE VOR FEINDEN ZU SCHÜTZEN.

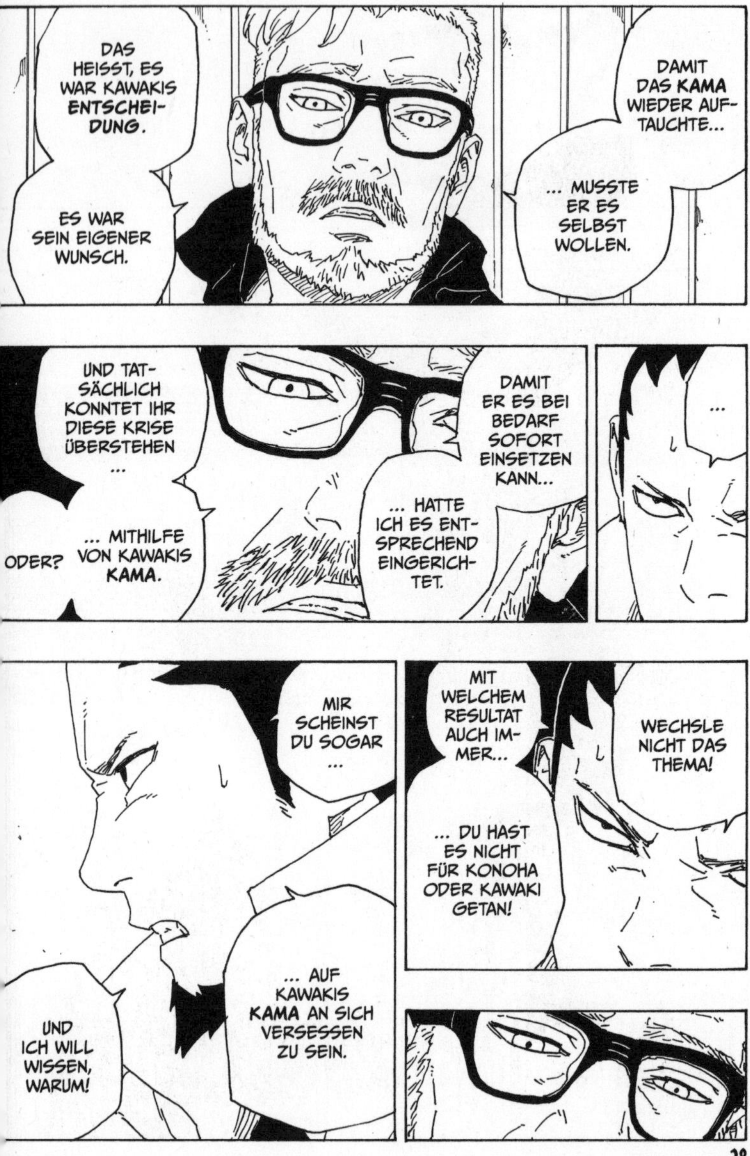
DAMIT DAS KAMA WIEDER AUFTAUCHTE...
... MUSSTE ER ES SELBST WOLLEN.
DAS HEISST, ES WAR KAWAKIS ENTSCHEIDUNG.
ES WAR SEIN EIGENER WUNSCH.
...
DAMIT ER ES BEI BEDARF SOFORT EINSETZEN KANN...
... HATTE ICH ES ENTSPRECHEND EINGERICHTET.
UND TATSÄCHLICH KONNTET IHR DIESE KRISE ÜBERSTEHEN ...
... MITHILFE VON KAWAKIS KAMA.
ODER?
WECHSLE NICHT DAS THEMA!
MIT WELCHEM RESULTAT AUCH IMMER...
... DU HAST ES NICHT FÜR KONOHA ODER KAWAKI GETAN!
MIR SCHEINST DU SOGAR ...
... AUF KAWAKIS KAMA AN SICH VERSESSEN ZU SEIN.
UND ICH WILL WISSEN, WARUM!

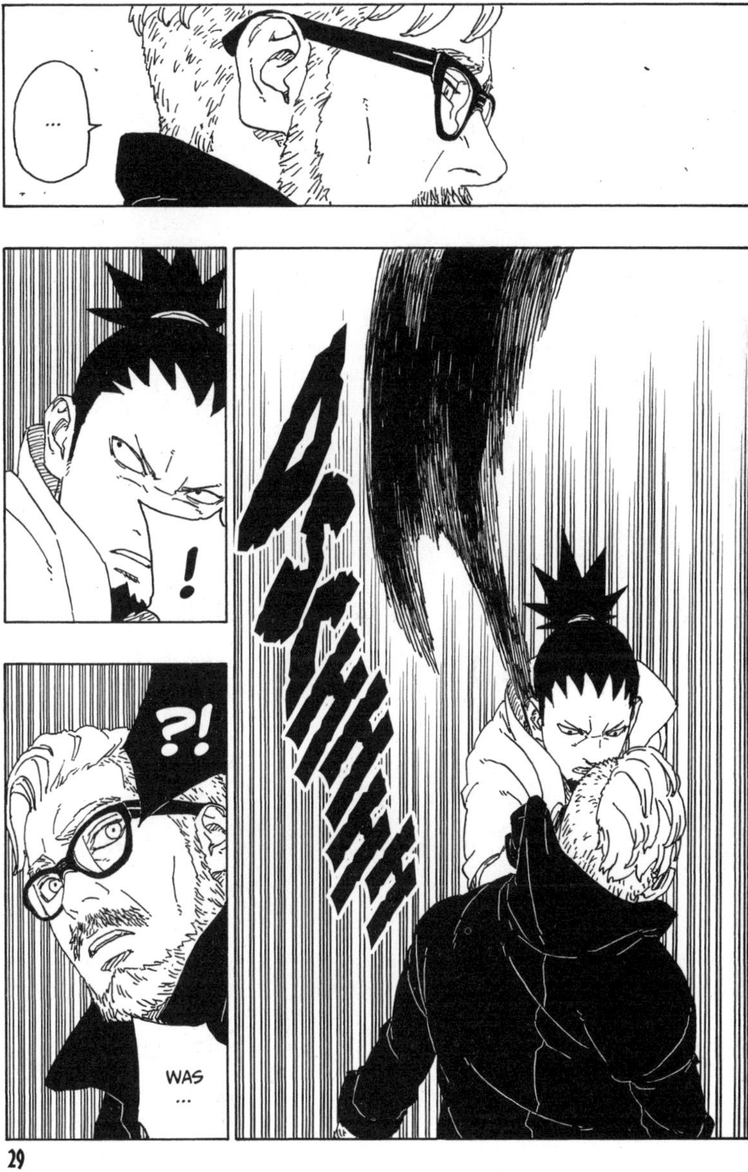

...
!
?!
WAS ...

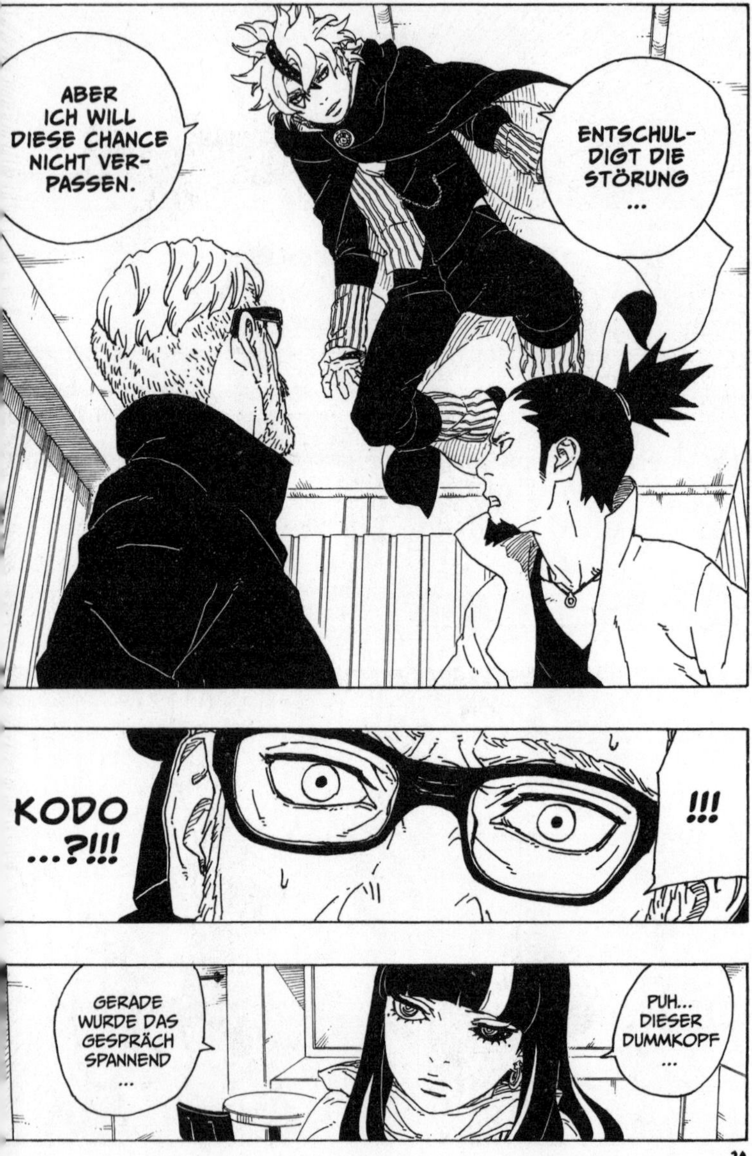
ENTSCHUL-DIGT DIE STÖRUNG ...
ABER ICH WILL DIESE CHANCE NICHT VER-PASSEN.
!!!
KODO ...?!!!
PUH... DIESER DUMMKOPF ...
GERADE WURDE DAS GESPRÄCH SPANNEND ...

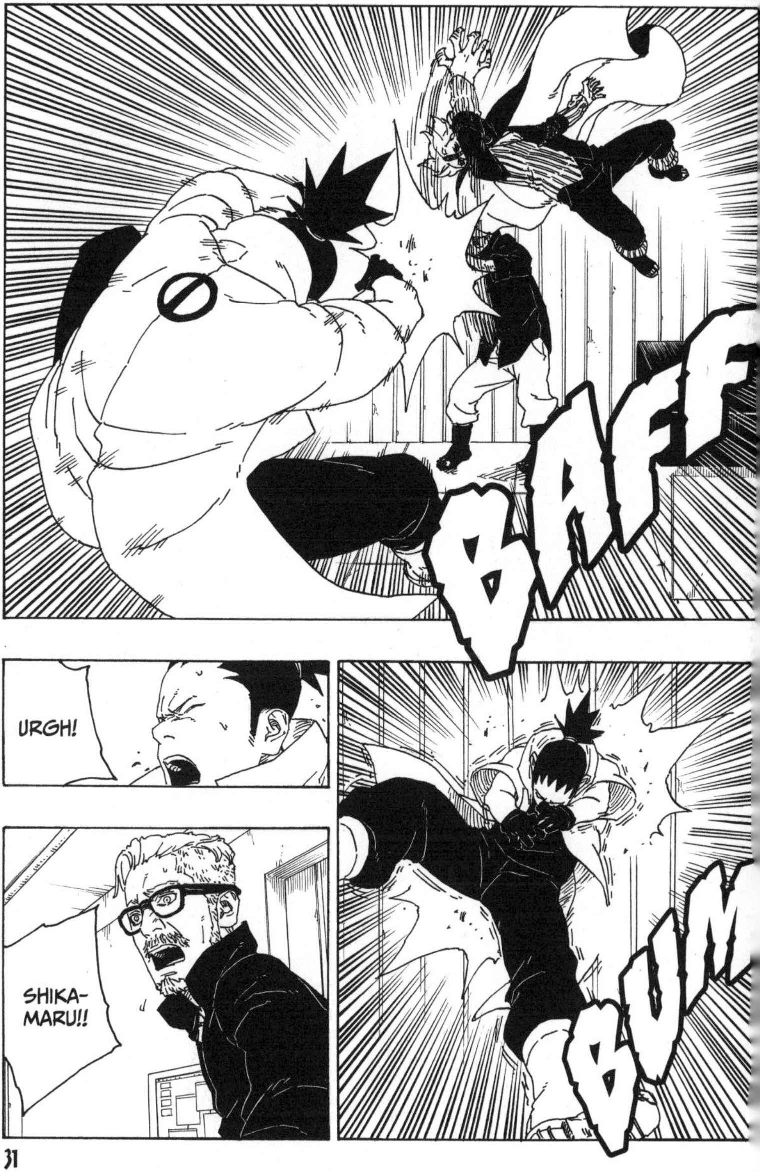
URGH!
SHIKA-
MARU!!

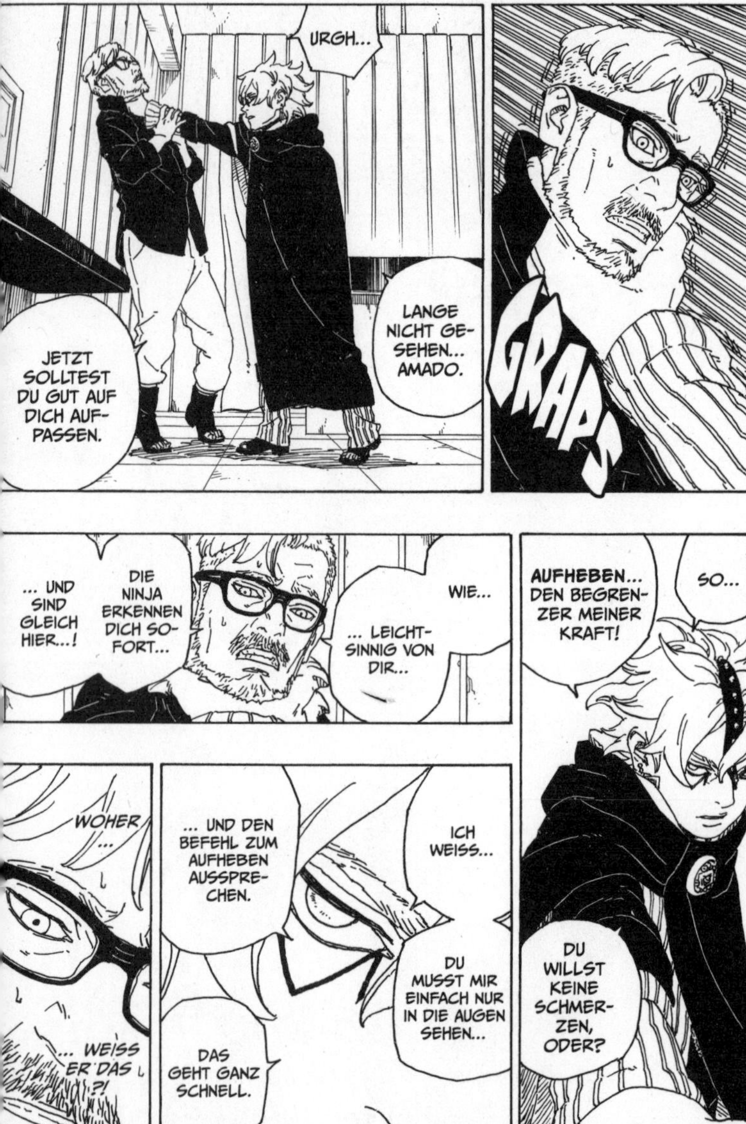
GRAPS
URGH...
LANGE NICHT GESEHEN... AMADO.
JETZT SOLLTEST DU GUT AUF DICH AUFPASSEN.
SO...
AUFHEBEN... DEN BEGRENZER MEINER KRAFT!
WIE...
... LEICHTSINNIG VON DIR...
DIE NINJA ERKENNEN DICH SOFORT...
... UND SIND GLEICH HIER...!
DU WILLST KEINE SCHMERZEN, ODER?
ICH WEISS...
DU MUSST MIR EINFACH NUR IN DIE AUGEN SEHEN...
... UND DEN BEFEHL ZUM AUFHEBEN AUSSPRECHEN.
DAS GEHT GANZ SCHNELL.
WOHER ...
... WEISS ER DAS ?!

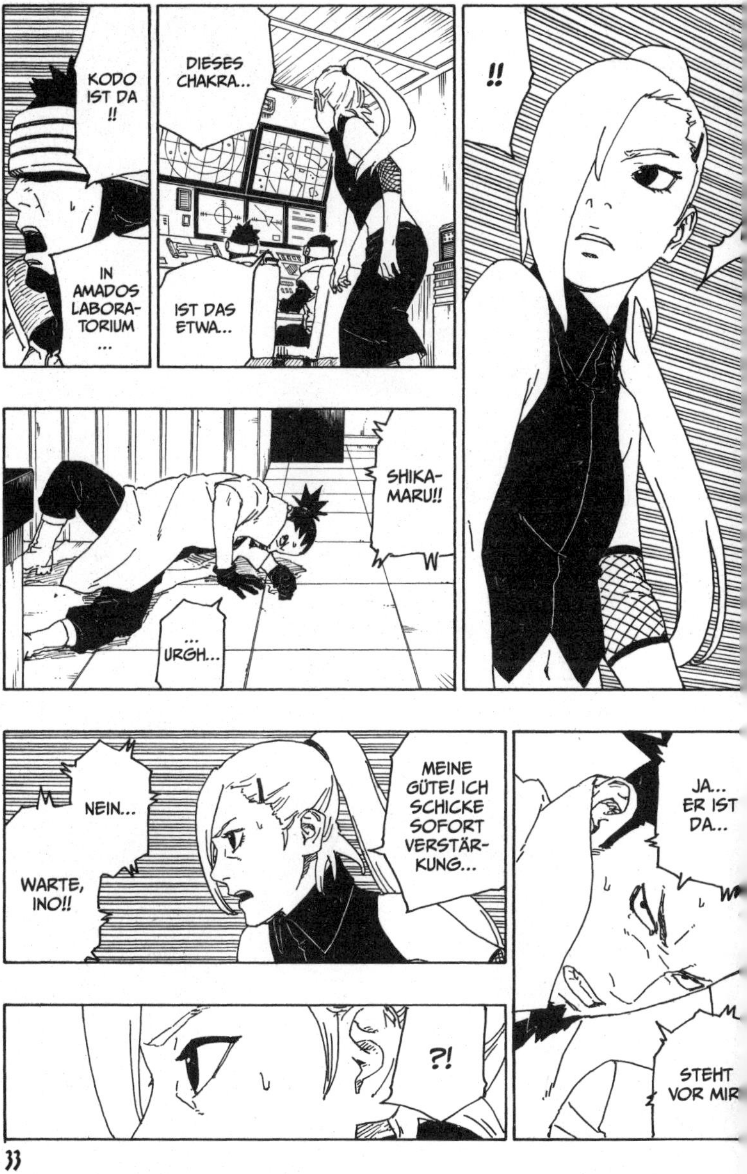
!!
DIESES CHAKRA...
IST DAS ETWA...
KODO IST DA !!
IN AMADOS LABORA-TORIUM ...
SHIKA-MARU!!
... URGH...
JA... ER IST DA...
STEHT VOR MIR
MEINE GÜTE! ICH SCHICKE SOFORT VERSTÄR-KUNG...
NEIN...
WARTE, INO!!
?!

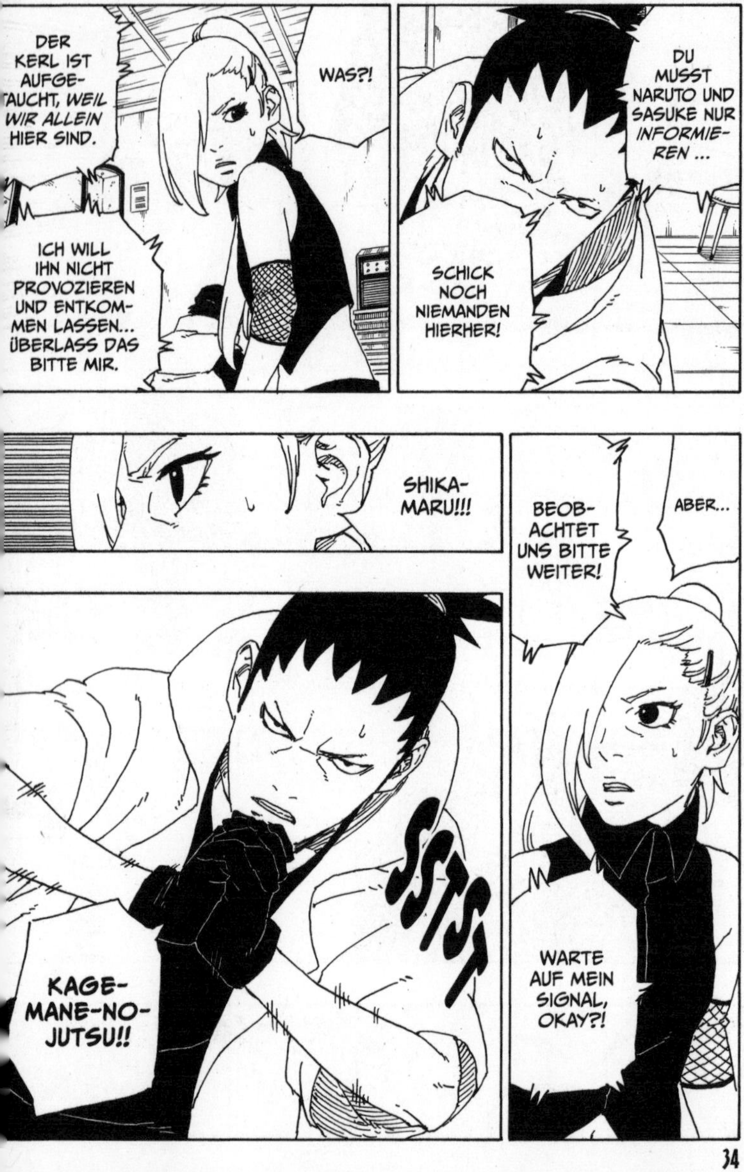
DU MUSST NARUTO UND SASUKE NUR *INFORMIEREN* ...
SCHICK NOCH NIEMANDEN HIERHER!
WAS?!
DER KERL IST AUFGETAUCHT, *WEIL WIR ALLEIN* HIER SIND.
ICH WILL IHN NICHT PROVOZIEREN UND ENTKOMMEN LASSEN... ÜBERLASS DAS BITTE MIR.
ABER...
BEOBACHTET UNS BITTE WEITER!
SHIKAMARU!!!
WARTE AUF MEIN SIGNAL, OKAY?!
SSTST
KAGE-MANE-NO-JUTSU!!

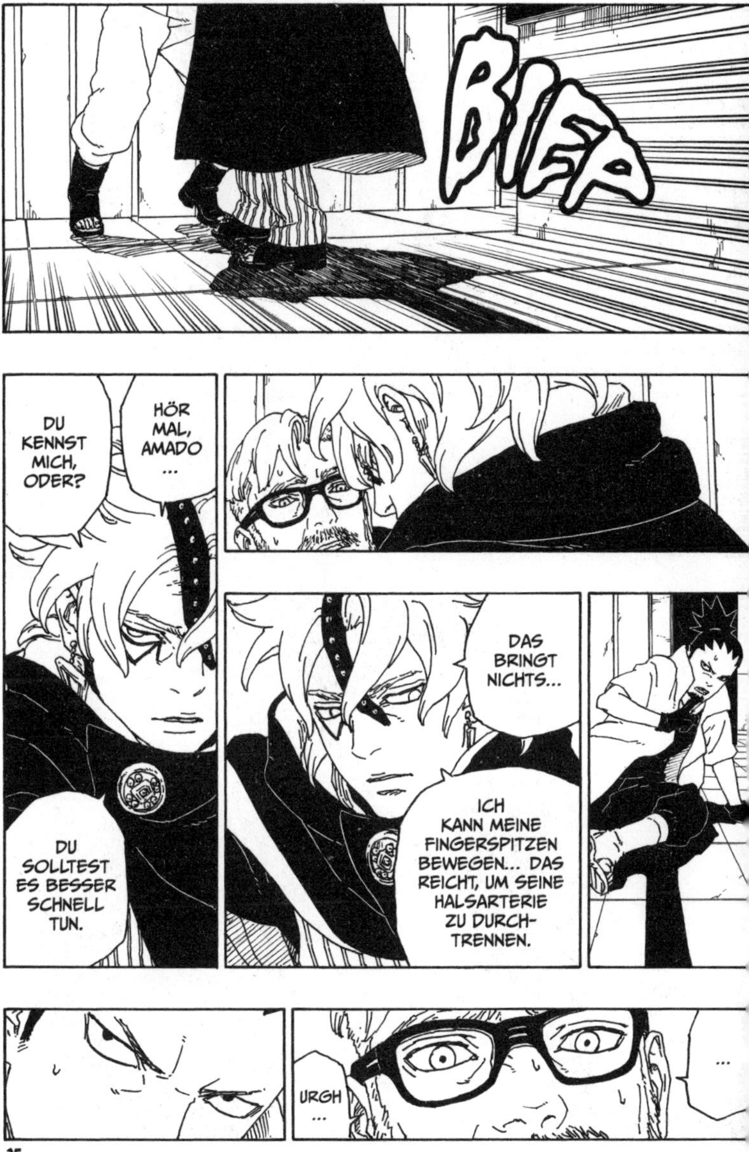
BIEP
HÖR MAL, AMADO …
DU KENNST MICH, ODER?
DU SOLLTEST ES BESSER SCHNELL TUN.
DAS BRINGT NICHTS…
ICH KANN MEINE FINGERSPITZEN BEWEGEN… DAS REICHT, UM SEINE HALSARTERIE ZU DURCH-TRENNEN.
…
URGH …

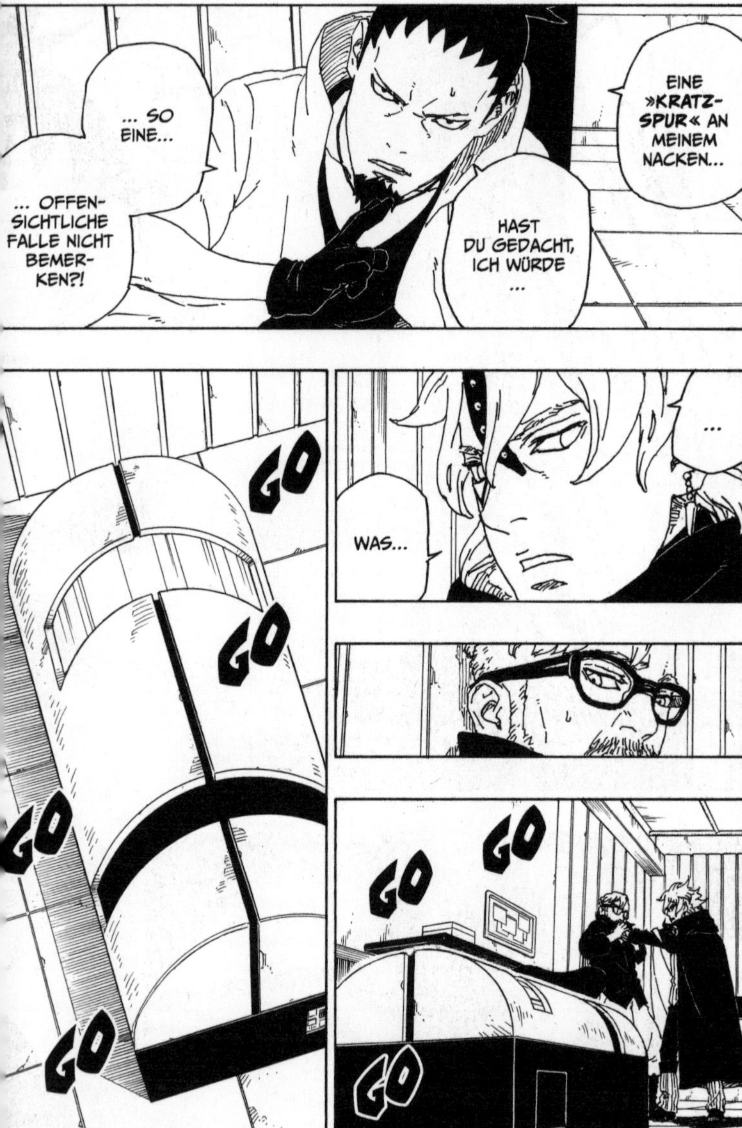
EINE »KRATZ-SPUR« AN MEINEM NACKEN...
HAST DU GEDACHT, ICH WÜRDE ...
... SO EINE...
... OFFEN-SICHTLICHE FALLE NICHT BEMER-KEN?!
...
WAS...
GO
GO
GO
GO
GO
GO
GO

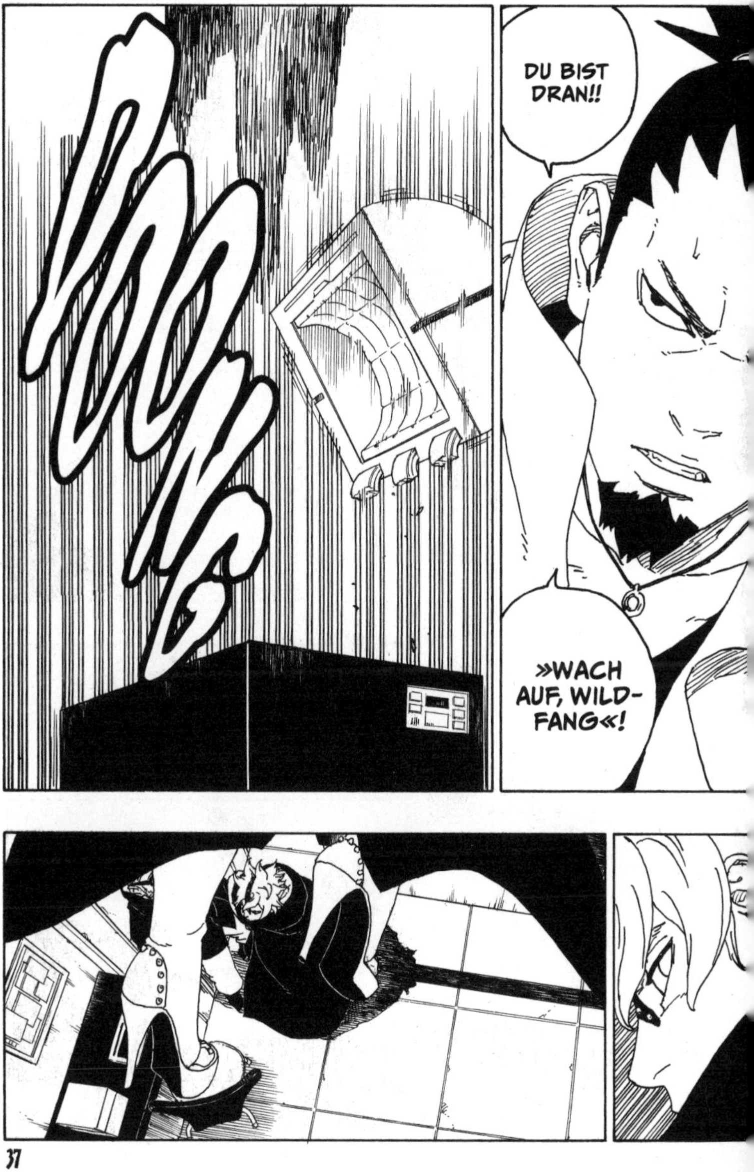
DU BIST DRAN!!
»WACH AUF, WILD-FANG«!

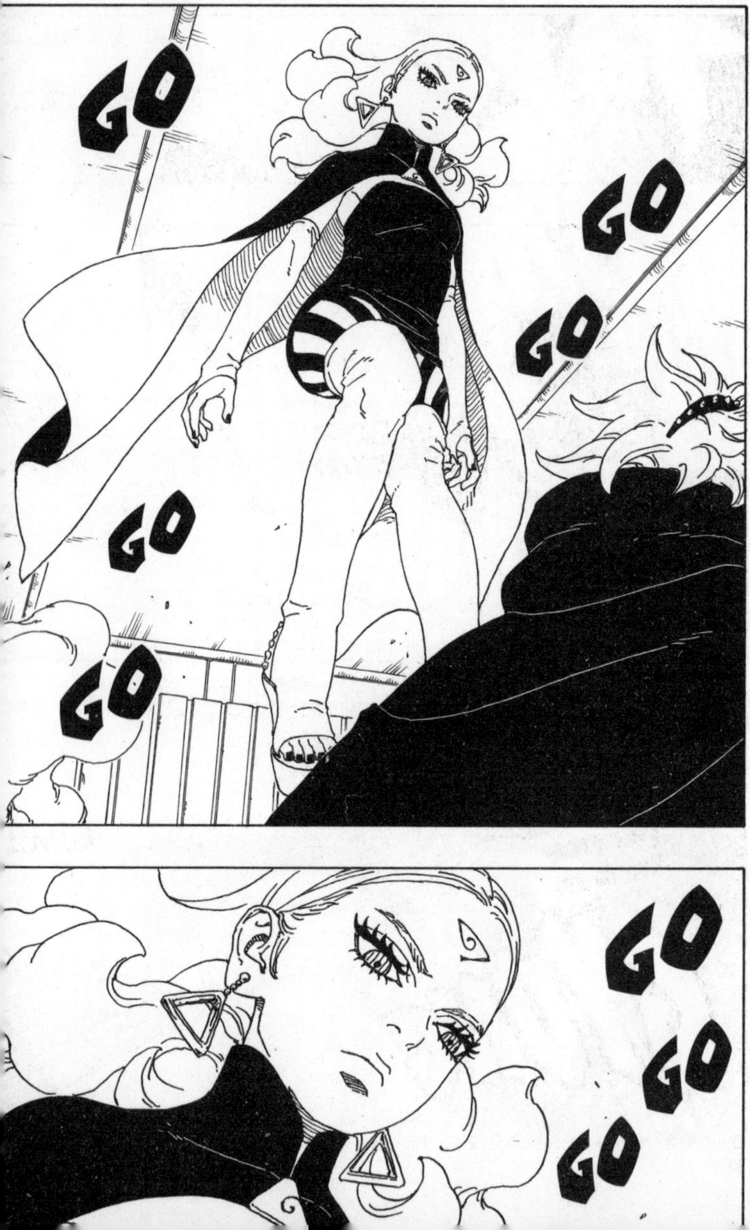
GO
GO
GO
GO
GO
GO
GO
GO
GO

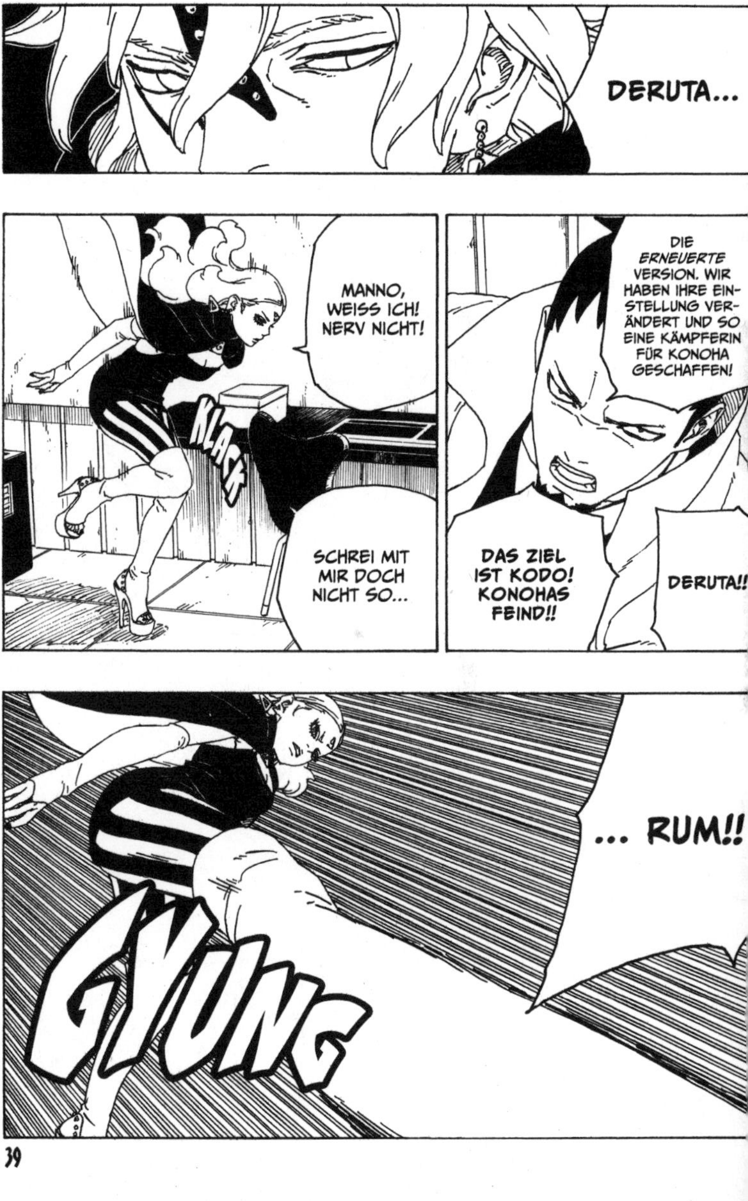
DERUTA...
DIE ERNEUERTE VERSION. WIR HABEN IHRE EINSTELLUNG VERÄNDERT UND SO EINE KÄMPFERIN FÜR KONOHA GESCHAFFEN!
DERUTA!!
DAS ZIEL IST KODO! KONOHAS FEIND!!
MANNO, WEISS ICH! NERV NICHT!
KLACK
SCHREI MIT MIR DOCH NICHT SO...
... RUM!!
GYUNG

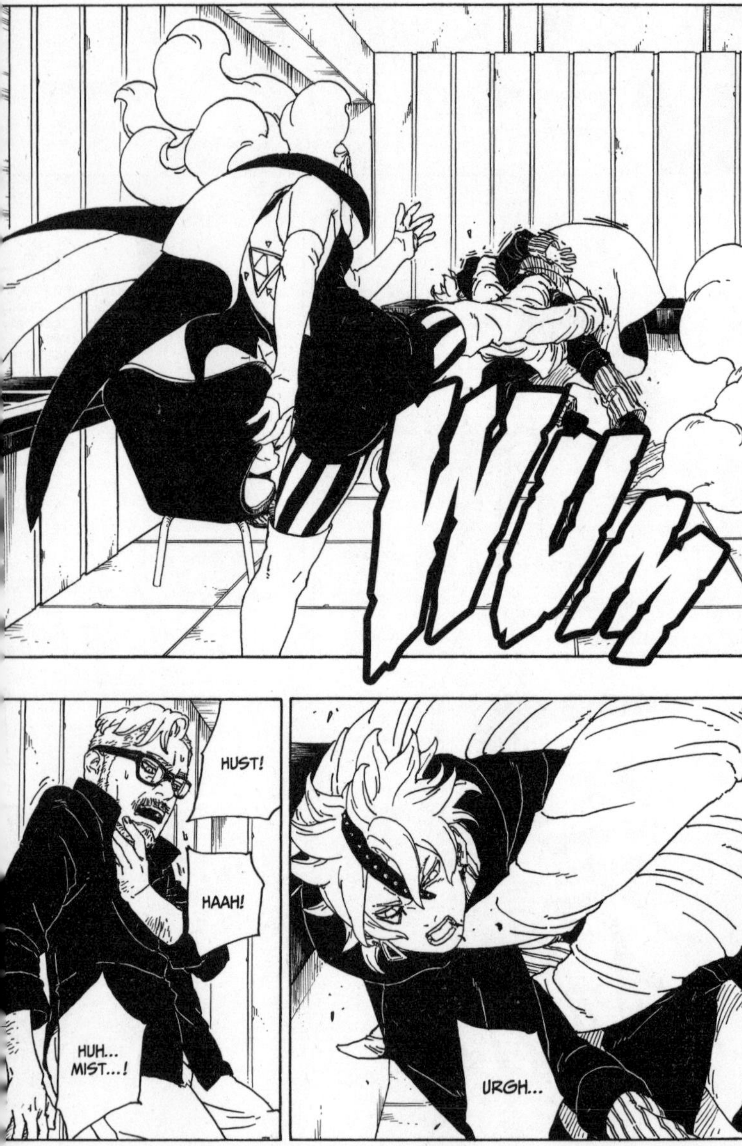
WUM
HUST!
HAAH!
HUH... MIST...!
URGH...

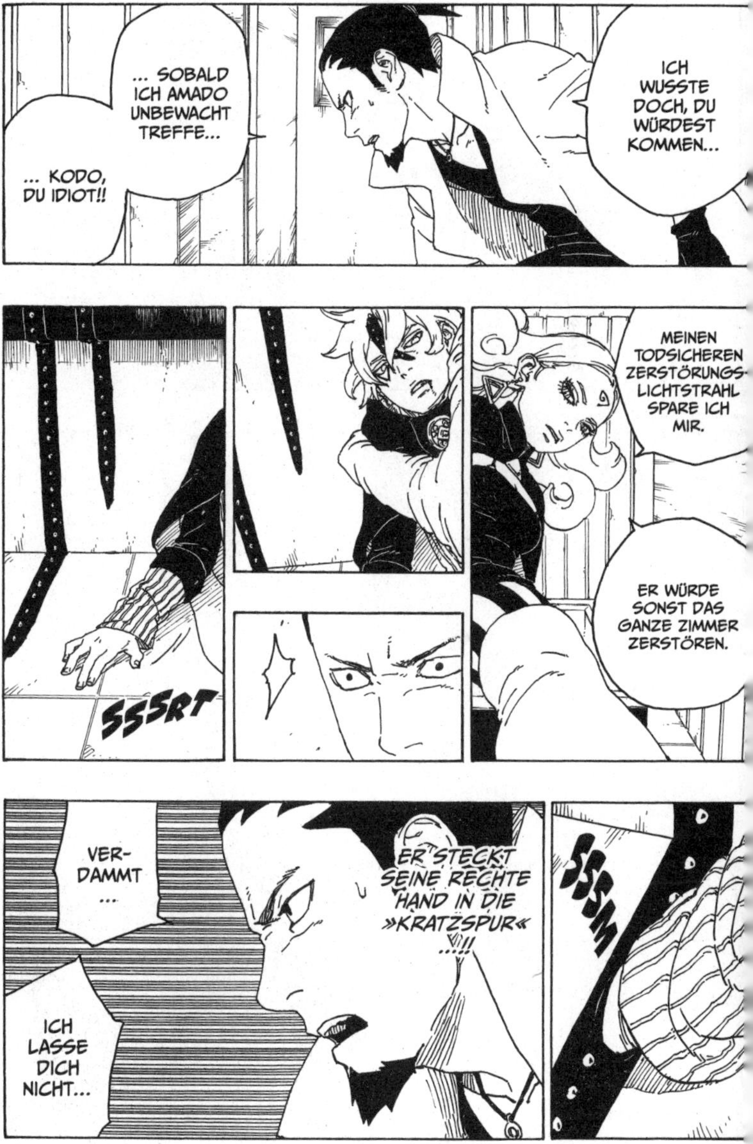
ICH WUSSTE DOCH, DU WÜRDEST KOMMEN...
... SOBALD ICH AMADO UNBEWACHT TREFFE...
... KODO, DU IDIOT!!
MEINEN TODSICHEREN ZERSTÖRUNGS-LICHTSTRAHL SPARE ICH MIR.
ER WÜRDE SONST DAS GANZE ZIMMER ZERSTÖREN.
SSSRT
SSSM
ER STECKT SEINE RECHTE HAND IN DIE »KRATZSPUR« ...!!
VER-DAMMT ...
ICH LASSE DICH NICHT...

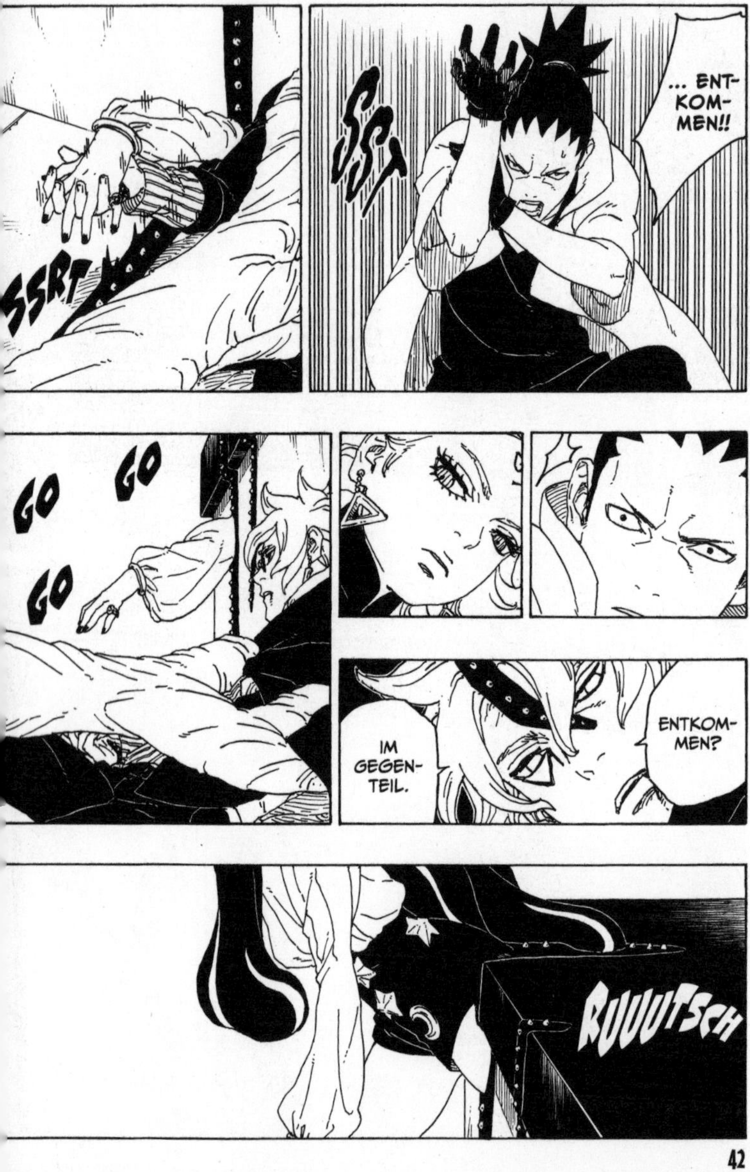
... ENT-
KOM-
MEN!!
SST
SSRT
ENTKOM-
MEN?
IM
GEGEN-
TEIL.
GO
GO
GO
RUUUUTSCH

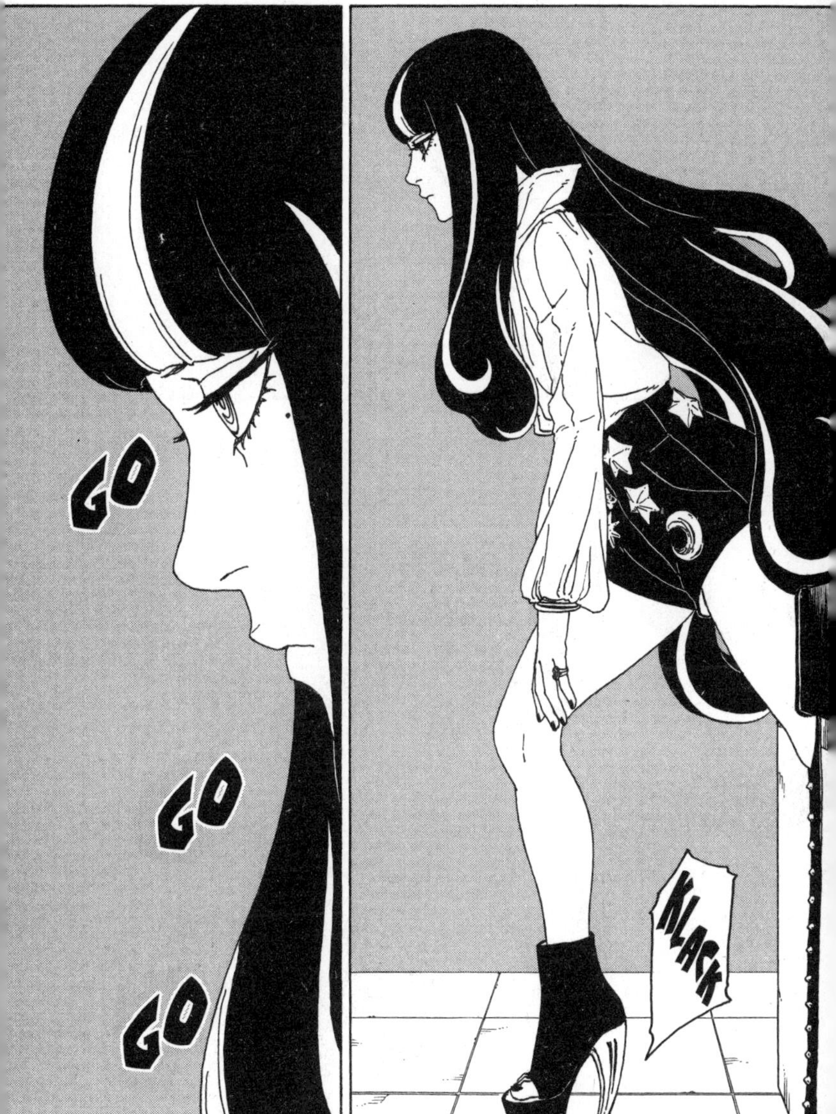
GO
GO
GO
KLACK

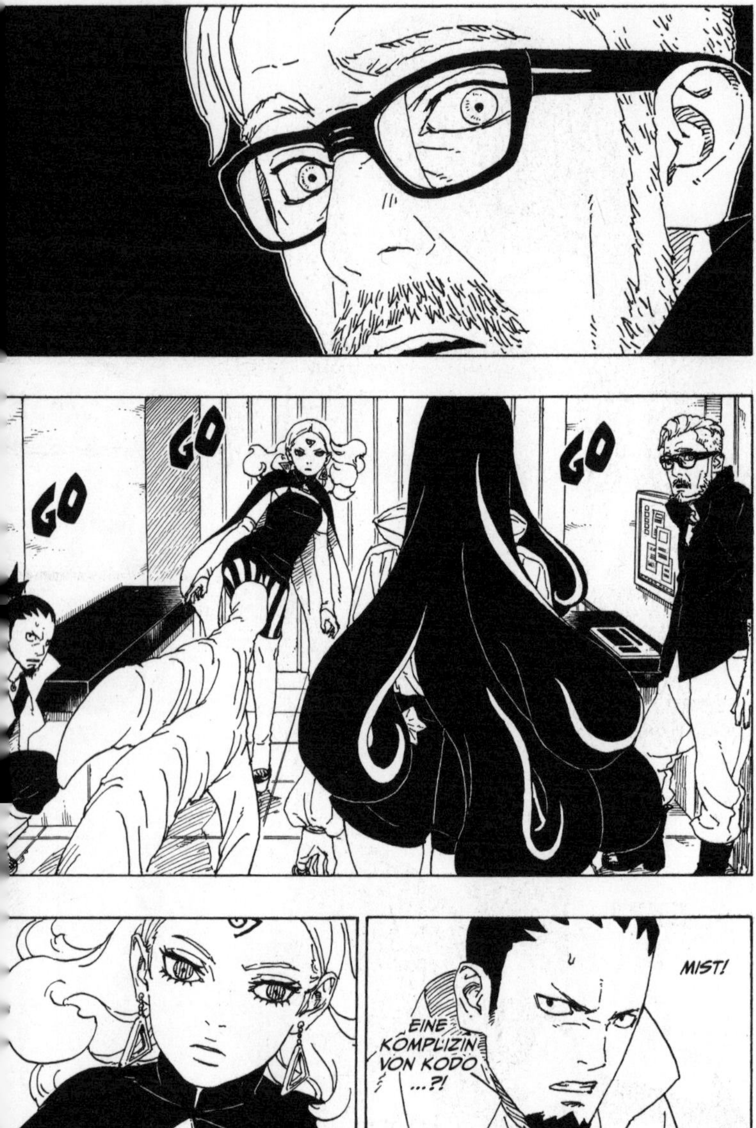
GO
GO
GO
MIST!
EINE KOMPLIZIN VON KODO ...?!

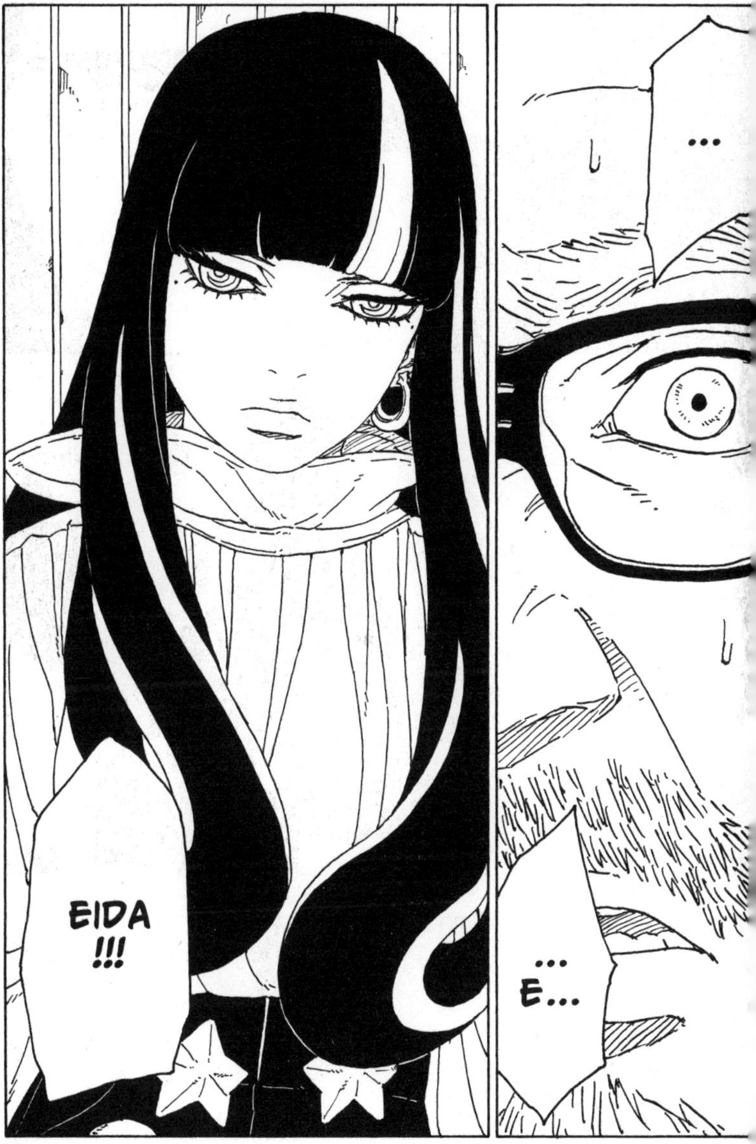
...
...
E...
EIDA
!!!

BORu-GANG

CHARAKTERDESIGN BY BORU-FANS – NACHGEZEICHNET VON MEISTER IKEMOTO!!

MEISTER IKEMOTO!!

FÜR DIE »WEEKLY SHONEN JUMP«-KOLUMNE »BORU-GANG« ZEICHNET MEISTER IKEMOTO DIE ORIGINELLSTEN BORUTO-CHARAKTERE NACH, DIE VON FANS ENTWORFEN WURDEN!!

DER NAME DES CHARAKTERS:

UMAMI DETSUYU

ENTWORFEN VON:

HANAMI AUS TOKUSHIMA

BEWERTUNG DER JURY:

DASS SIE NINJUTSU UND TAIJUTSU NICHT MAG UND SICH AUFS KOCHEN SPEZIALISIERT HAT, IST GANZ NEU!! AUCH DAS DESIGN IST SÜSS! ICH MÖCHTE EINMAL ETWAS VON IHR PROBIEREN!

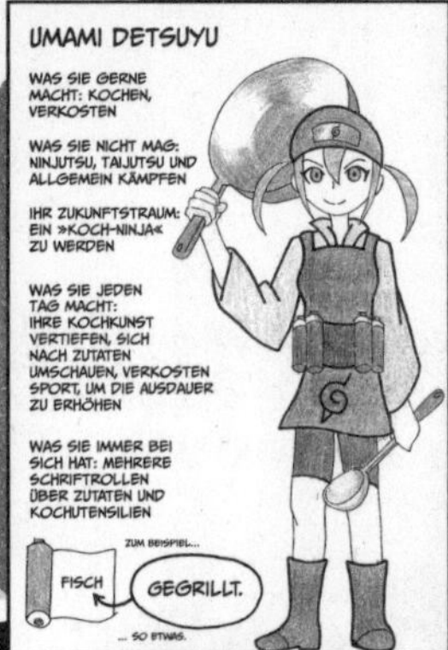

TADAA!! UND HIER IST MEISTER IKEMOTOS ZEICHNUNG!!

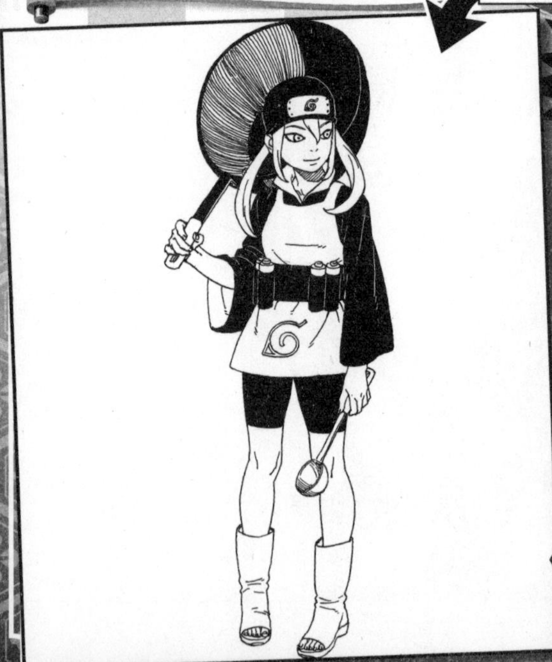

DAS DETAILLIERTE UND KONKRETE CHARAKTER-SETTING FINDE ICH GUT! DASS IHRE ABNEIGUNG FÜR DEN KAMPF DIREKT MIT IHRER LIEBE ZUM KOCHEN VERBUNDEN IST, TRIFFT DEN KNACKPUNKT BEI DER CHARAKTER-ENTWICKLUNG. AUCH DEN NAMEN FINDE ICH GUT!

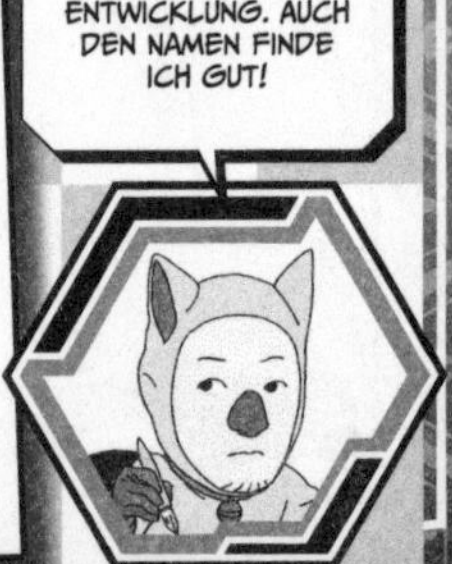

69: Gefesselt

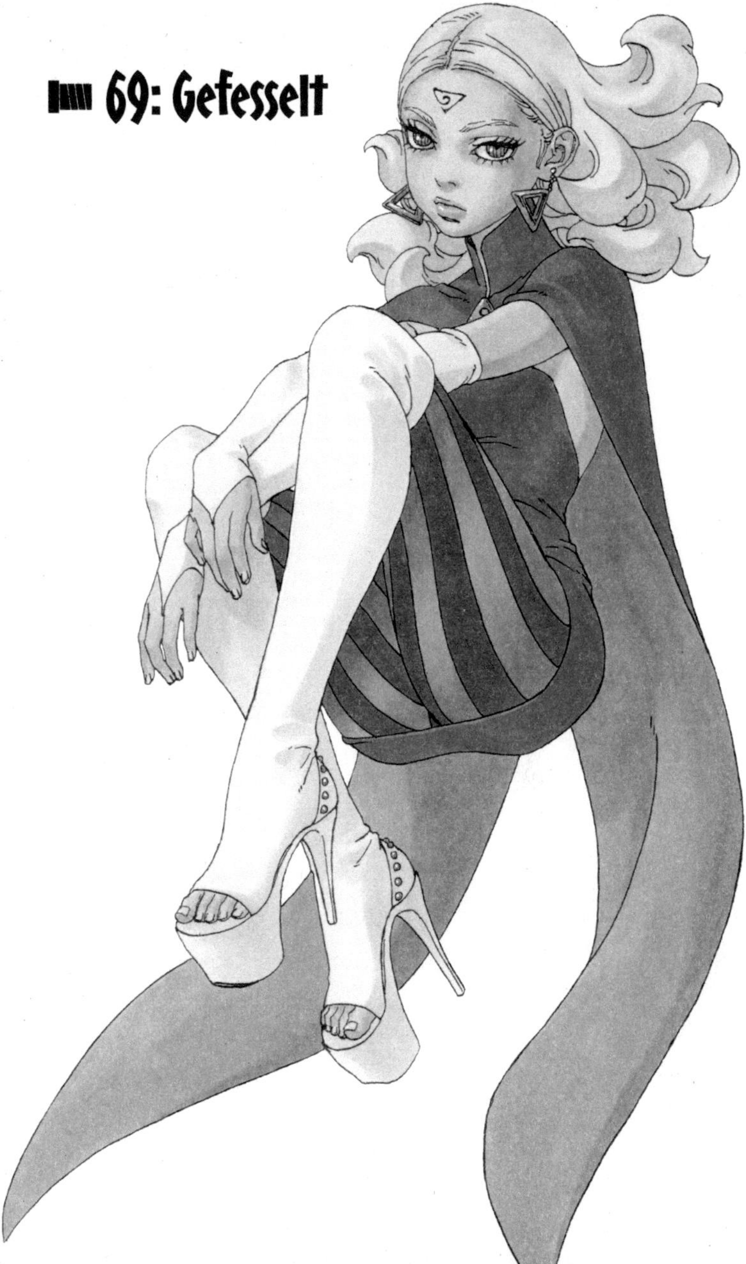

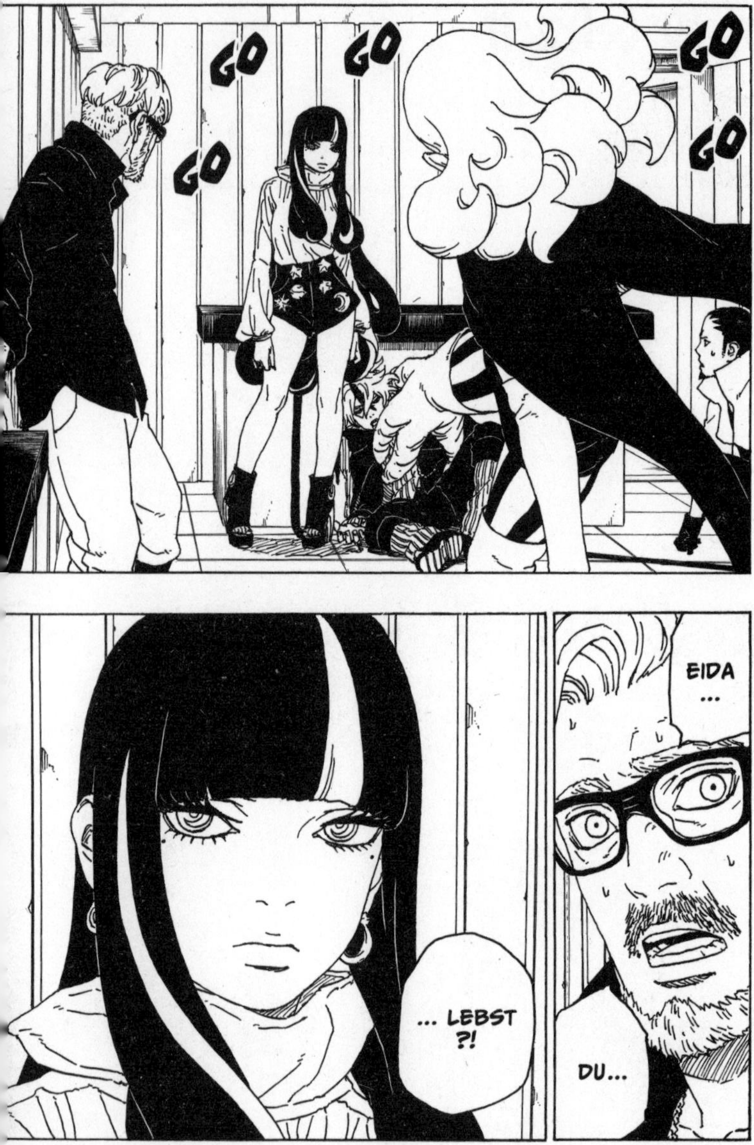
GO
GO
GO
GO
GO
EIDA ...
DU...
... LEBST ?!

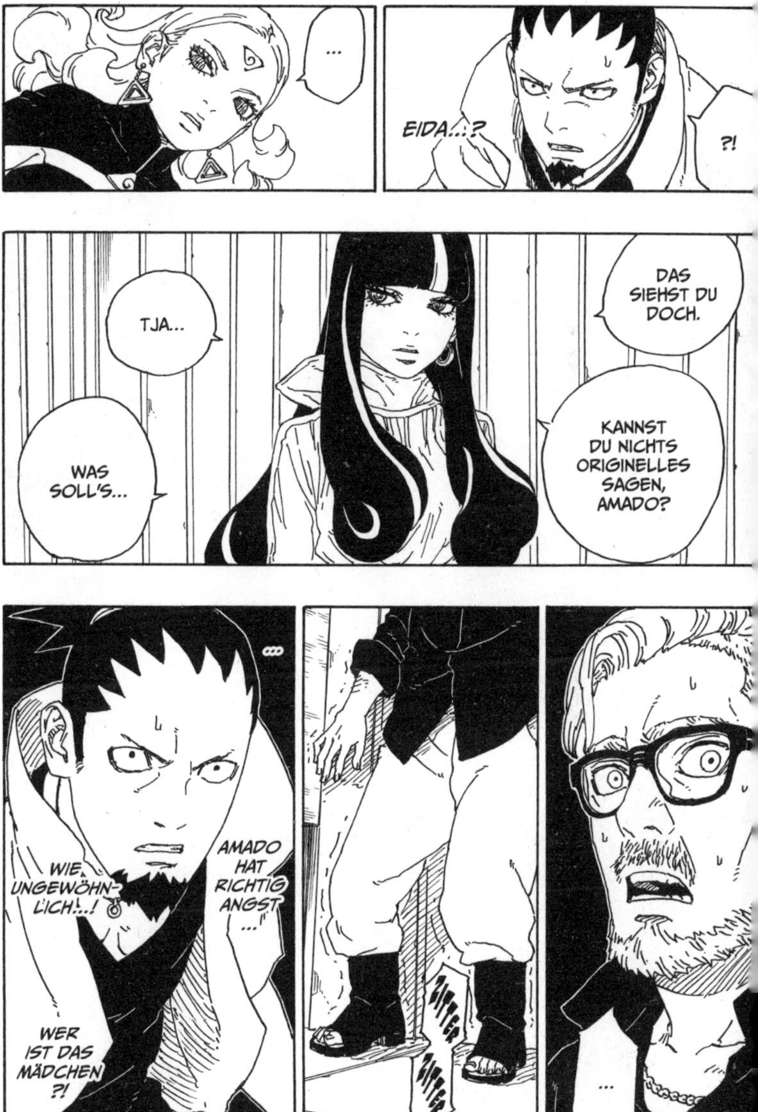
?!
EIDA...?
...
DAS SIEHST DU DOCH.
TJA...
KANNST DU NICHTS ORIGINELLES SAGEN, AMADO?
WAS SOLL'S...
...
ZITTER ZITTER
AMADO HAT RICHTIG ANGST ...
WIE UNGEWÖHNLICH...!
WER IST DAS MÄDCHEN ?!

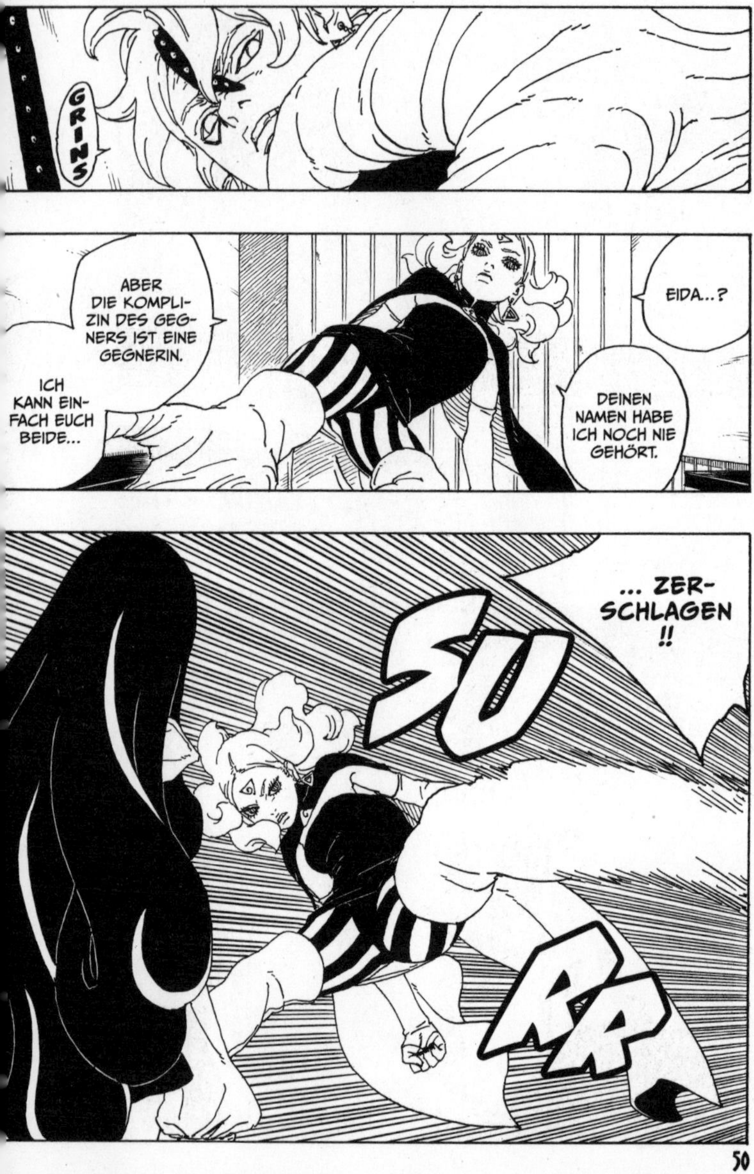
GRINS
EIDA...?
DEINEN NAMEN HABE ICH NOCH NIE GEHÖRT.
ABER DIE KOMPLIZIN DES GEGNERS IST EINE GEGNERIN.
ICH KANN EINFACH EUCH BEIDE...
... ZERSCHLAGEN !!
SURR

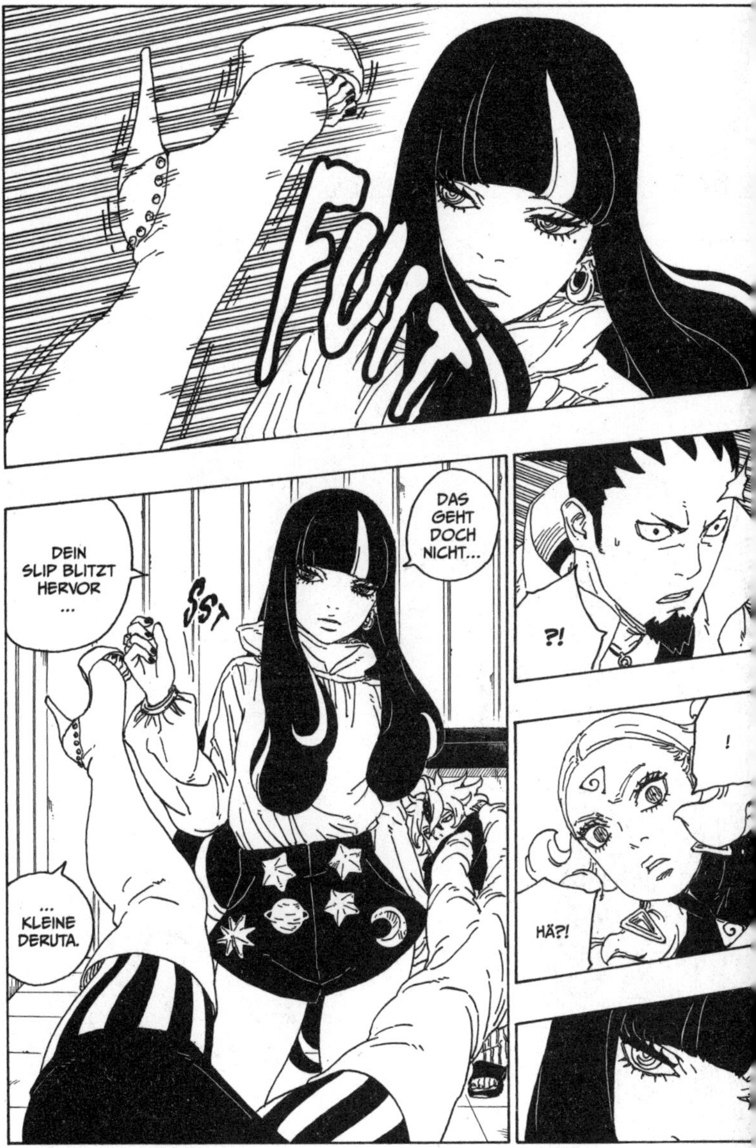
DAS GEHT DOCH NICHT...
?!
!
HÄ?!
DEIN SLIP BLITZT HERVOR ...
SST
... KLEINE DERUTA.

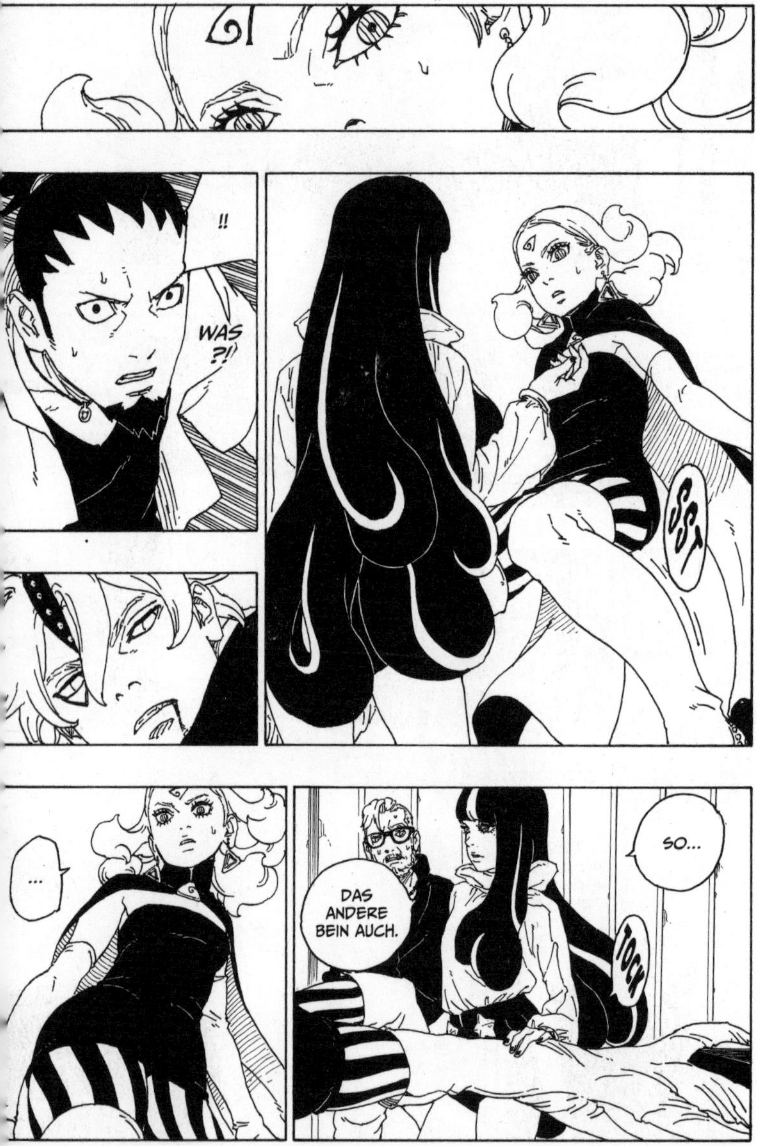

!!
WAS ?!
SST
SO...
DAS ANDERE BEIN AUCH.
TOCK
...

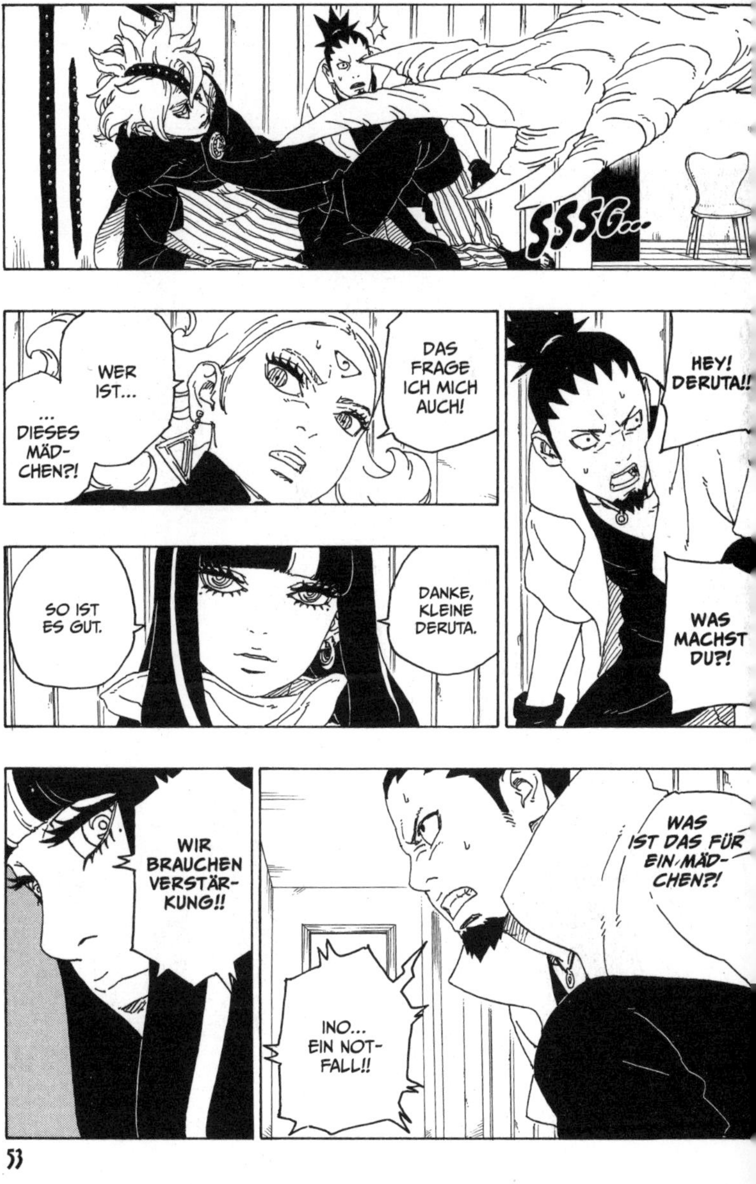
SSSG...
HEY! DERUTA!!
WAS MACHST DU?!
DAS FRAGE ICH MICH AUCH!
WER IST...
... DIESES MÄDCHEN?!
DANKE, KLEINE DERUTA.
SO IST ES GUT.
WAS IST DAS FÜR EIN MÄDCHEN?!
INO... EIN NOTFALL!!
WIR BRAUCHEN VERSTÄRKUNG!!

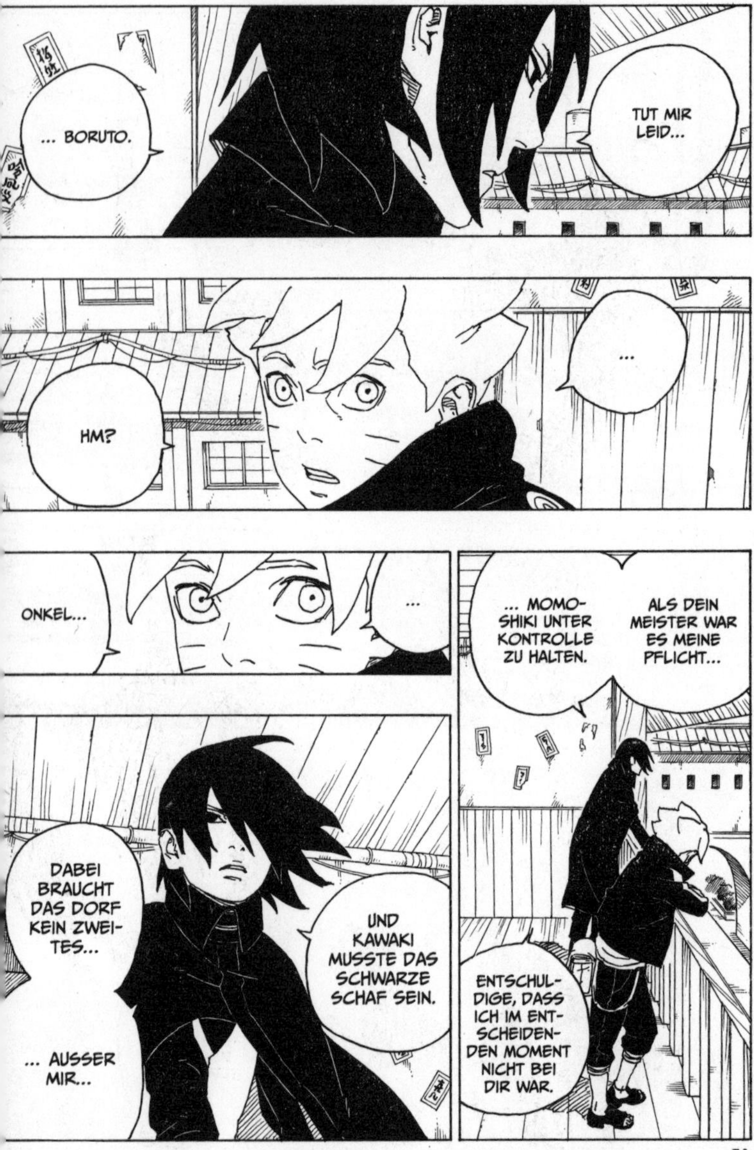
TUT MIR LEID...
... BORUTO.
...
HM?
ALS DEIN MEISTER WAR ES MEINE PFLICHT...
... MOMOSHIKI UNTER KONTROLLE ZU HALTEN.
ENTSCHULDIGE, DASS ICH IM ENTSCHEIDENDEN MOMENT NICHT BEI DIR WAR.
...
ONKEL...
UND KAWAKI MUSSTE DAS SCHWARZE SCHAF SEIN.
DABEI BRAUCHT DAS DORF KEIN ZWEITES...
... AUSSER MIR...

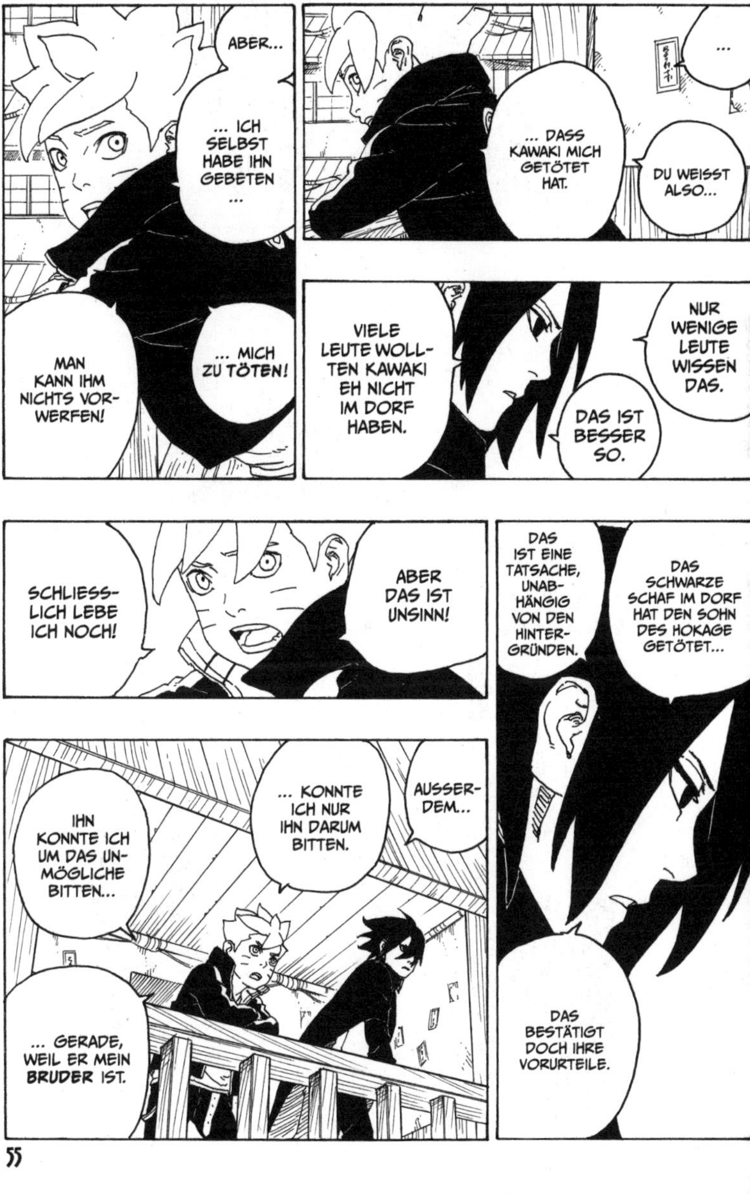
...
DU WEISST ALSO...
... DASS KAWAKI MICH GETÖTET HAT.
NUR WENIGE LEUTE WISSEN DAS.
DAS IST BESSER SO.
VIELE LEUTE WOLLTEN KAWAKI EH NICHT IM DORF HABEN.
ABER...
... ICH SELBST HABE IHN GEBETEN ...
... MICH ZU TÖTEN!
MAN KANN IHM NICHTS VORWERFEN!
DAS SCHWARZE SCHAF IM DORF HAT DEN SOHN DES HOKAGE GETÖTET...
DAS IST EINE TATSACHE, UNABHÄNGIG VON DEN HINTERGRÜNDEN.
DAS BESTÄTIGT DOCH IHRE VORURTEILE.
ABER DAS IST UNSINN!
SCHLIESSLICH LEBE ICH NOCH!
AUSSERDEM...
... KONNTE ICH NUR IHN DARUM BITTEN.
IHN KONNTE ICH UM DAS UNMÖGLICHE BITTEN...
... GERADE, WEIL ER MEIN BRUDER IST.

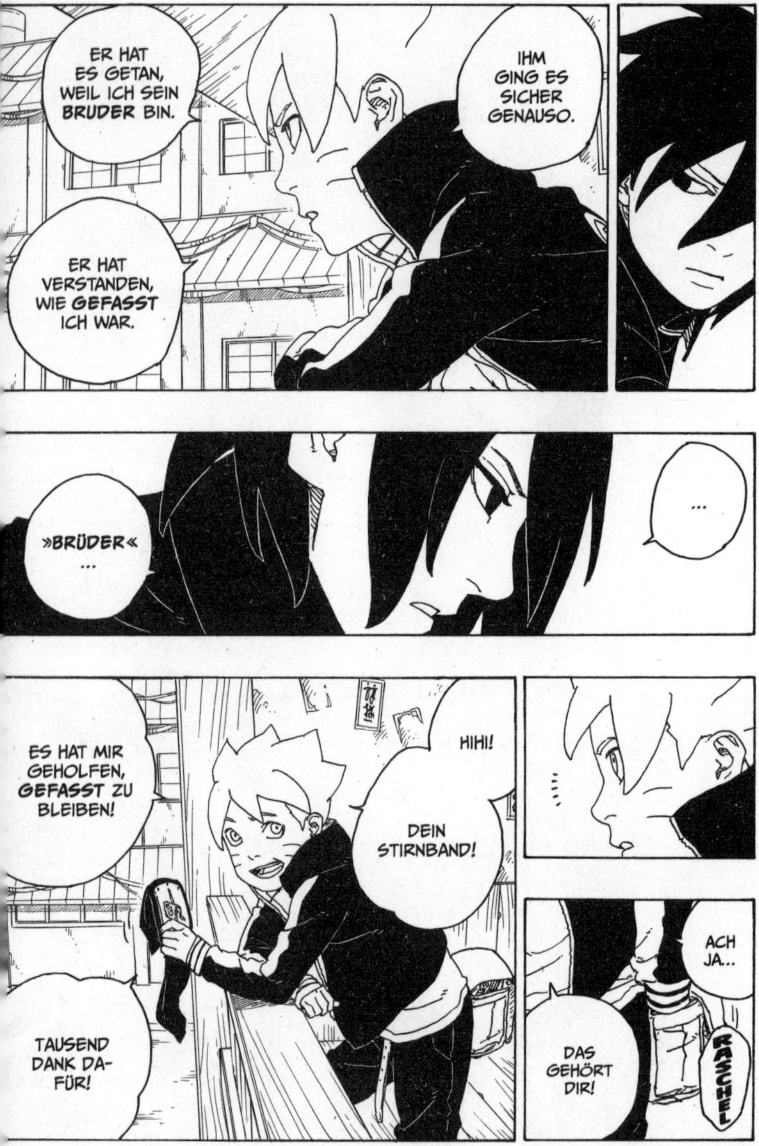
IHM GING ES SICHER GENAUSO.
ER HAT ES GETAN, WEIL ICH SEIN **BRUDER** BIN.
ER HAT VERSTANDEN, WIE **GEFASST** ICH WAR.
...
»BRÜDER« ...
ACH JA...
RASCHEL
DAS GEHÖRT DIR!
HIHI!
DEIN STIRNBAND!
ES HAT MIR GEHOLFEN, **GEFASST** ZU BLEIBEN!
TAUSEND DANK DAFÜR!

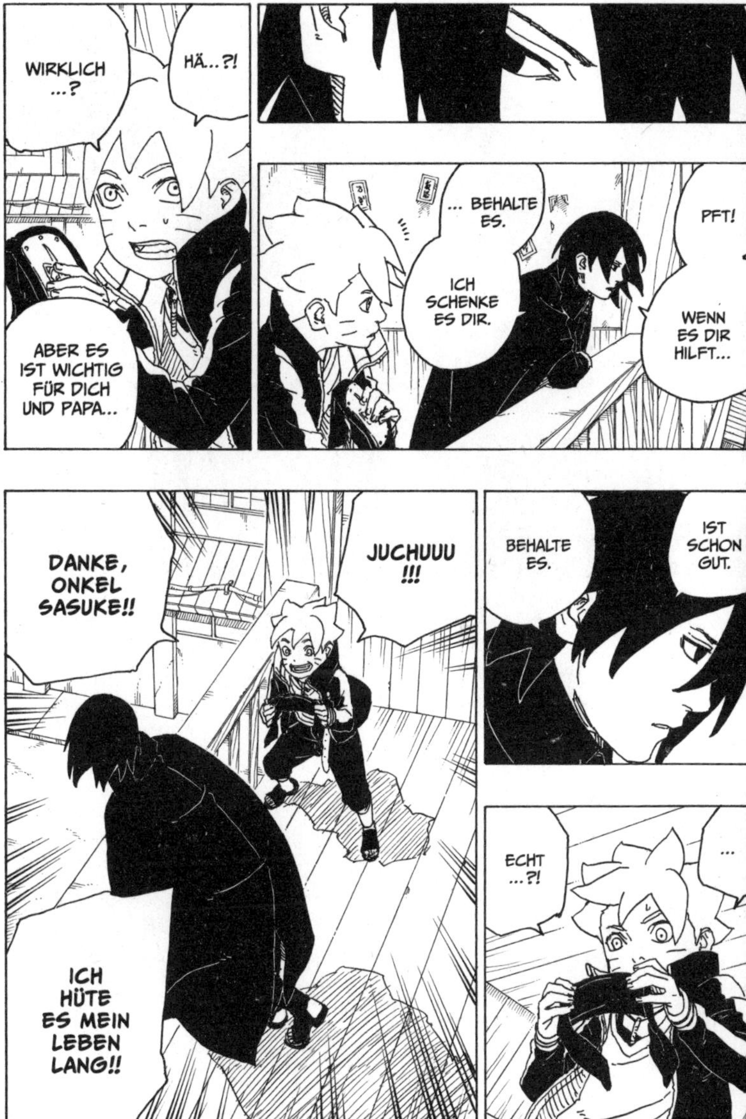
PFT!
WENN ES DIR HILFT...
... BEHALTE ES.
ICH SCHENKE ES DIR.
HÄ...?!
WIRKLICH ...?
ABER ES IST WICHTIG FÜR DICH UND PAPA...
IST SCHON GUT.
BEHALTE ES.
...
ECHT ...?!
JUCHUUU !!!
DANKE, ONKEL SASUKE!!
ICH HÜTE ES MEIN LEBEN LANG!!

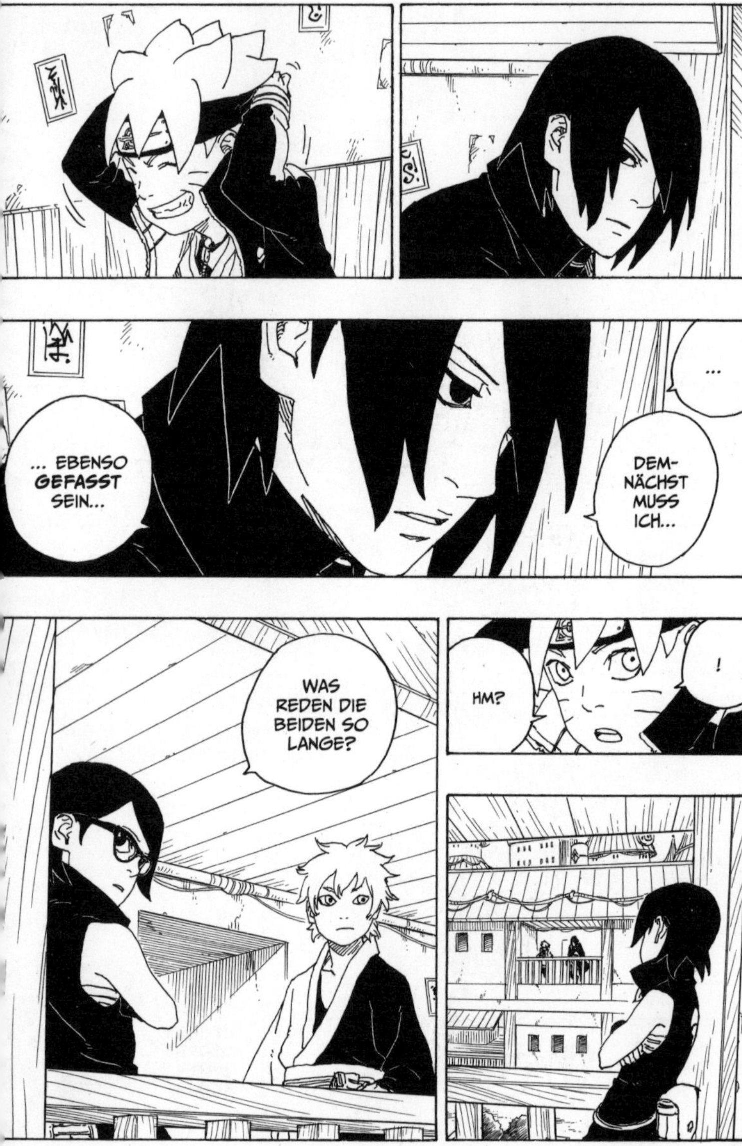
...
DEMNÄCHST MUSS ICH...
... EBENSO GEFASST SEIN...
!
HM?
WAS REDEN DIE BEIDEN SO LANGE?

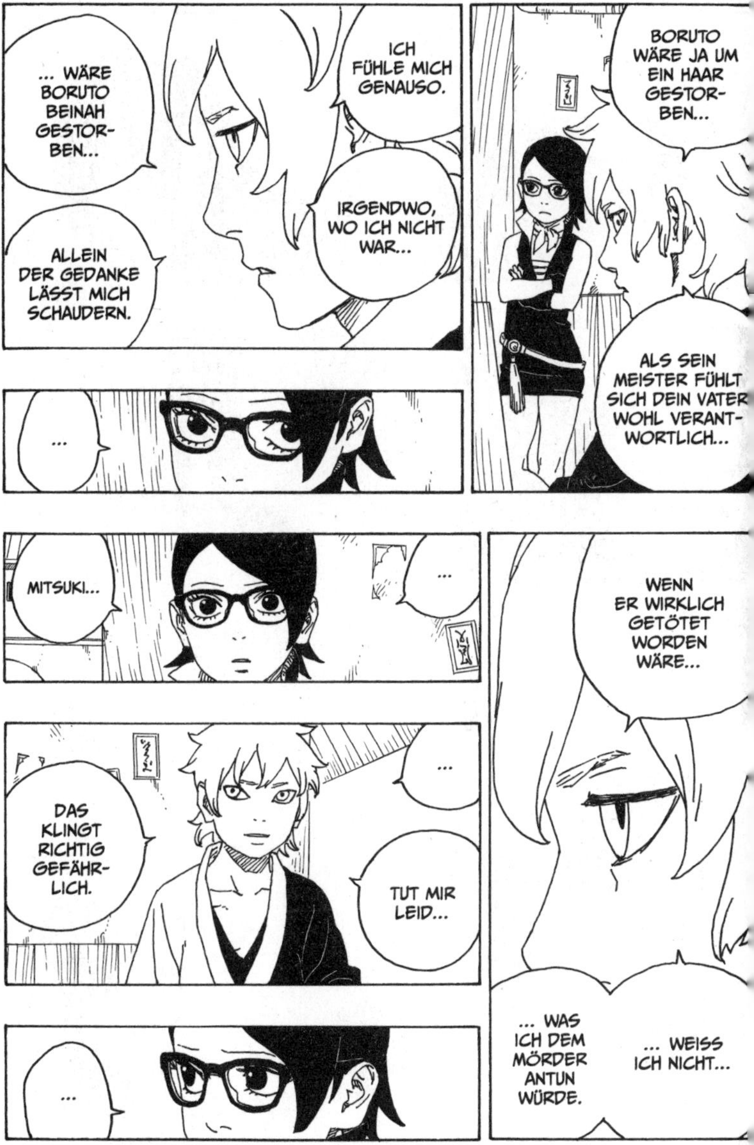
BORUTO WÄRE JA UM EIN HAAR GESTOR-BEN...
ALS SEIN MEISTER FÜHLT SICH DEIN VATER WOHL VERANT-WORTLICH...
ICH FÜHLE MICH GENAUSO.
IRGENDWO, WO ICH NICHT WAR...
... WÄRE BORUTO BEINAH GESTOR-BEN...
ALLEIN DER GEDANKE LÄSST MICH SCHAUDERN.
...
WENN ER WIRKLICH GETÖTET WORDEN WÄRE...
... WAS ICH DEM MÖRDER ANTUN WÜRDE.
... WEISS ICH NICHT...
...
MITSUKI...
...
TUT MIR LEID...
DAS KLINGT RICHTIG GEFÄHR-LICH.
...

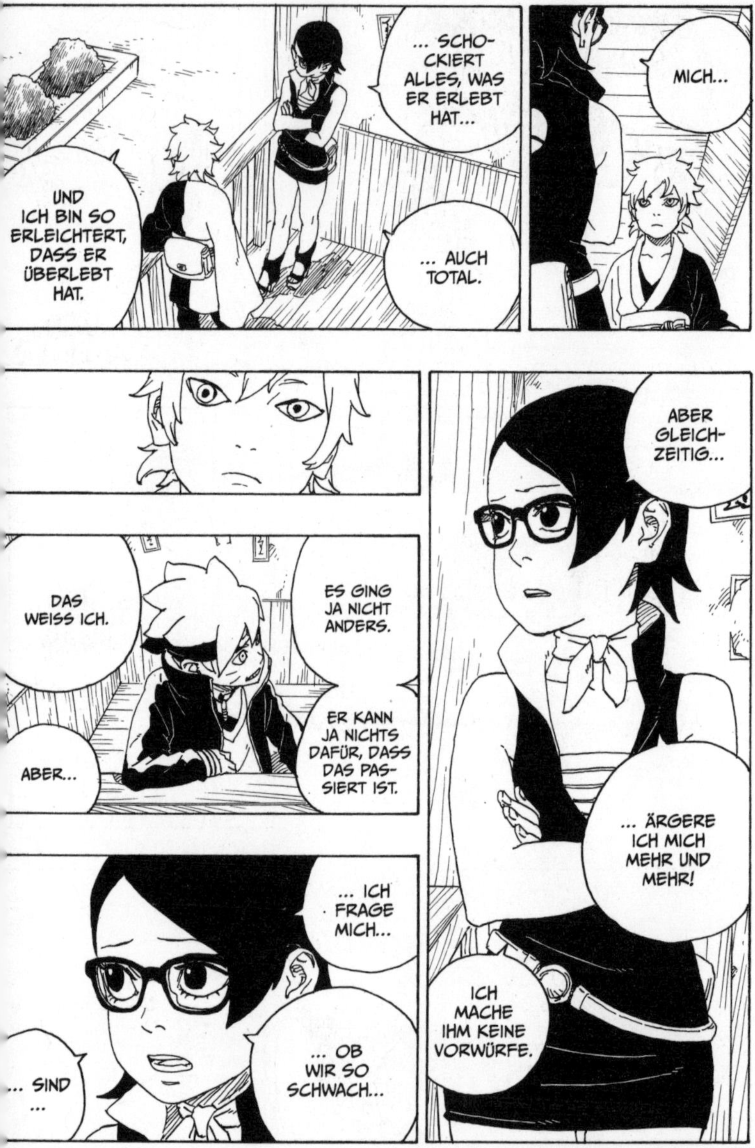
MICH...
... SCHOCKIERT ALLES, WAS ER ERLEBT HAT...
... AUCH TOTAL.
UND ICH BIN SO ERLEICHTERT, DASS ER ÜBERLEBT HAT.
ABER GLEICHZEITIG...
... ÄRGERE ICH MICH MEHR UND MEHR!
ICH MACHE IHM KEINE VORWÜRFE.
ES GING JA NICHT ANDERS.
ER KANN JA NICHTS DAFÜR, DASS DAS PASSIERT IST.
DAS WEISS ICH.
ABER...
... ICH FRAGE MICH...
... OB WIR SO SCHWACH...
... SIND ...

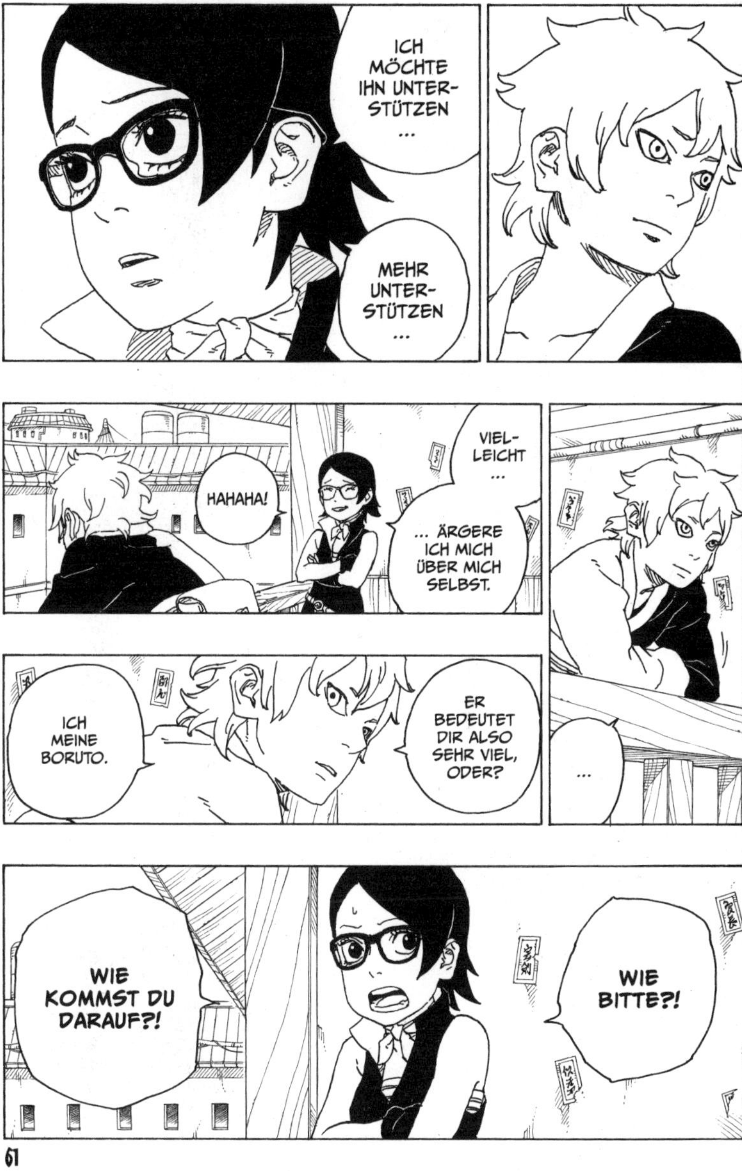
ICH MÖCHTE IHN UNTER-STÜTZEN ...
MEHR UNTER-STÜTZEN ...
VIEL-LEICHT ...
... ÄRGERE ICH MICH ÜBER MICH SELBST.
HAHAHA!
...
ER BEDEUTET DIR ALSO SEHR VIEL, ODER?
ICH MEINE BORUTO.
WIE BITTE?!
WIE KOMMST DU DARAUF?!

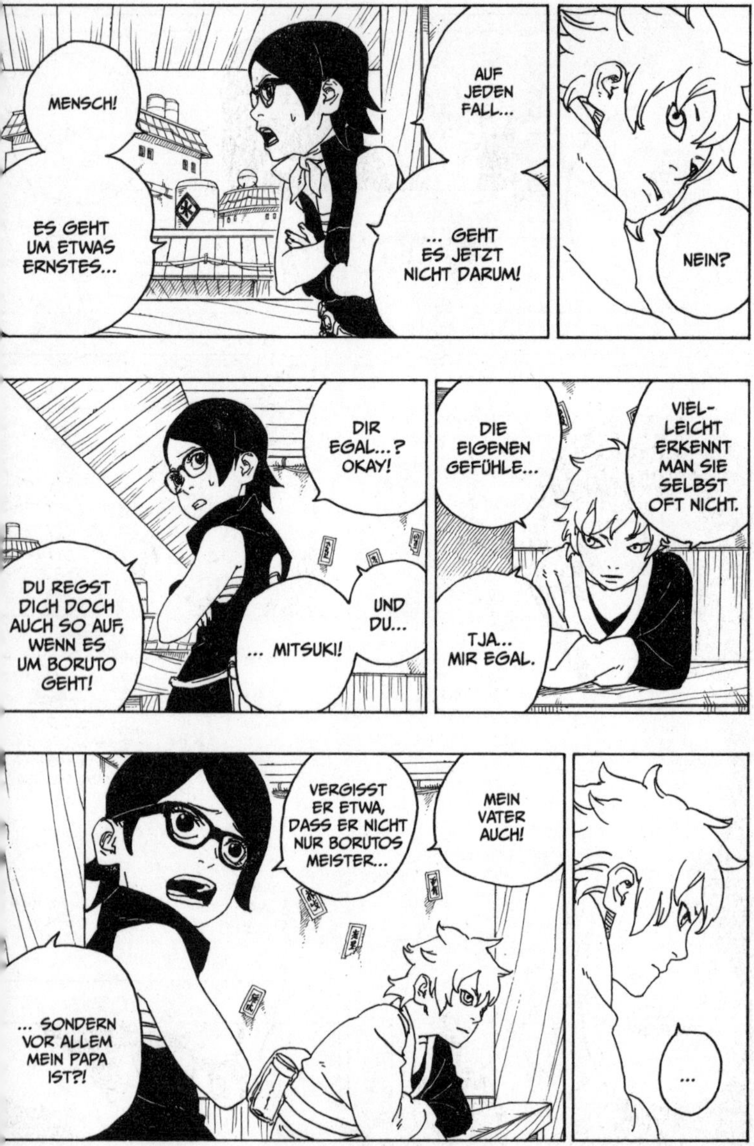
NEIN?
AUF JEDEN FALL...
... GEHT ES JETZT NICHT DARUM!
MENSCH!
ES GEHT UM ETWAS ERNSTES...
VIEL-LEICHT ERKENNT MAN SIE SELBST OFT NICHT.
DIE EIGENEN GEFÜHLE...
TJA.. MIR EGAL.
DIR EGAL...? OKAY!
UND DU...
... MITSUKI!
DU REGST DICH DOCH AUCH SO AUF, WENN ES UM BORUTO GEHT!
...
MEIN VATER AUCH!
VERGISST ER ETWA, DASS ER NICHT NUR BORUTOS MEISTER...
... SONDERN VOR ALLEM MEIN PAPA IST?!

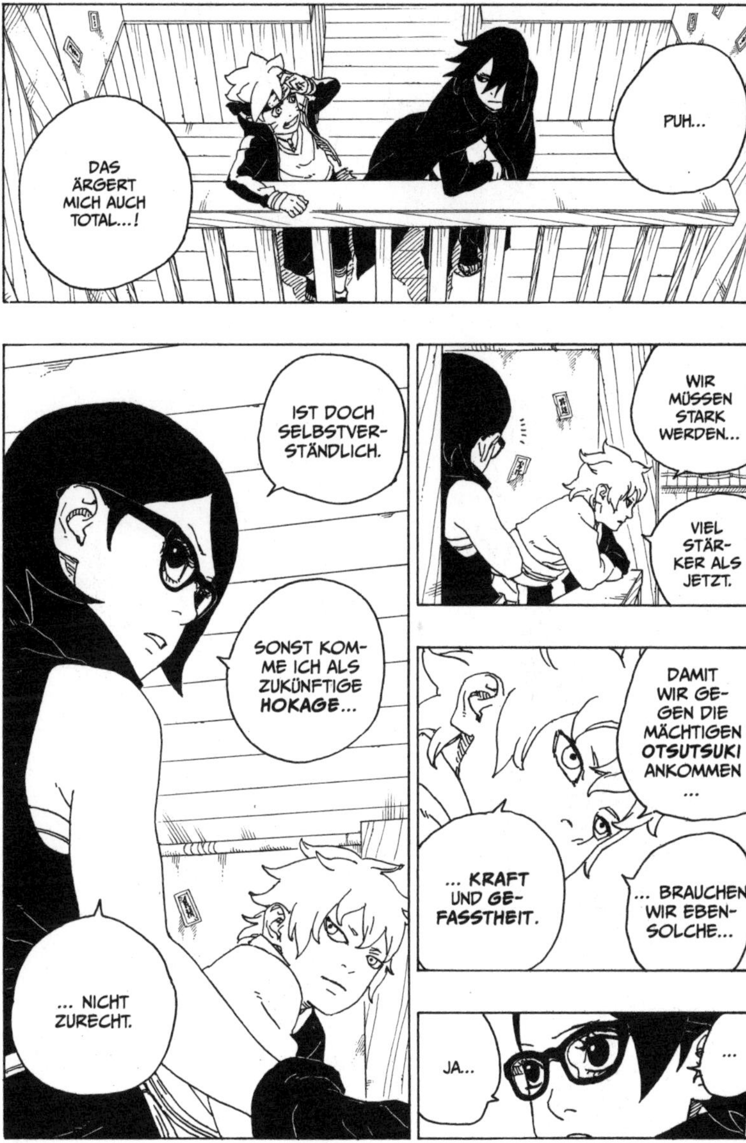
PUH...
DAS ÄRGERT MICH AUCH TOTAL...!
WIR MÜSSEN STARK WERDEN...
VIEL STÄRKER ALS JETZT.
DAMIT WIR GEGEN DIE MÄCHTIGEN OTSUTSUKI ANKOMMEN ...
... BRAUCHEN WIR EBENSOLCHE...
... KRAFT UND GEFASSTHEIT.
...
JA...
IST DOCH SELBSTVERSTÄNDLICH.
SONST KOMME ICH ALS ZUKÜNFTIGE HOKAGE...
... NICHT ZURECHT.

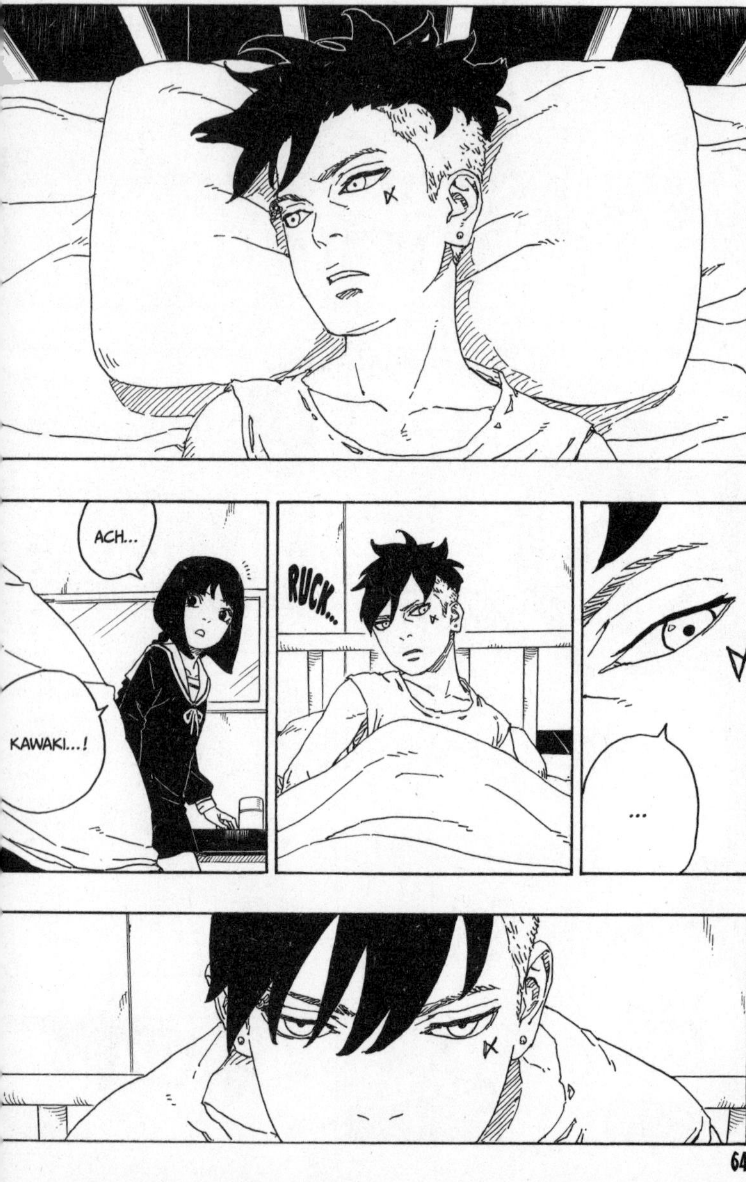
...
RUCK...
ACH...
KAWAKI...!

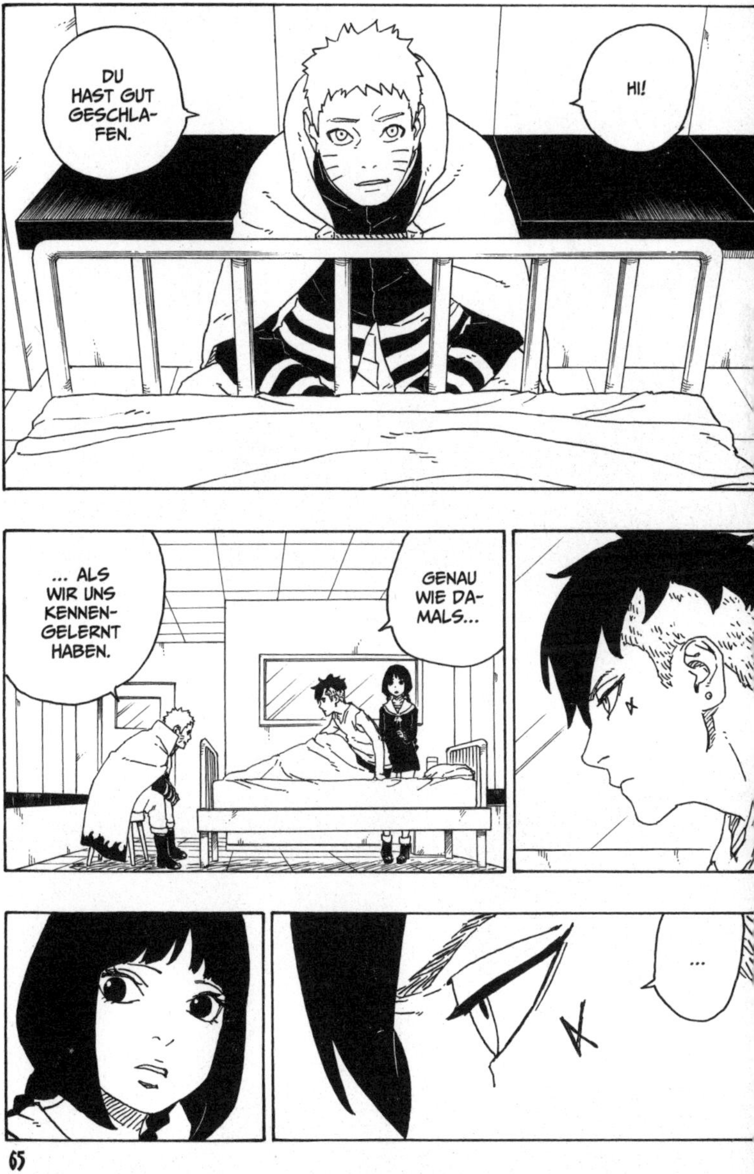
HI!
DU HAST GUT GESCHLAFEN.
GENAU WIE DAMALS...
... ALS WIR UNS KENNENGELERNT HABEN.
...

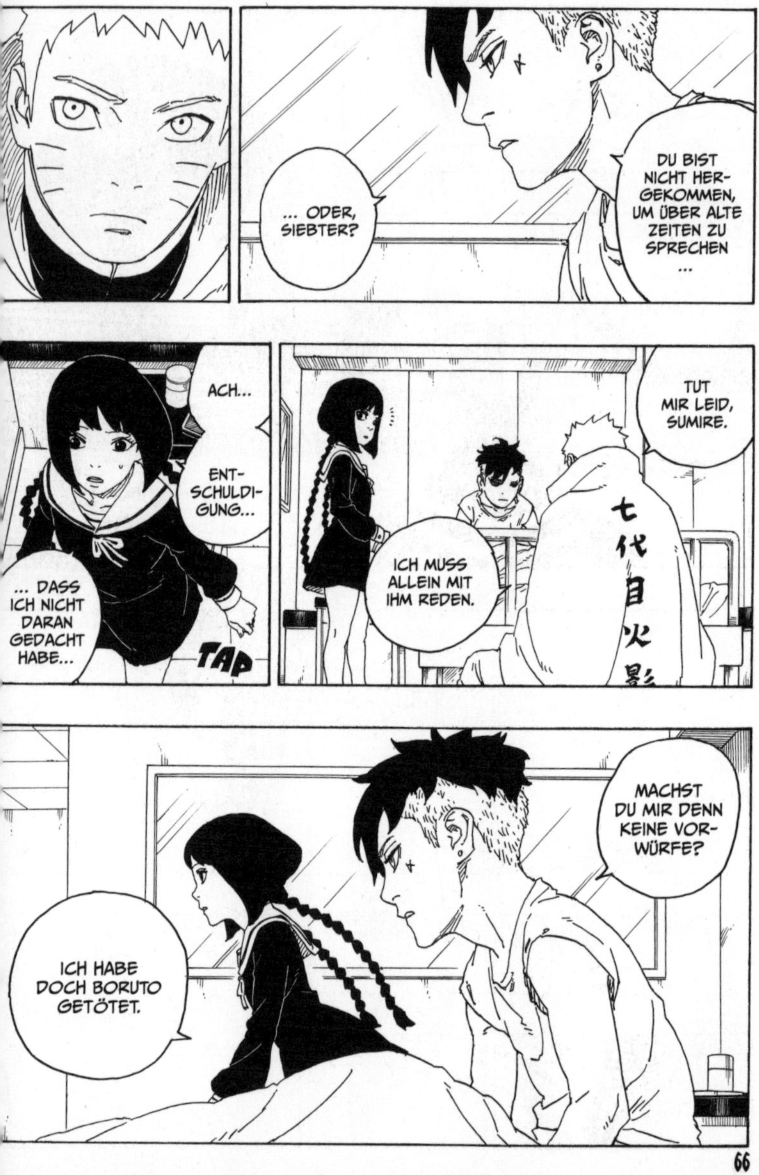
DU BIST NICHT HERGEKOMMEN, UM ÜBER ALTE ZEITEN ZU SPRECHEN ...
... ODER, SIEBTER?
TUT MIR LEID, SUMIRE.
ICH MUSS ALLEIN MIT IHM REDEN.
七代目火影
ACH...
ENTSCHULDIGUNG...
... DASS ICH NICHT DARAN GEDACHT HABE...
TAP
MACHST DU MIR DENN KEINE VORWÜRFE?
ICH HABE DOCH BORUTO GETÖTET.

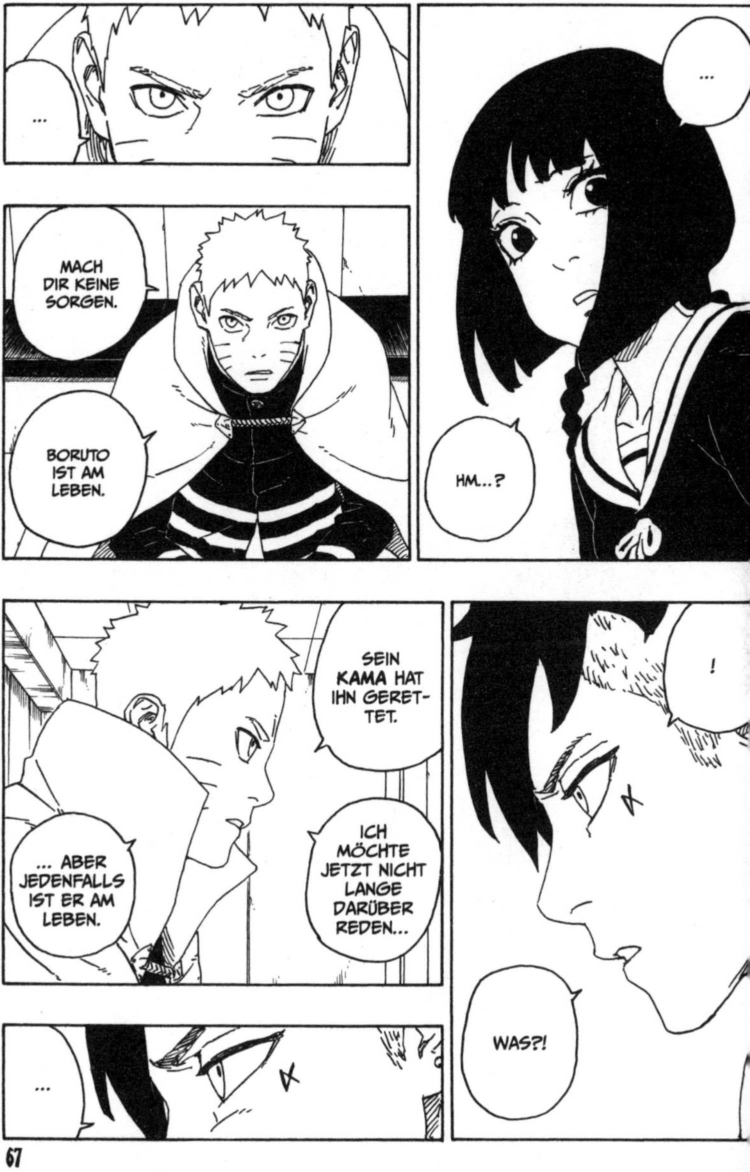
...
HM..?
...
MACH DIR KEINE SORGEN.
BORUTO IST AM LEBEN.
!
WAS?!
SEIN KAMA HAT IHN GERET-TET.
ICH MÖCHTE JETZT NICHT LANGE DARÜBER REDEN...
... ABER JEDENFALLS IST ER AM LEBEN.
...

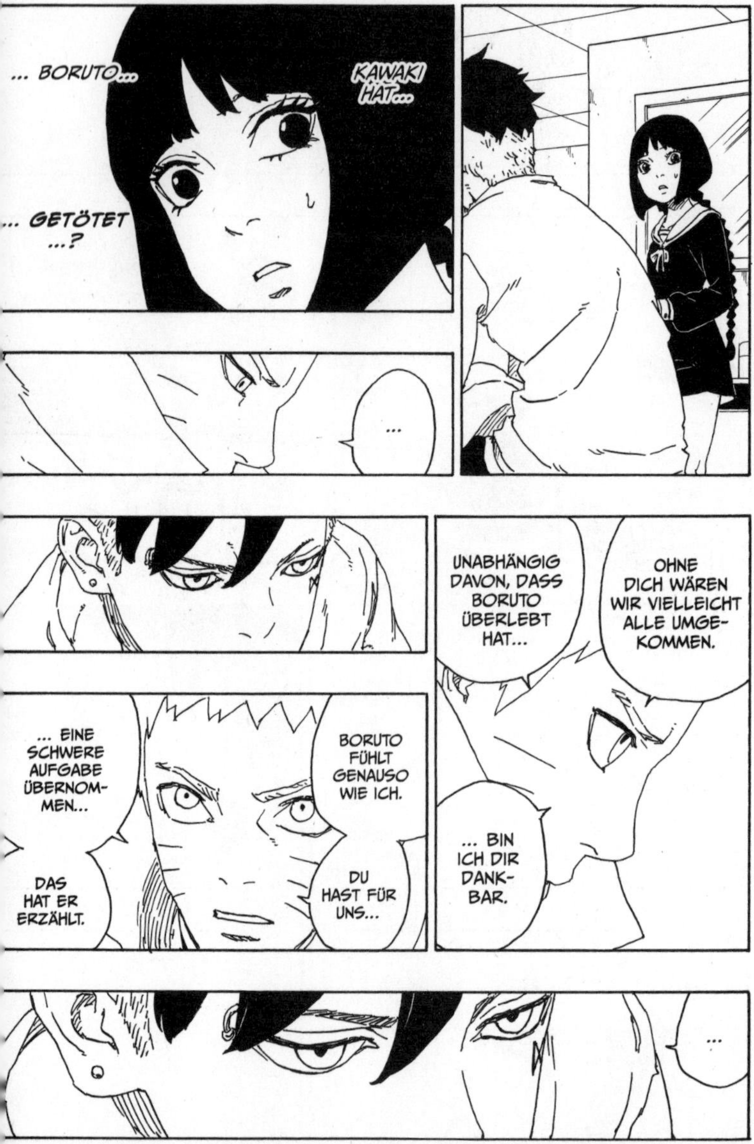
KAWAKI HAT...
... BORUTO...
... GETÖTET ...?
...
OHNE DICH WÄREN WIR VIELLEICHT ALLE UMGE- KOMMEN.
UNABHÄNGIG DAVON, DASS BORUTO ÜBERLEBT HAT...
... BIN ICH DIR DANK- BAR.
BORUTO FÜHLT GENAUSO WIE ICH.
DU HAST FÜR UNS...
... EINE SCHWERE AUFGABE ÜBERNOM- MEN...
DAS HAT ER ERZÄHLT.
...

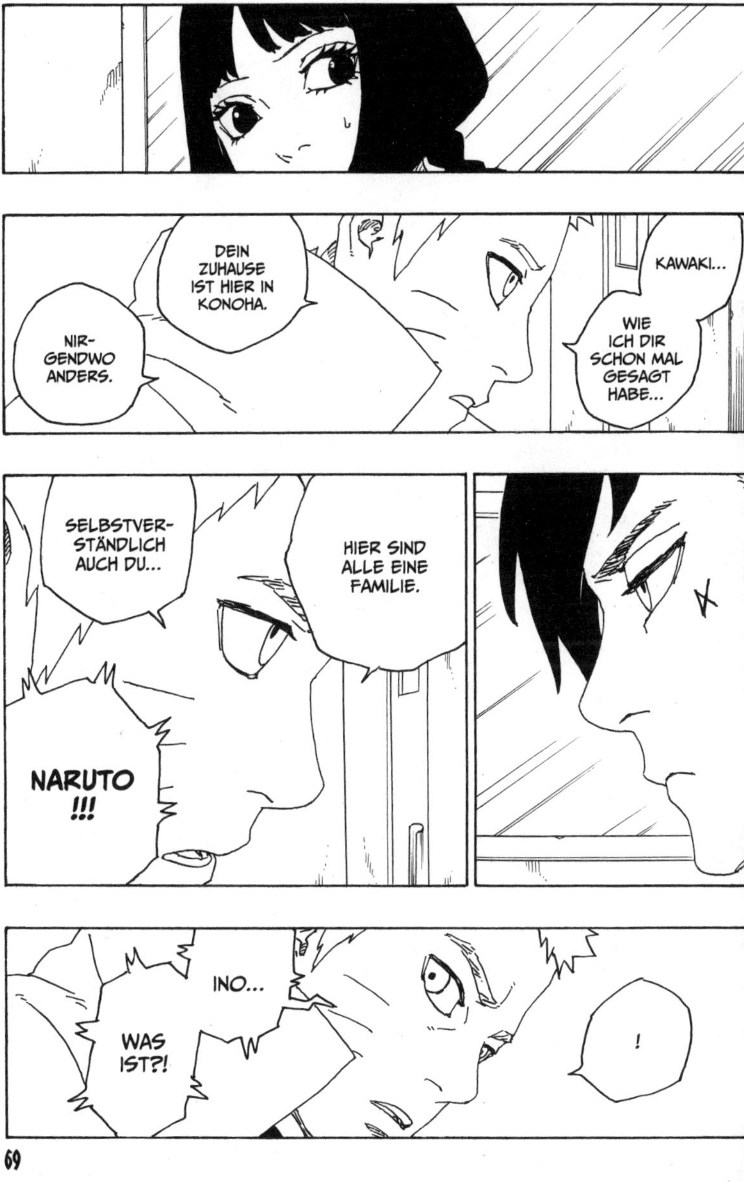
KAWAKI...
WIE ICH DIR SCHON MAL GESAGT HABE...
DEIN ZUHAUSE IST HIER IN KONOHA.
NIR-GENDWO ANDERS.
HIER SIND ALLE EINE FAMILIE.
SELBSTVER-STÄNDLICH AUCH DU...
NARUTO !!!
!
INO...
WAS IST?!

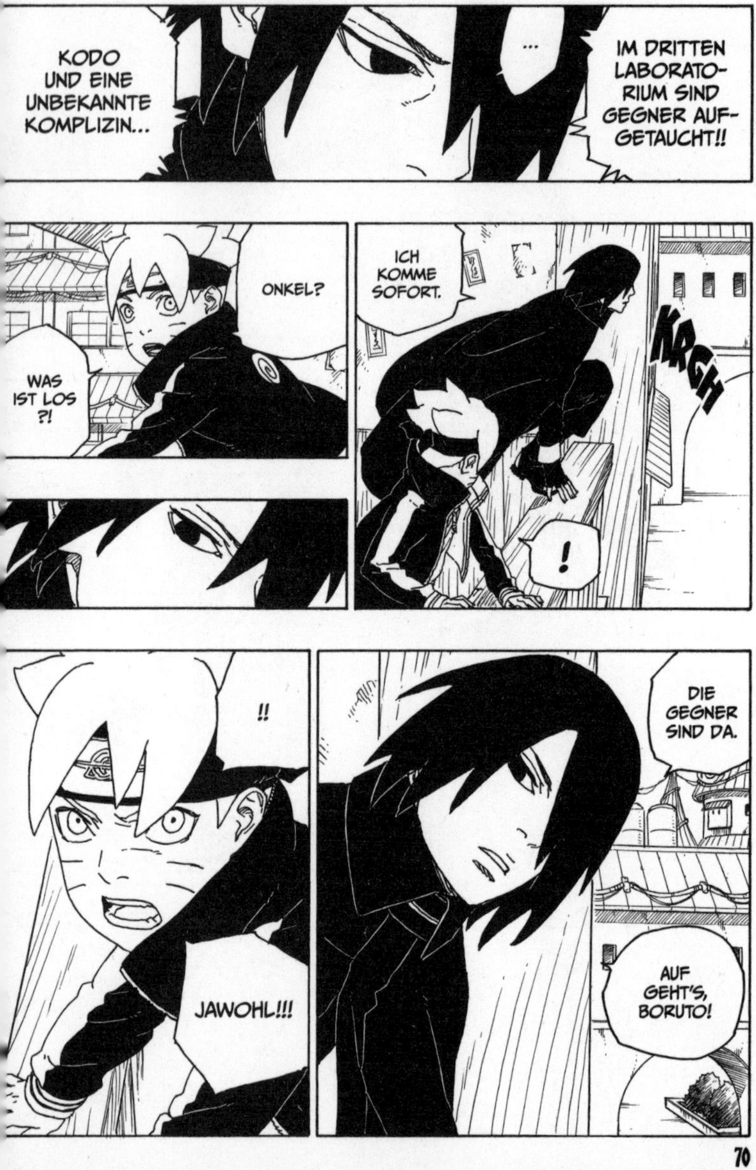
IM DRITTEN LABORATO-RIUM SIND GEGNER AUF-GETAUCHT!!
...
KODO UND EINE UNBEKANNTE KOMPLIZIN...
ICH KOMME SOFORT.
KRGH
!
ONKEL?
WAS IST LOS ?!
DIE GEGNER SIND DA.
AUF GEHT'S, BORUTO!
!!
JAWOHL!!!

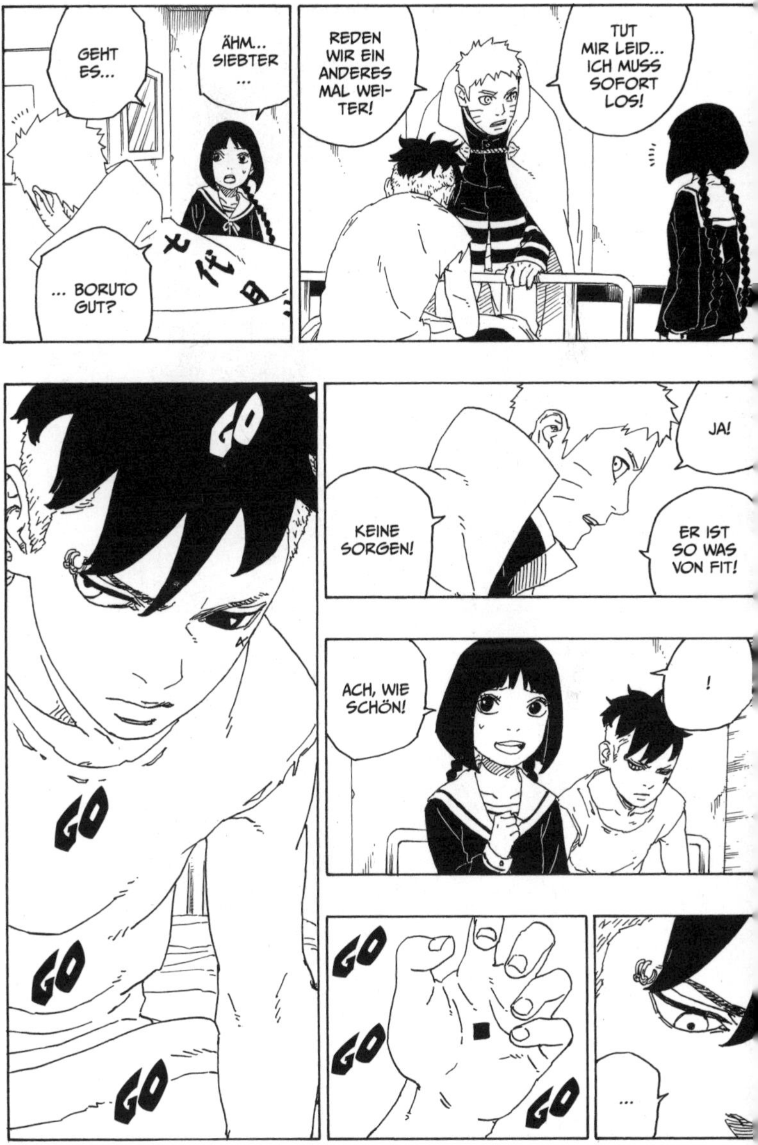
TUT MIR LEID... ICH MUSS SOFORT LOS!
REDEN WIR EIN ANDERES MAL WEITER!
ÄHM... SIEBTER ...
GEHT ES...
... BORUTO GUT?
JA!
ER IST SO WAS VON FIT!
KEINE SORGEN!
!
ACH, WIE SCHÖN!
...
GO
GO
GO
GO
GO
GO
GO

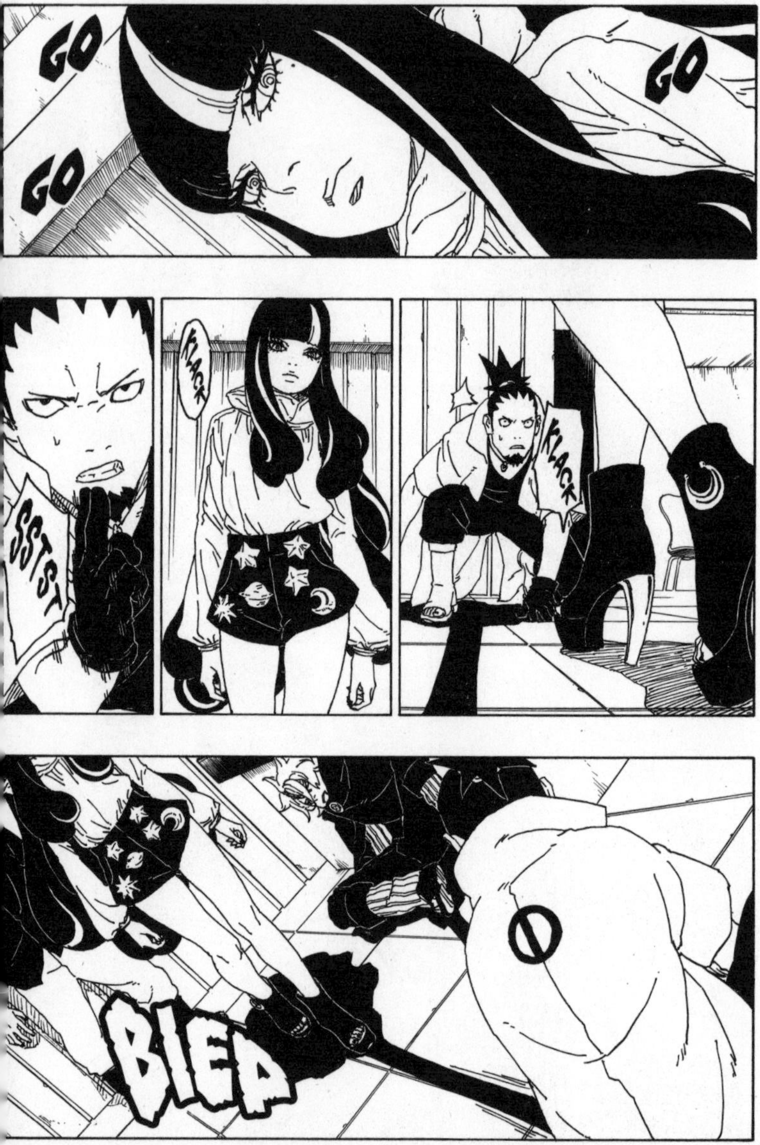
GO
GO
GO
KLACK
KLACK
SSTST
BIEP

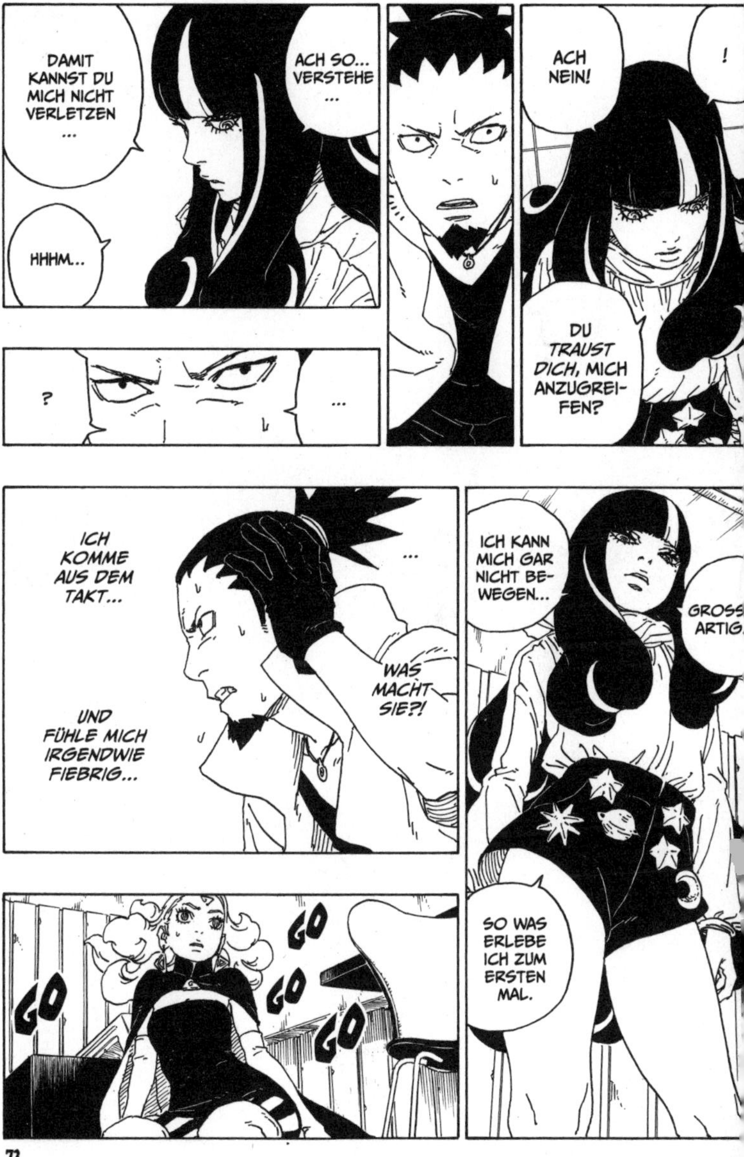
!
ACH NEIN!
DU TRAUST DICH, MICH ANZUGREIFEN?
ACH SO... VERSTEHE ...
DAMIT KANNST DU MICH NICHT VERLETZEN ...
HHHM...
...
?
ICH KANN MICH GAR NICHT BE-WEGEN...
GROSS ARTIG.
SO WAS ERLEBE ICH ZUM ERSTEN MAL.
...
WAS MACHT SIE?!
ICH KOMME AUS DEM TAKT...
UND FÜHLE MICH IRGENDWIE FIEBRIG...
GO
GO
GO
GO

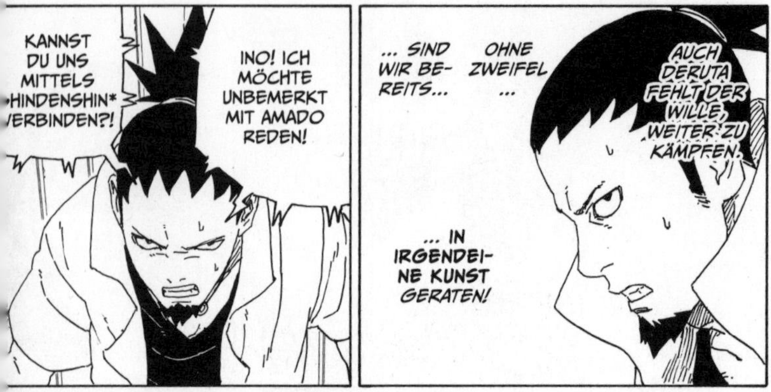

HIN=GEIST, DEN=ÜBERMITTELN/LEITEN, SHIN=KÖRPER (KUNST
R GEDANKLICHEN KOMMUNIKATION DES YAMANAKA-CLANS)

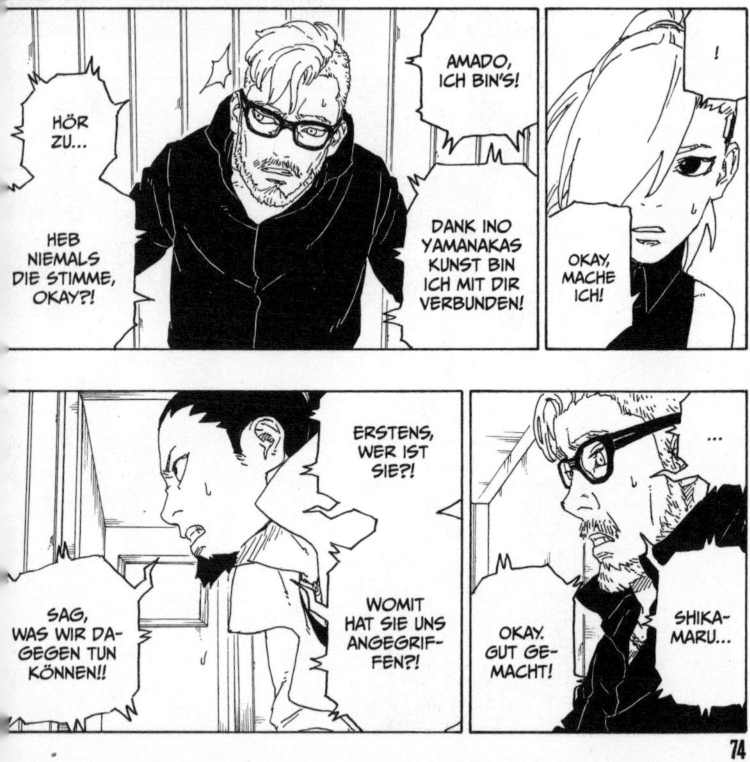

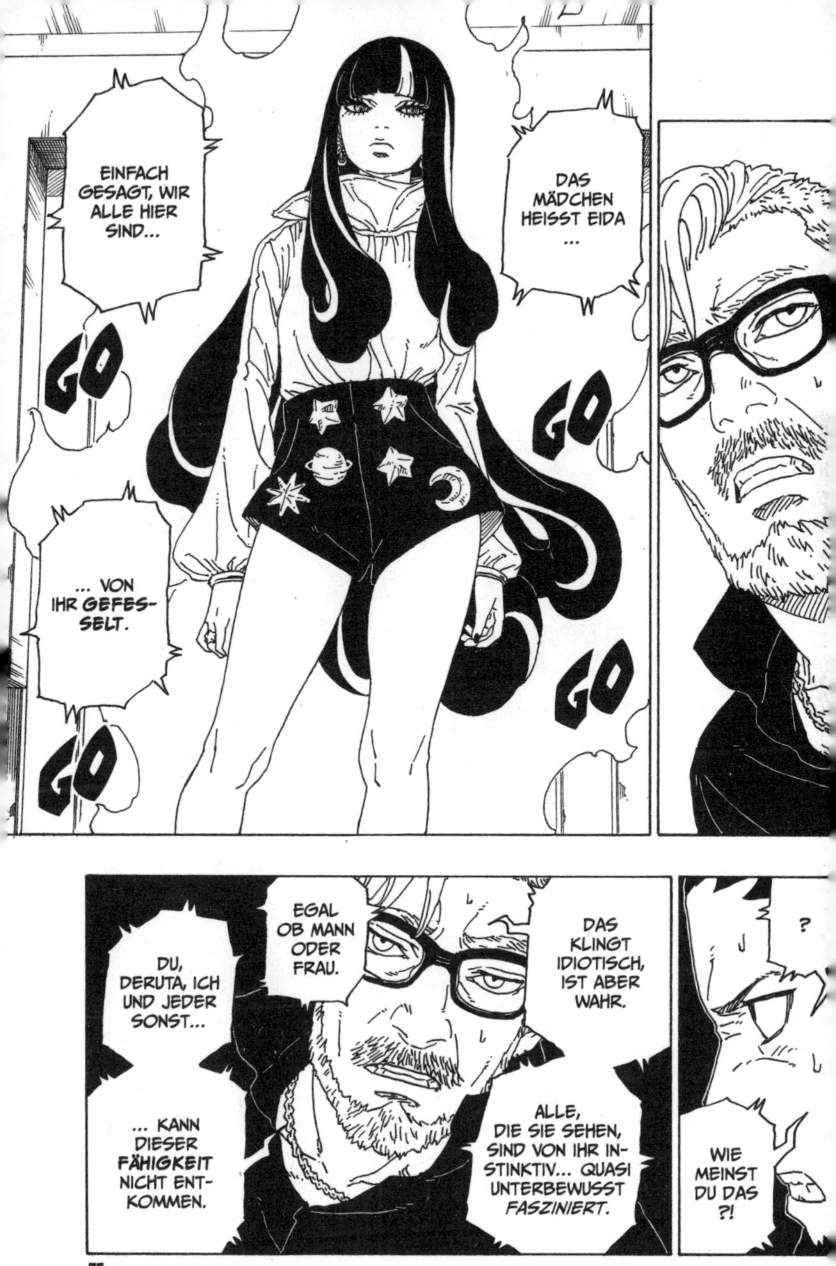
DAS MÄDCHEN HEISST EIDA ...
EINFACH GESAGT, WIR ALLE HIER SIND...
... VON IHR GEFESSELT.
GO
GO
GO
GO
?
WIE MEINST DU DAS?!
DAS KLINGT IDIOTISCH, IST ABER WAHR.
ALLE, DIE SIE SEHEN, SIND VON IHR INSTINKTIV... QUASI UNTERBEWUSST FASZINIERT.
EGAL OB MANN ODER FRAU.
DU, DERUTA, ICH UND JEDER SONST...
... KANN DIESER FÄHIGKEIT NICHT ENTKOMMEN.

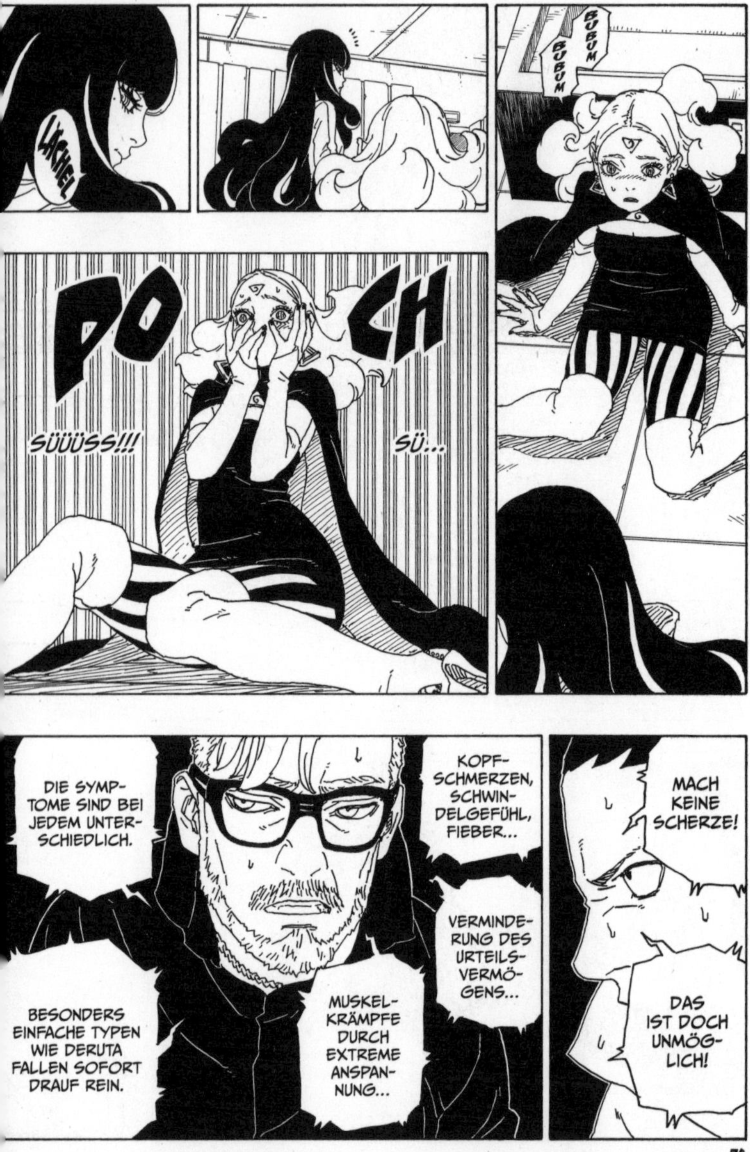
BUBUM BUBUM
LÄCHEL
SÜ...
DOCH
SÜÜÜSS!!!
MACH KEINE SCHERZE!
DAS IST DOCH UNMÖGLICH!
KOPF-SCHMERZEN, SCHWINDELGEFÜHL, FIEBER...
DIE SYMPTOME SIND BEI JEDEM UNTERSCHIEDLICH.
VERMINDERUNG DES URTEILSVERMÖGENS...
MUSKELKRÄMPFE DURCH EXTREME ANSPANNUNG...
BESONDERS EINFACHE TYPEN WIE DERUTA FALLEN SOFORT DRAUF REIN.

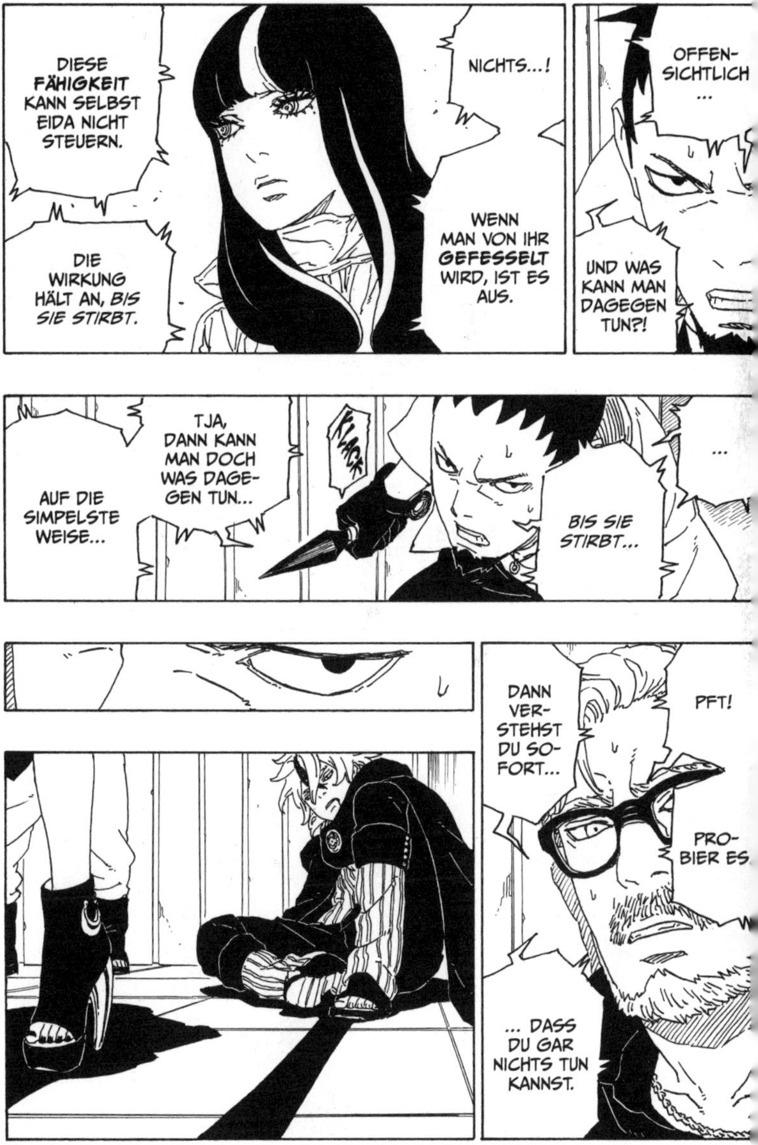
OFFEN-SICHTLICH ...
UND WAS KANN MAN DAGEGEN TUN?!
NICHTS...!
WENN MAN VON IHR GEFESSELT WIRD, IST ES AUS.
DIESE FÄHIGKEIT KANN SELBST EIDA NICHT STEUERN.
DIE WIRKUNG HÄLT AN, BIS SIE STIRBT.
...
BIS SIE STIRBT...
KLACK
TJA, DANN KANN MAN DOCH WAS DAGEGEN TUN...
AUF DIE SIMPELSTE WEISE...
PFT!
PROBIER ES.
DANN VERSTEHST DU SOFORT...
... DASS DU GAR NICHTS TUN KANNST.

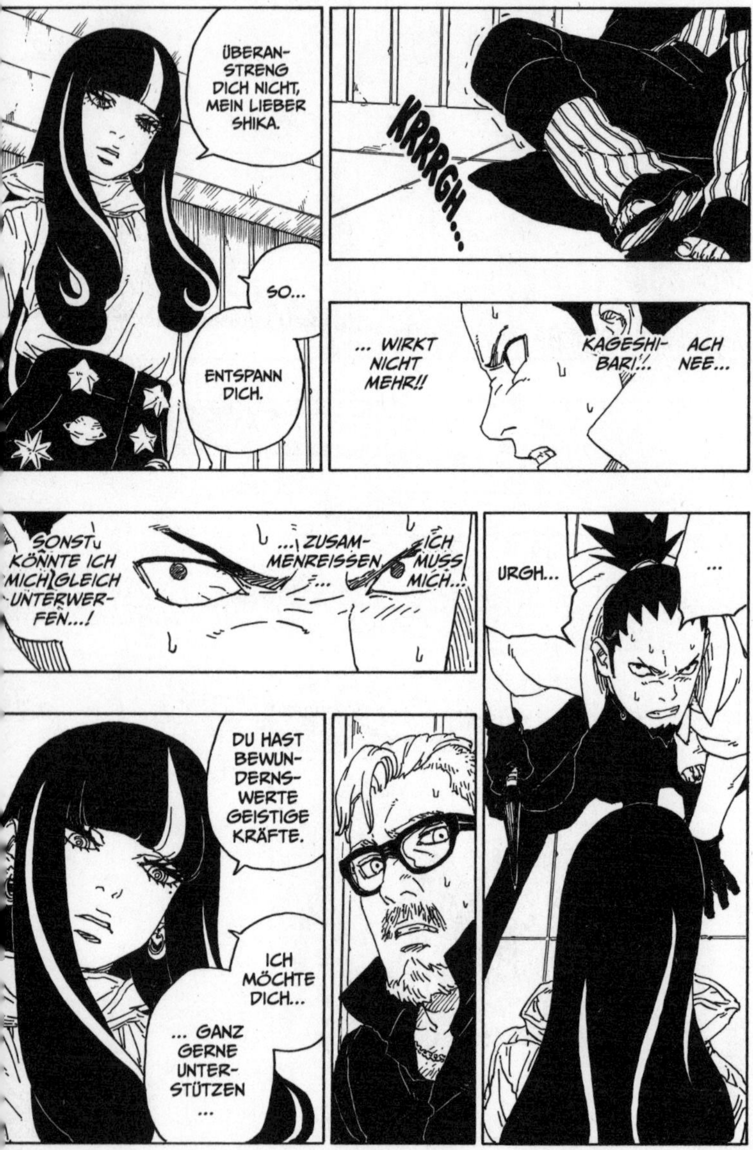

KRRRGH...
ACH NEE...
KAGESHIBARI...
... WIRKT NICHT MEHR!!
ÜBERANSTRENG DICH NICHT, MEIN LIEBER SHIKA.
SO...
ENTSPANN DICH.
...
URGH...
ICH MUSS MICH...
... ZUSAMMENREISSEN...
SONST KÖNNTE ICH MICH GLEICH UNTERWERFEN...!
DU HAST BEWUNDERNSWERTE GEISTIGE KRÄFTE.
ICH MÖCHTE DICH...
... GANZ GERNE UNTERSTÜTZEN ...

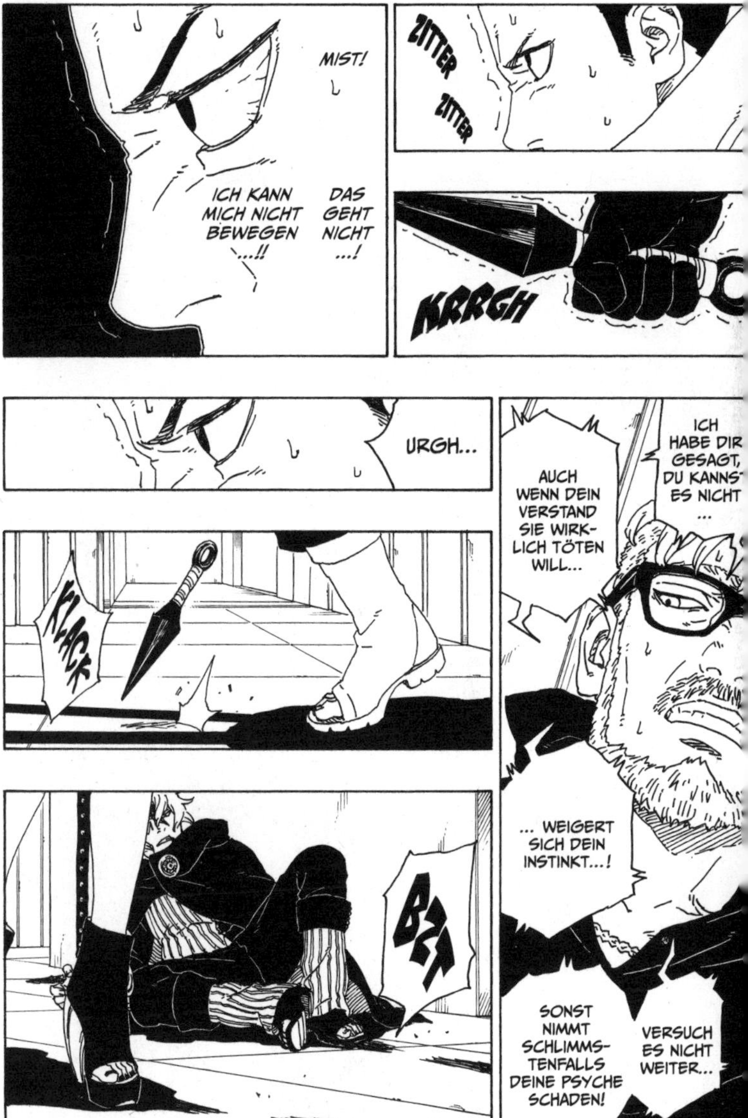
ZITTER
ZITTER
KRRGH
MIST!
DAS GEHT NICHT ...!
ICH KANN MICH NICHT BEWEGEN ...!!
ICH HABE DIR GESAGT, DU KANNST ES NICHT ...
AUCH WENN DEIN VERSTAND SIE WIRKLICH TÖTEN WILL...
... WEIGERT SICH DEIN INSTINKT...!
VERSUCH ES NICHT WEITER...
SONST NIMMT SCHLIMMSTENFALLS DEINE PSYCHE SCHADEN!
URGH...
KLACK
BZT

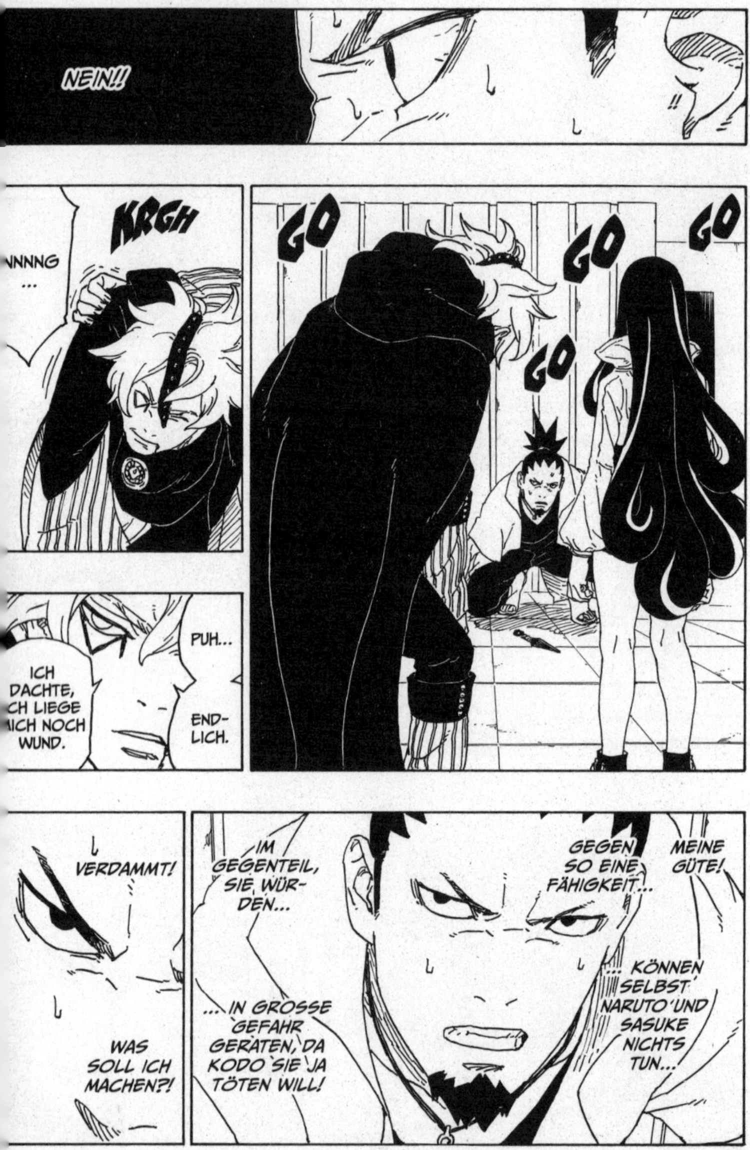
NEIN!!
GO
GO
GO
GO
KRGH
NNNNG ...
PUH...
ENDLICH.
ICH DACHTE, CH LIEGE ICH NOCH WUND.
MEINE GÜTE!
GEGEN SO EINE FÄHIGKEIT...
... KÖNNEN SELBST NARUTO UND SASUKE NICHTS TUN...
IM GEGENTEIL, SIE WÜRDEN...
... IN GROSSE GEFAHR GERATEN, DA KODO SIE JA TÖTEN WILL!
VERDAMMT!
WAS SOLL ICH MACHEN?!

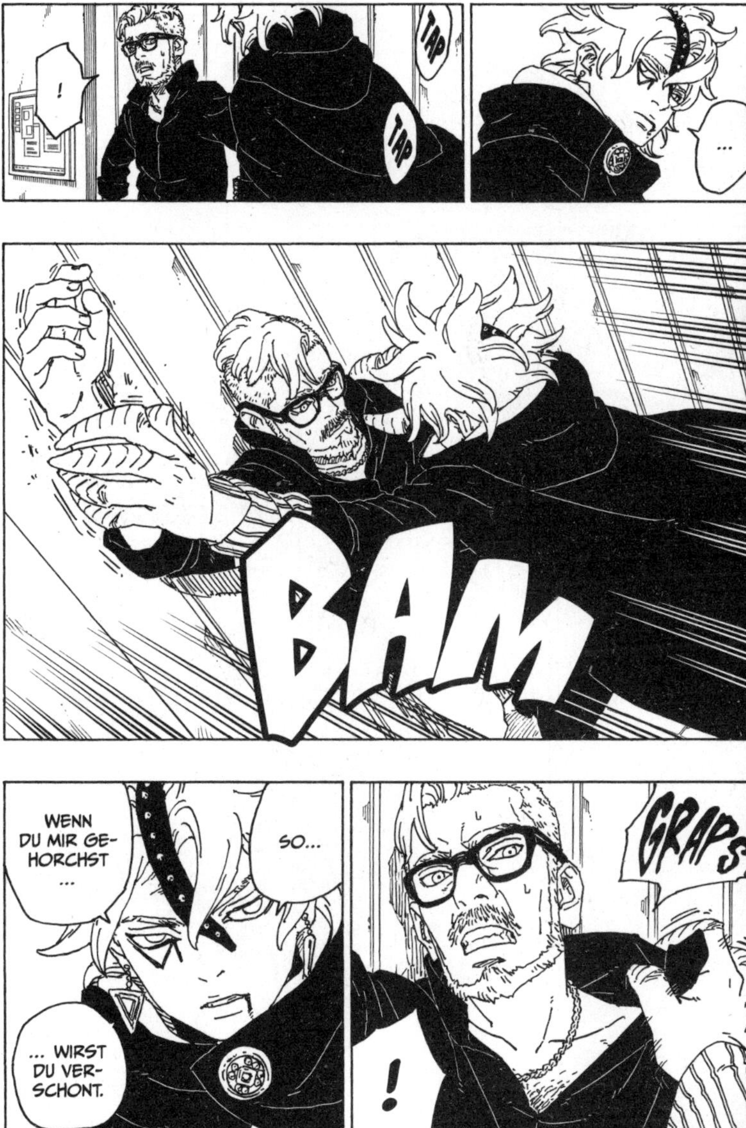
...
TAP
TAP
!
BAM
GRAPS
!
SO...
WENN DU MIR GE-HORCHST ...
... WIRST DU VER-SCHONT.

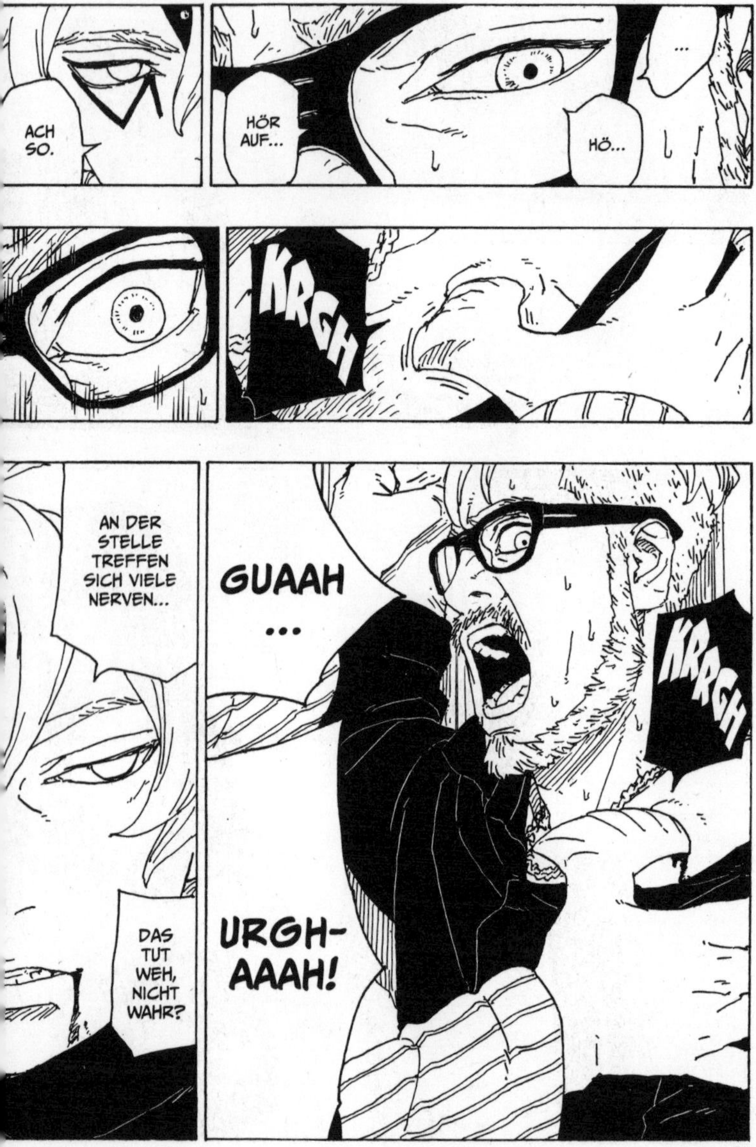
...
HÖ...
HÖR AUF...
ACH SO.
KRGH
KRRGH
GUAAH ...
URGH-AAAH!
AN DER STELLE TREFFEN SICH VIELE NERVEN...
DAS TUT WEH, NICHT WAHR?

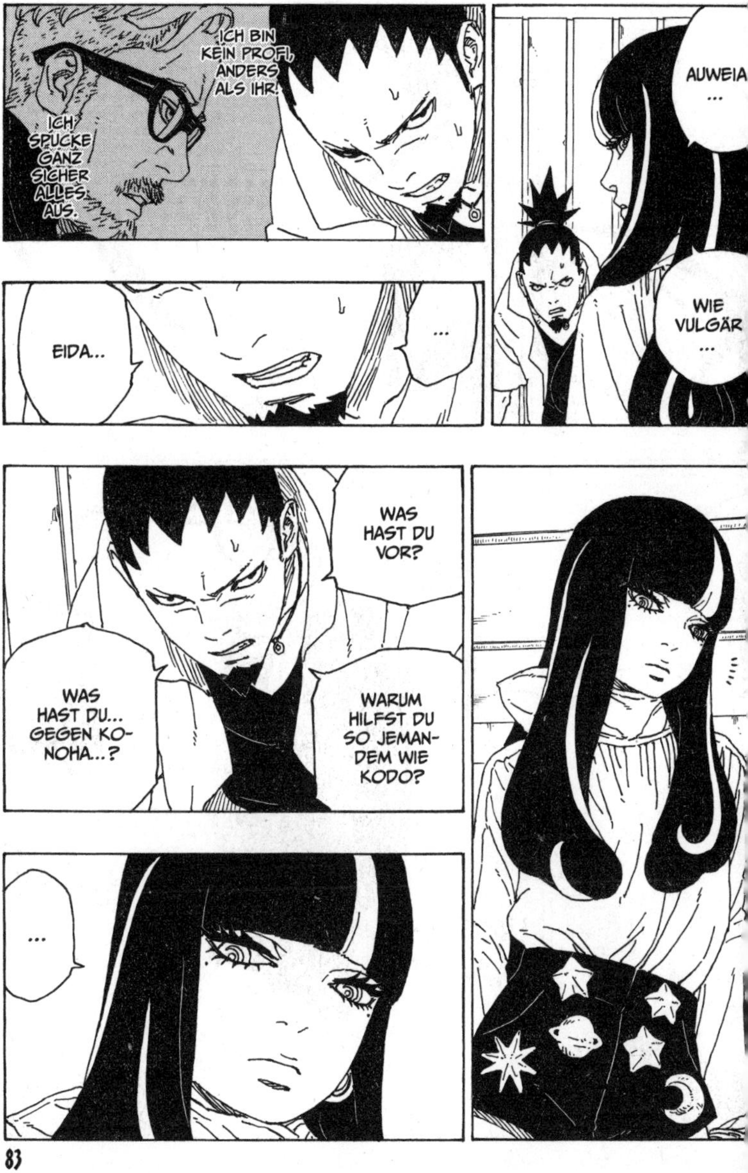
AUWEIA ...
WIE VULGÄR ...
ICH BIN KEIN PROFI, ANDERS ALS IHR!
ICH SPUCKE GANZ SICHER ALLES AUS.
...
EIDA...
WAS HAST DU VOR?
WARUM HILFST DU SO JEMAN-DEM WIE KODO?
WAS HAST DU... GEGEN KO-NOHA...?
...
...

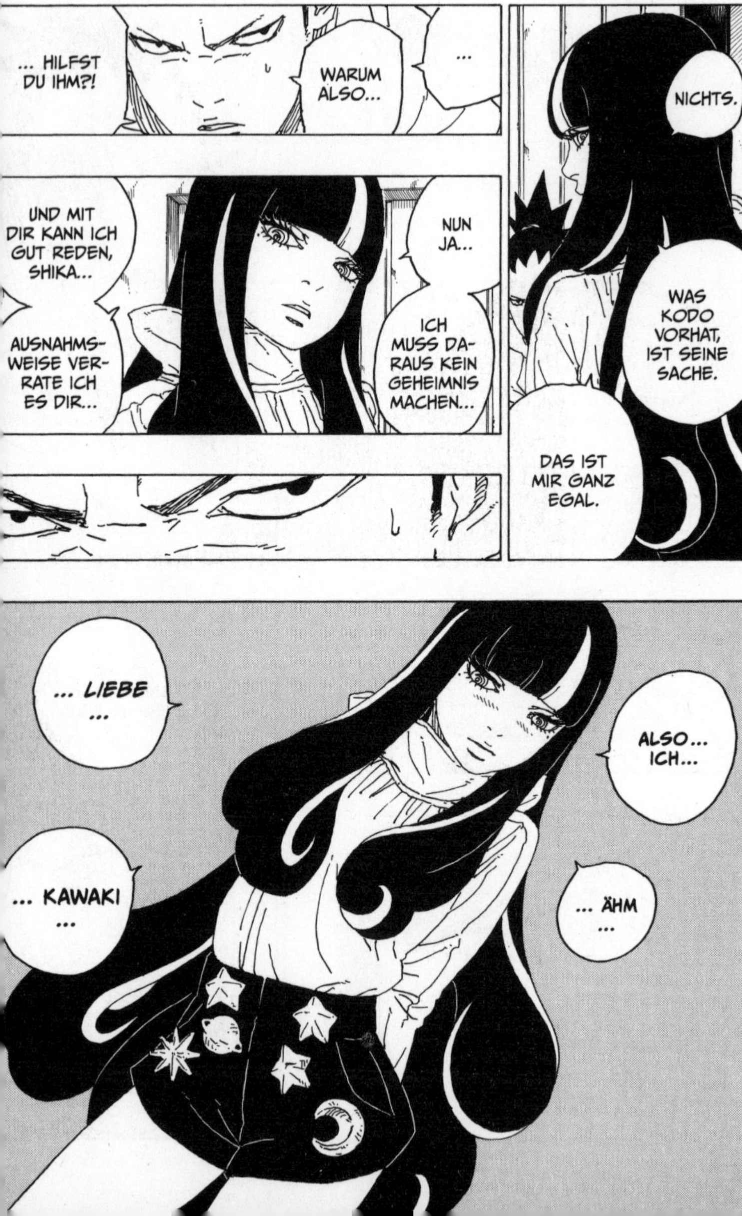
NICHTS.
WAS KODO VORHAT, IST SEINE SACHE.
DAS IST MIR GANZ EGAL.
...
WARUM ALSO...
... HILFST DU IHM?!
NUN JA...
ICH MUSS DARAUS KEIN GEHEIMNIS MACHEN...
UND MIT DIR KANN ICH GUT REDEN, SHIKA...
AUSNAHMSWEISE VERRATE ICH ES DIR...
ALSO... ICH...
... ÄHM ...
... LIEBE ...
... KAWAKI ...

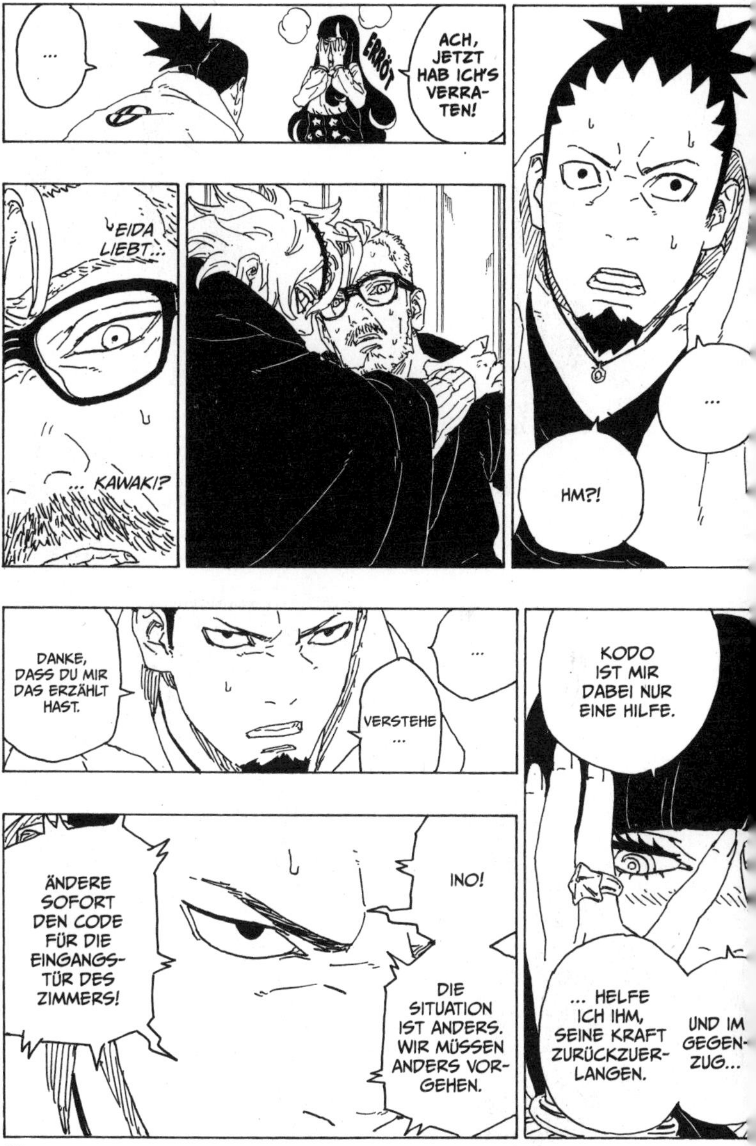
HM?!
...
ACH, JETZT HAB ICH'S VERRATEN!
ERRÖT
...
EIDA LIEBT...
... KAWAKI?
KODO IST MIR DABEI NUR EINE HILFE.
...
VERSTEHE ...
DANKE, DASS DU MIR DAS ERZÄHLT HAST.
UND IM GEGENZUG...
... HELFE ICH IHM, SEINE KRAFT ZURÜCKZUERLANGEN.
INO!
DIE SITUATION IST ANDERS. WIR MÜSSEN ANDERS VORGEHEN.
ÄNDERE SOFORT DEN CODE FÜR DIE EINGANGSTÜR DES ZIMMERS!

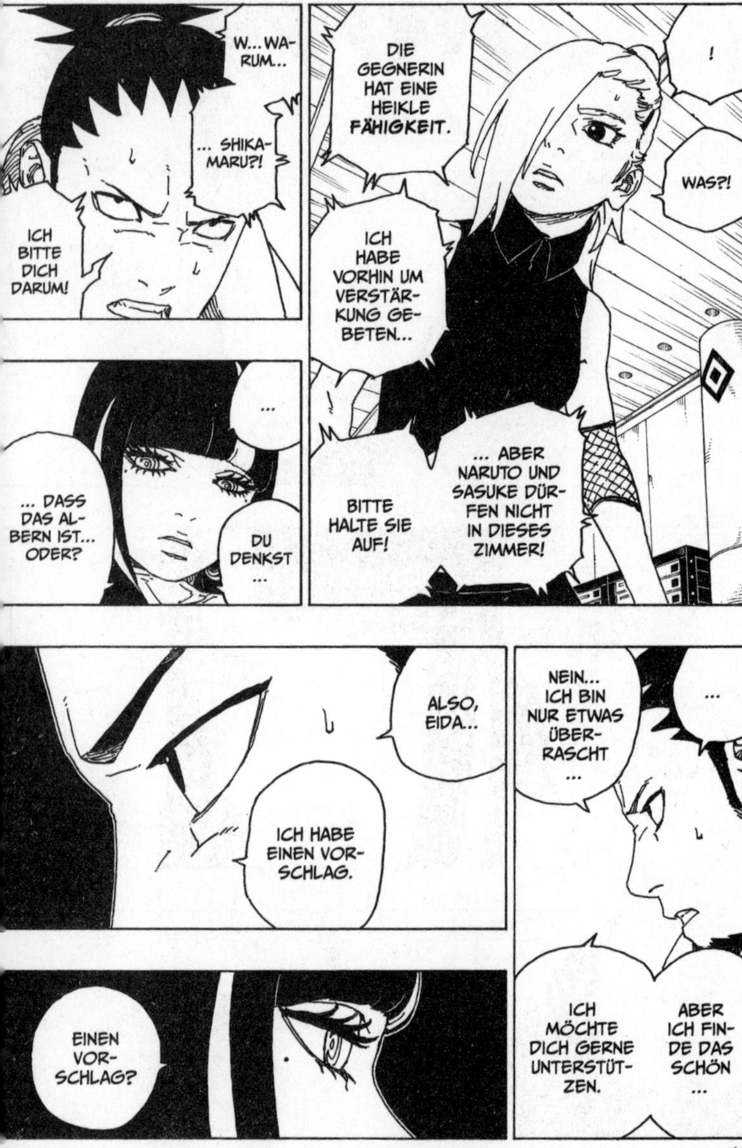
!
WAS?!
DIE GEGNERIN HAT EINE HEIKLE FÄHIGKEIT.
ICH HABE VORHIN UM VERSTÄRKUNG GEBETEN...
... ABER NARUTO UND SASUKE DÜRFEN NICHT IN DIESES ZIMMER!
BITTE HALTE SIE AUF!
W...WARUM...
... SHIKAMARU?!
ICH BITTE DICH DARUM!
...
DU DENKST ...
... DASS DAS ALBERN IST... ODER?
...
NEIN... ICH BIN NUR ETWAS ÜBERRASCHT ...
ABER ICH FINDE DAS SCHÖN ...
ICH MÖCHTE DICH GERNE UNTERSTÜTZEN.
ALSO, EIDA...
ICH HABE EINEN VORSCHLAG.
EINEN VORSCHLAG?

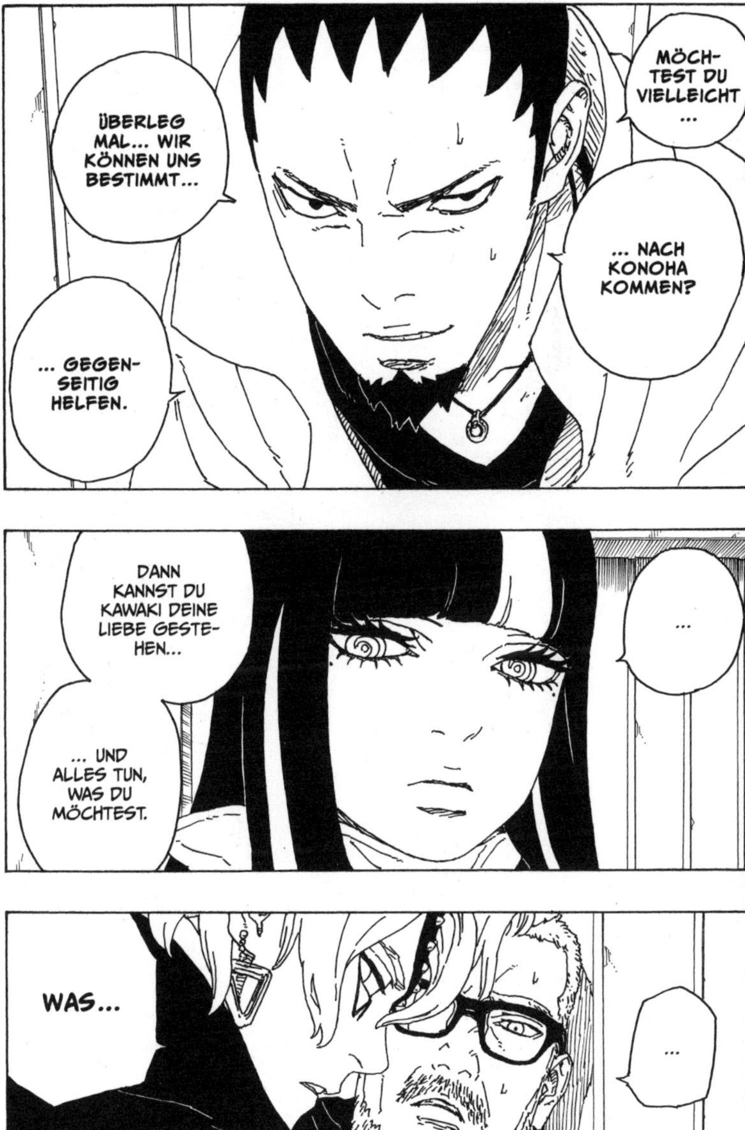
MÖCH-TEST DU VIELLEICHT ...
... NACH KONOHA KOMMEN?
ÜBERLEG MAL... WIR KÖNNEN UNS BESTIMMT...
... GEGEN-SEITIG HELFEN.
...
DANN KANNST DU KAWAKI DEINE LIEBE GESTE-HEN...
... UND ALLES TUN, WAS DU MÖCHTEST.
...
WAS...

BORU-GANG

CHARAKTERDESIGN BY BORU-FANS – NACHGEZEICHNET VON MEISTER IKEMOTO!!

MEISTER IKEMOTO!!

FÜR DIE »WEEKLY SHONEN JUMP«-KOLUMNE »BORU-GANG« ZEICHNET MEISTER IKEMOTO DIE ORIGINELLSTEN BORUTO-CHARAKTERE NACH, DIE VON FANS ENTWORFEN WURDEN!!

DER NAME DES CHARAKTERS:

KAGAMIGA SEKAI

ENTWORFEN VON:

SENGOKU OTAKU AUS HIROSHIMA

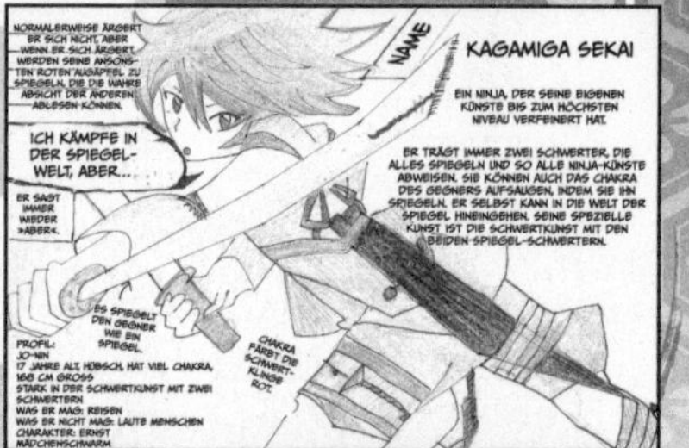

BEWERTUNG DER JURY:

DAS CHARAKTERDESIGN IST SEHR SCHÖN, UND WIE DIE »SPIEGEL«, DIE WICHTIGSTEN ELEMENTE DES CHARAKTERS, DARGESTELLT SIND, FINDE ICH SEHR GELUNGEN!! DASS ER NICHT NUR IN DIE SPIEGEL-WELT GELANGEN KANN, SONDERN MIT DEN SPIEGEL-SCHWERTERN SEINE GEGNER ZURÜCKSCHLAGEN ODER MIT DEN SPIEGEL-AUGEN DIE WAHRE ABSICHT DER GEGNER ERKENNEN KANN, FINDE ICH GUT!!

TADAA!! UND HIER IST MEISTER IKEMOTOS ZEICHNUNG!!

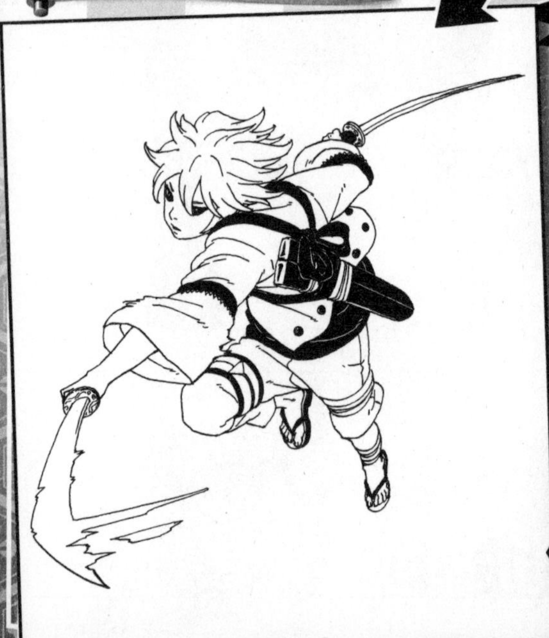

ER HAT UNGLAUBLICH STARKE FÄHIGKEITEN UND WAFFEN! ZUDEM KANN ER MIT DER AUGENKRAFT ERKENNEN, WAS DIE ANDEREN WIRKLICH DENKEN... ER SIEHT GUT AUS UND IST BEI MÄDCHEN BELIEBT, ABER SEINE FREUNDIN WÜRDE ES IN VERSCHIEDENER HINSICHT SCHWER HABEN...

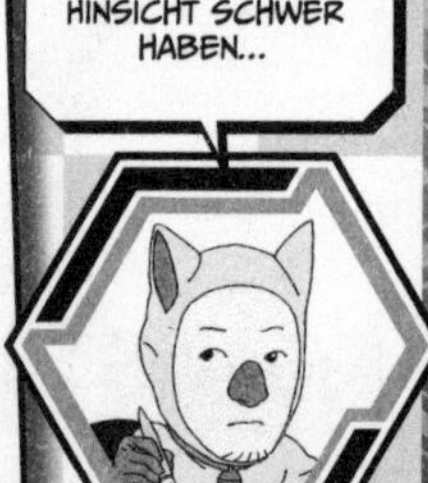

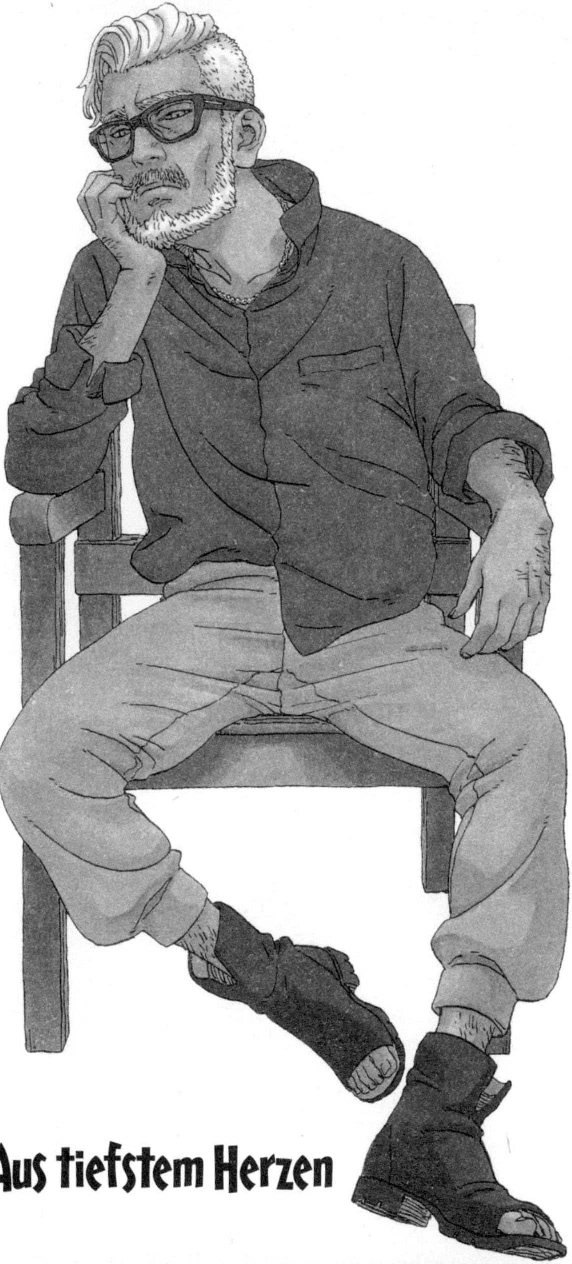

70: Aus tiefstem Herzen

BORUTO

-NARUTO NEXT GENERATIONS-

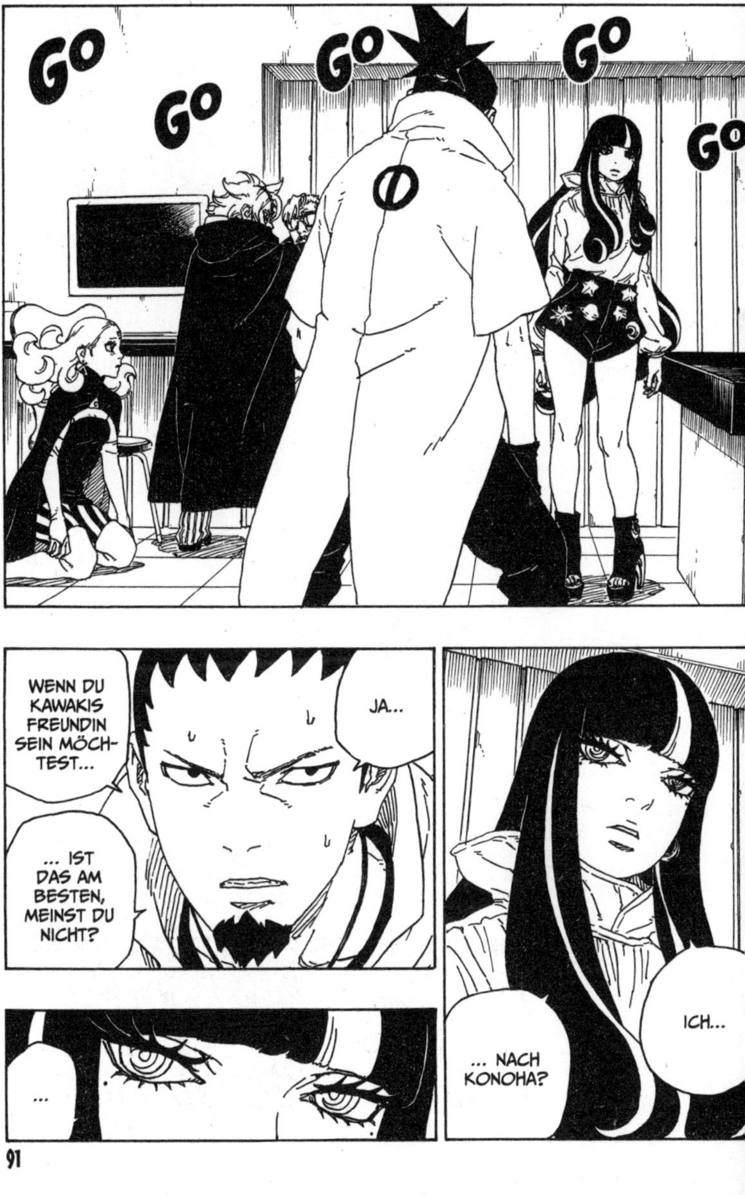
GO
GO
GO
GO
GO
WENN DU KAWAKIS FREUNDIN SEIN MÖCH-TEST...
... IST DAS AM BESTEN, MEINST DU NICHT?
JA...
...
ICH...
... NACH KONOHA?

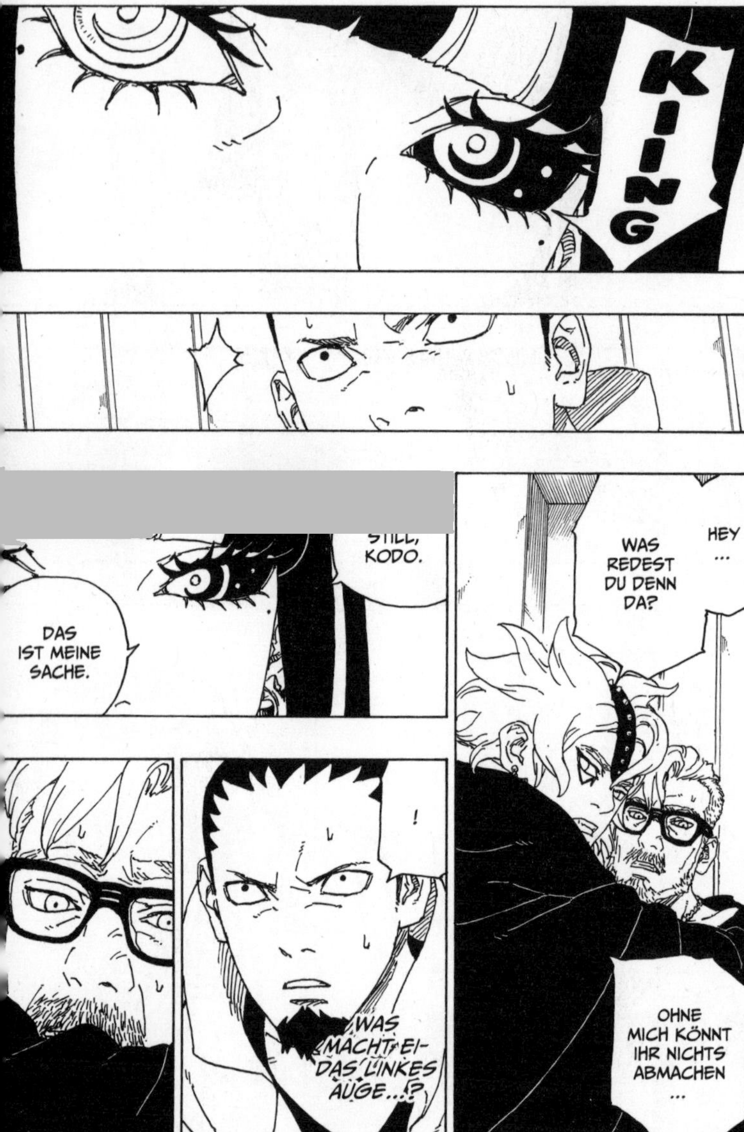
KING
HEY ...
WAS REDEST DU DENN DA?
STILL, KODO.
DAS IST MEINE SACHE.
!
OHNE MICH KÖNNT IHR NICHTS ABMACHEN ...
WAS MACHT EI- DAS LINKES AUGE ...?

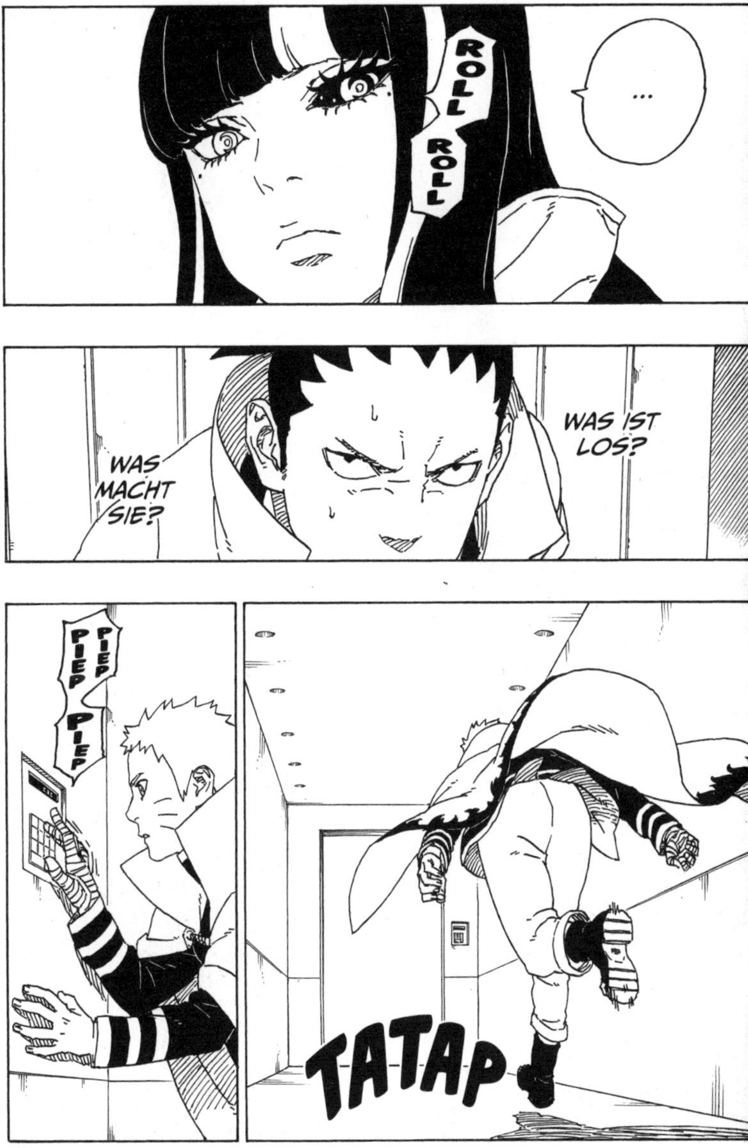
...
ROLL ROLL
WAS IST LOS?
WAS MACHT SIE?
PIEP PIEP PIEP PIEP
TATAP

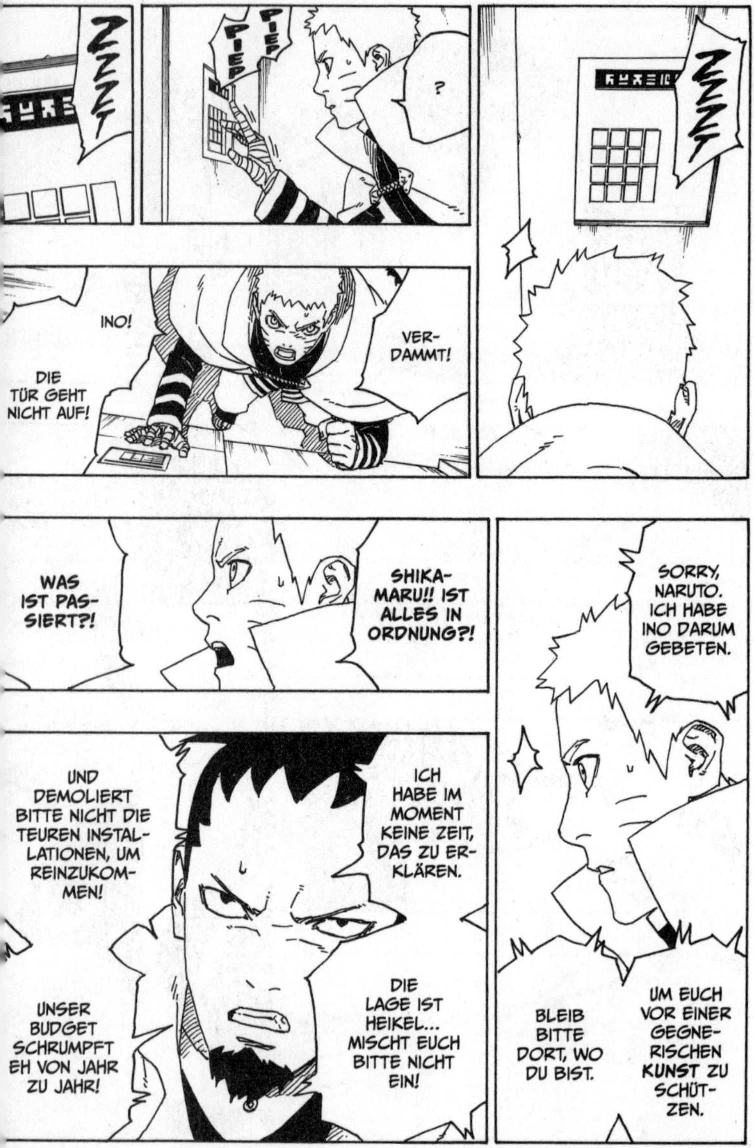
ZZZZT
PIEP PIEP
?
ZZZZT
VER-DAMMT!
INO!
DIE TÜR GEHT NICHT AUF!
SORRY, NARUTO. ICH HABE INO DARUM GEBETEN.
SHIKA-MARU!! IST ALLES IN ORDNUNG?!
WAS IST PAS-SIERT?!
UM EUCH VOR EINER GEGNE-RISCHEN KUNST ZU SCHÜT-ZEN.
BLEIB BITTE DORT, WO DU BIST.
ICH HABE IM MOMENT KEINE ZEIT, DAS ZU ER-KLÄREN.
UND DEMOLIERT BITTE NICHT DIE TEUREN INSTAL-LATIONEN, UM REINZUKOM-MEN!
DIE LAGE IST HEIKEL... MISCHT EUCH BITTE NICHT EIN!
UNSER BUDGET SCHRUMPFT EH VON JAHR ZU JAHR!

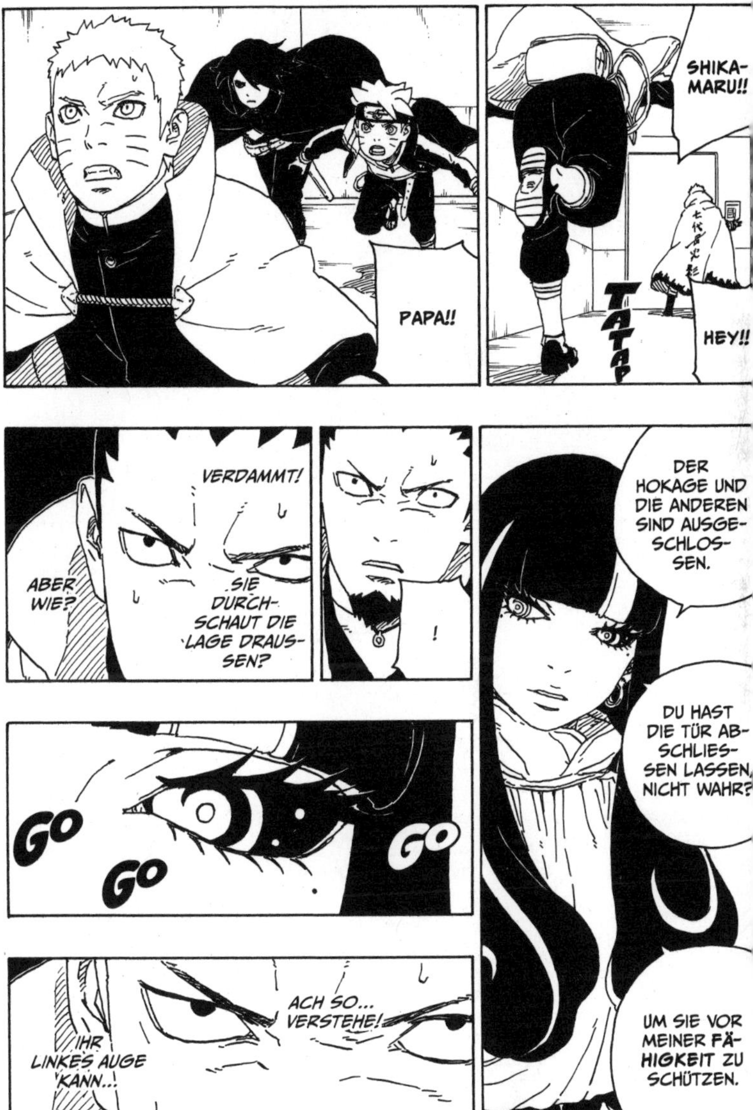
SHIKA-MARU!!
HEY!!
TATAP
PAPA!!
DER HOKAGE UND DIE ANDEREN SIND AUSGE-SCHLOS-SEN.
!
VERDAMMT!
SIE DURCH-SCHAUT DIE LAGE DRAUS-SEN?
ABER WIE?
DU HAST DIE TÜR AB-SCHLIES-SEN LASSEN, NICHT WAHR?
GO GO GO
UM SIE VOR MEINER FÄ-HIGKEIT ZU SCHÜTZEN.
ACH SO... VERSTEHE!
IHR LINKES AUGE KANN...

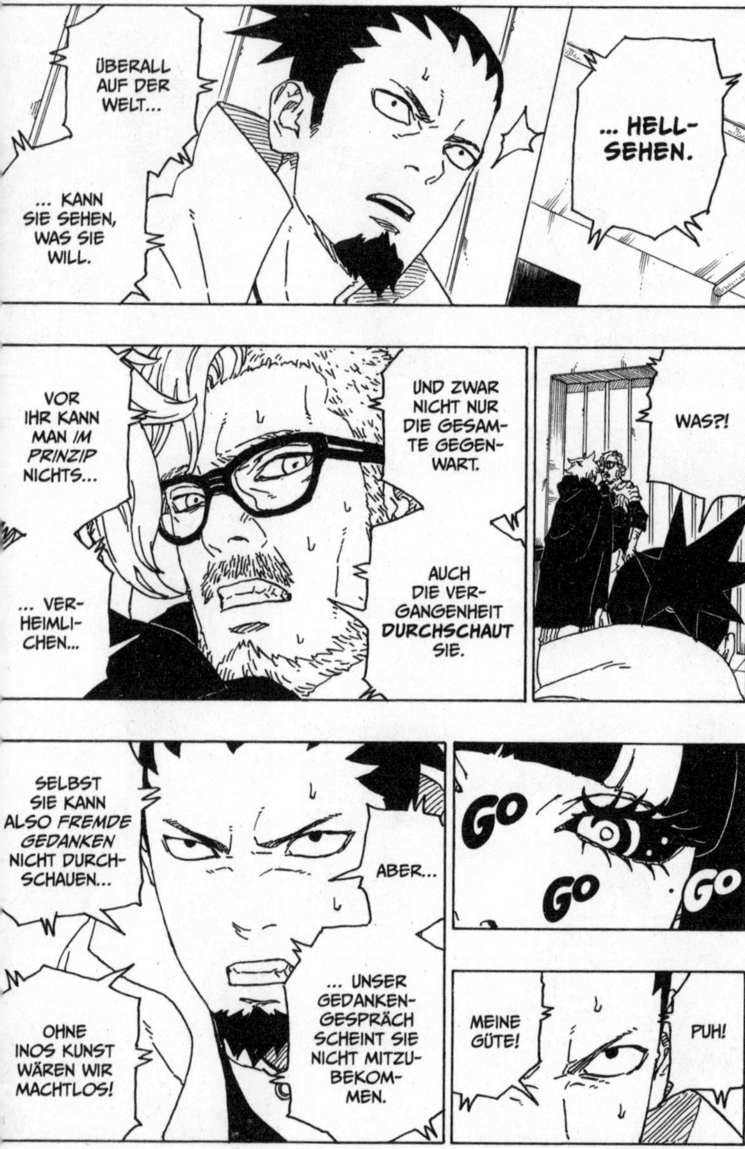

... HELLSEHEN.
ÜBERALL AUF DER WELT...
... KANN SIE SEHEN, WAS SIE WILL.
WAS?!
UND ZWAR NICHT NUR DIE GESAMTE GEGENWART.
AUCH DIE VERGANGENHEIT **DURCHSCHAUT** SIE.
VOR IHR KANN MAN *IM PRINZIP* NICHTS...
... VERHEIMLICHEN...
GO
GO
GO
PUH!
MEINE GÜTE!
ABER...
... UNSER GEDANKENGESPRÄCH SCHEINT SIE NICHT MITZUBEKOMMEN.
SELBST SIE KANN ALSO *FREMDE GEDANKEN* NICHT DURCHSCHAUEN...
OHNE INOS KUNST WÄREN WIR MACHTLOS!

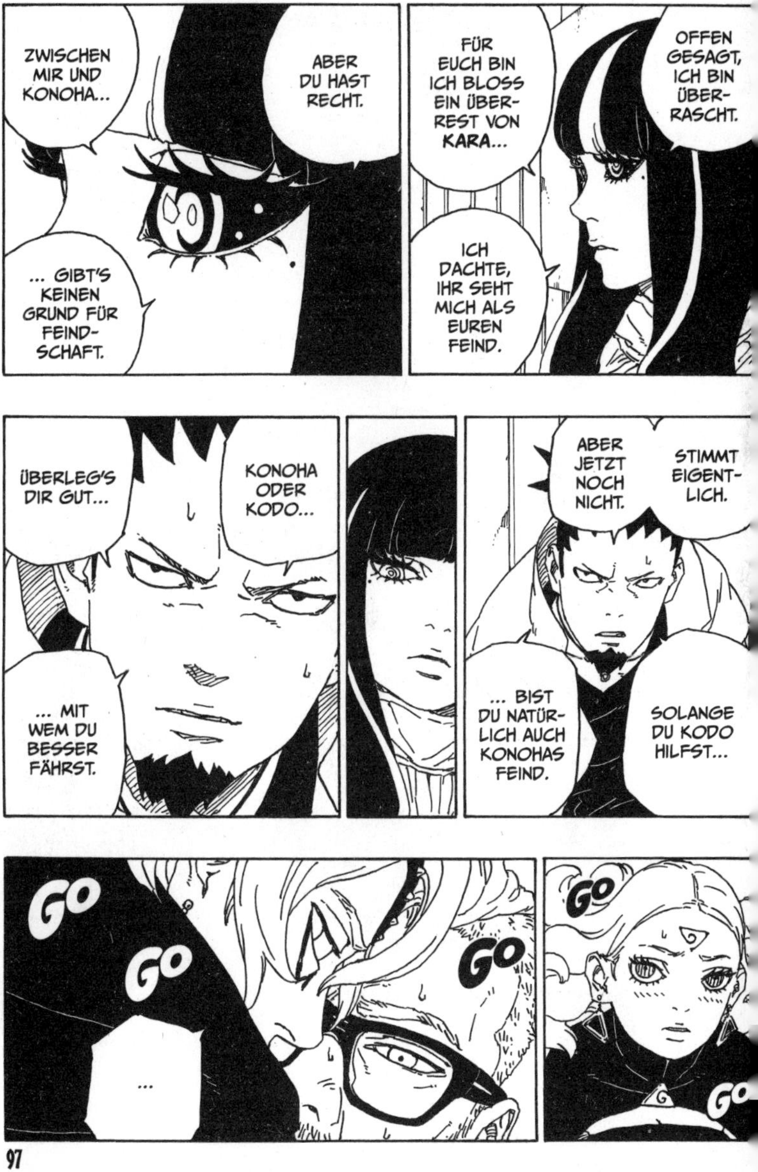
OFFEN GESAGT, ICH BIN ÜBERRASCHT.
FÜR EUCH BIN ICH BLOSS EIN ÜBERREST VON KARA...
ICH DACHTE, IHR SEHT MICH ALS EUREN FEIND.
ABER DU HAST RECHT.
ZWISCHEN MIR UND KONOHA...
... GIBT'S KEINEN GRUND FÜR FEINDSCHAFT.
STIMMT EIGENTLICH.
ABER JETZT NOCH NICHT.
SOLANGE DU KODO HILFST...
... BIST DU NATÜRLICH AUCH KONOHAS FEIND.
KONOHA ODER KODO...
ÜBERLEG'S DIR GUT...
... MIT WEM DU BESSER FÄHRST.
GO
GO
GO
GO
...

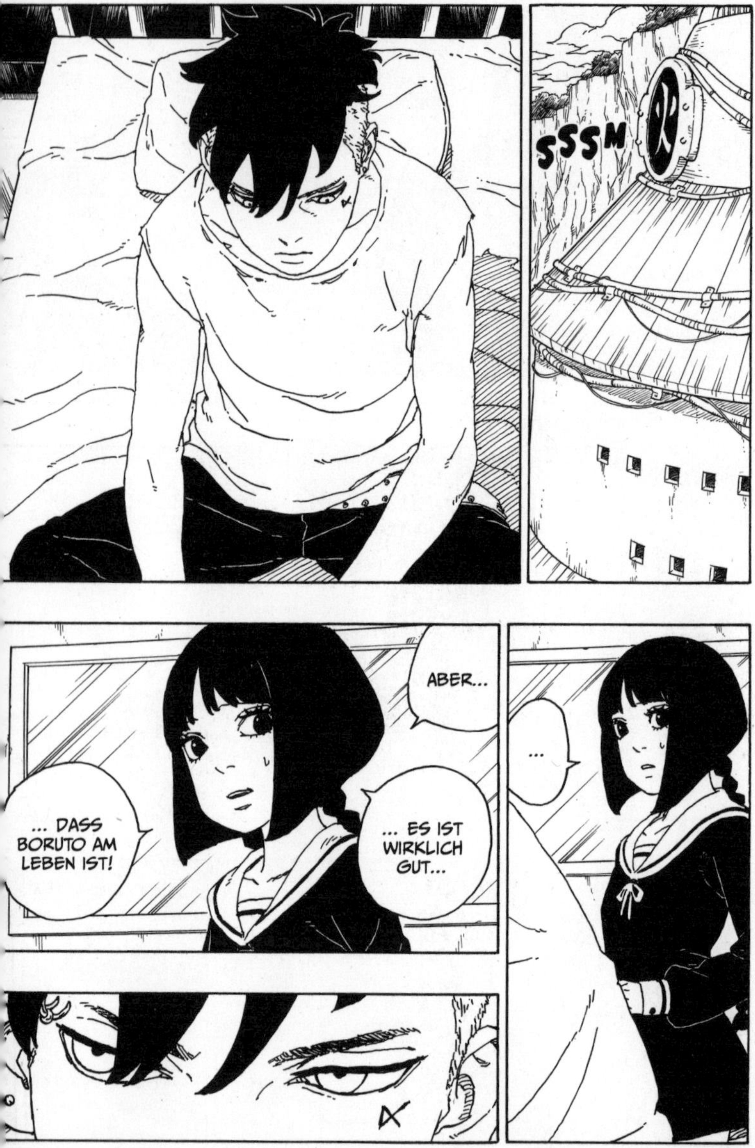
SSSM
...
ABER...
... ES IST WIRKLICH GUT...
... DASS BORUTO AM LEBEN IST!

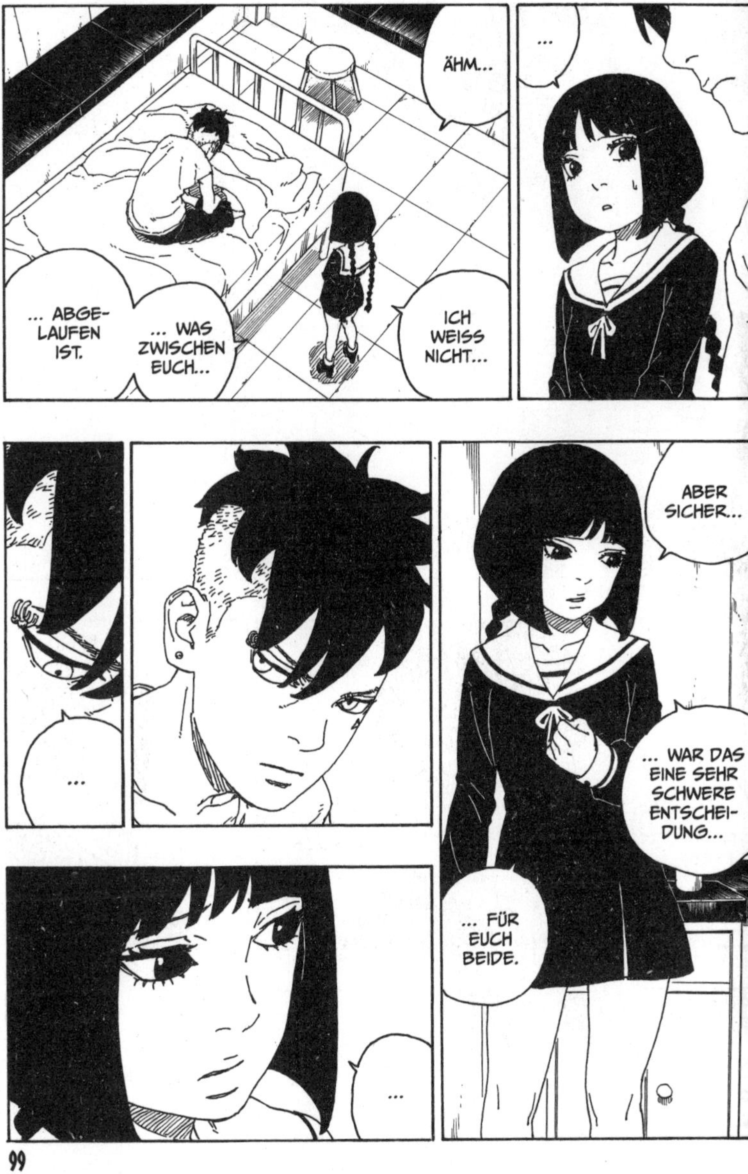
...
ÄHM...
ICH WEISS NICHT...
... WAS ZWISCHEN EUCH...
... ABGE-LAUFEN IST.
ABER SICHER...
... WAR DAS EINE SEHR SCHWERE ENTSCHEI-DUNG...
... FÜR EUCH BEIDE.
...
...

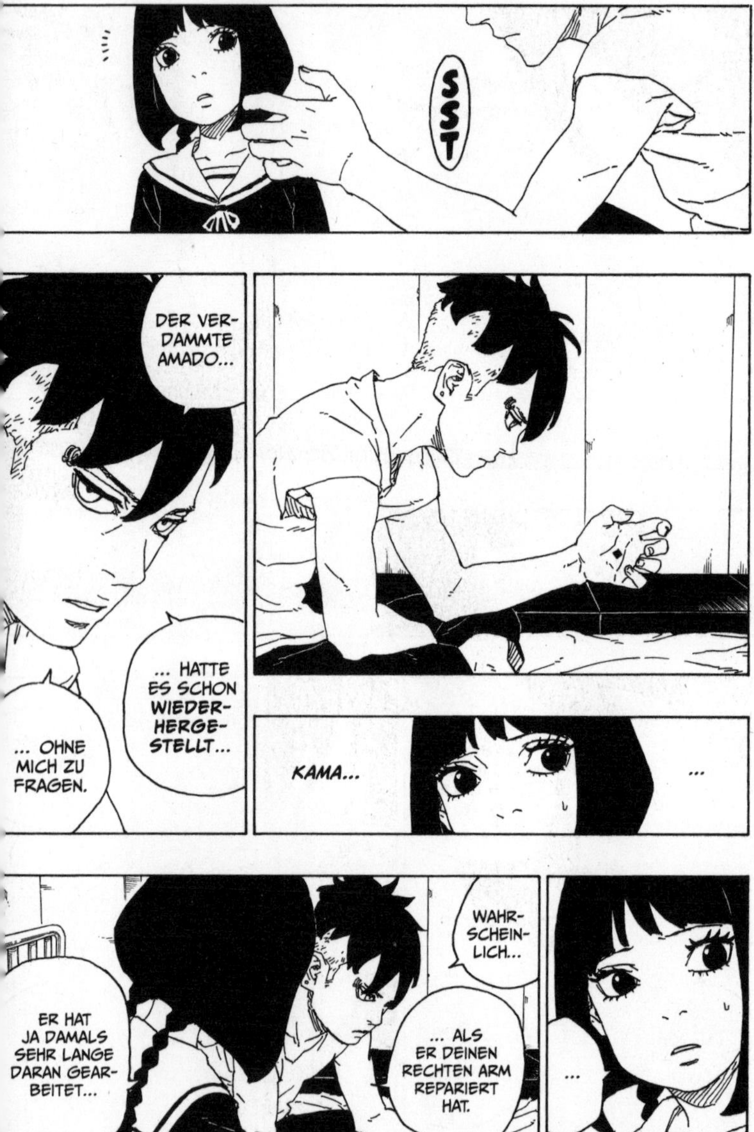
SST
DER VERDAMMTE AMADO...
... HATTE ES SCHON WIEDERHERGESTELLT...
... OHNE MICH ZU FRAGEN.
...
KAMA...
...
WAHRSCHEINLICH...
... ALS ER DEINEN RECHTEN ARM REPARIERT HAT.
ER HAT JA DAMALS SEHR LANGE DARAN GEARBEITET...

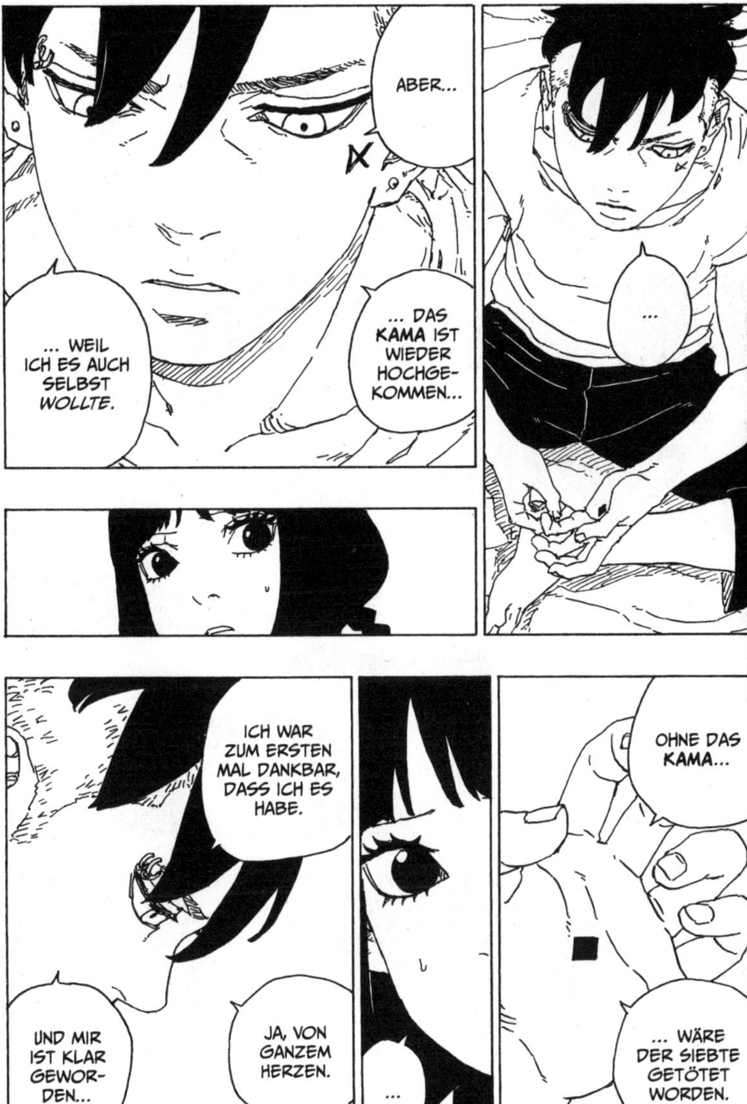
...
ABER...
... DAS KAMA IST WIEDER HOCHGEKOMMEN...
... WEIL ICH ES AUCH SELBST WOLLTE.
OHNE DAS KAMA...
... WÄRE DER SIEBTE GETÖTET WORDEN.
...
ICH WAR ZUM ERSTEN MAL DANKBAR, DASS ICH ES HABE.
JA, VON GANZEM HERZEN.
UND MIR IST KLAR GEWORDEN...

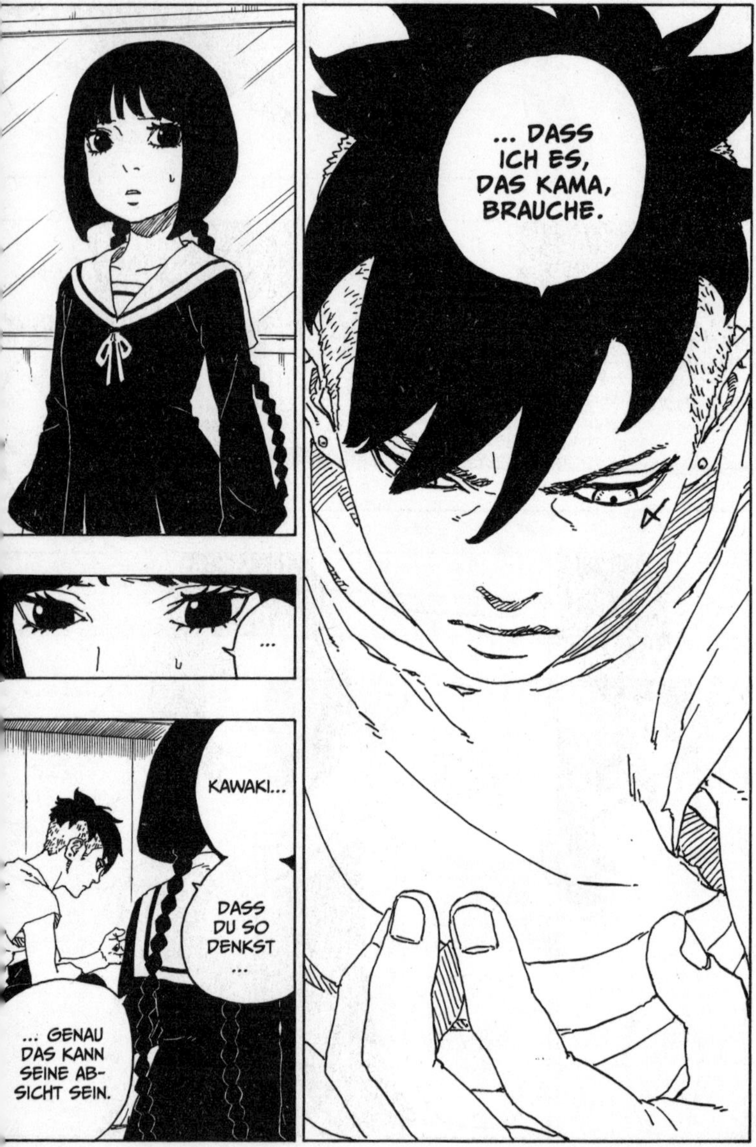
... DASS ICH ES, DAS KAMA, BRAUCHE.
...
KAWAKI...
DASS DU SO DENKST ...
... GENAU DAS KANN SEINE AB-SICHT SEIN.

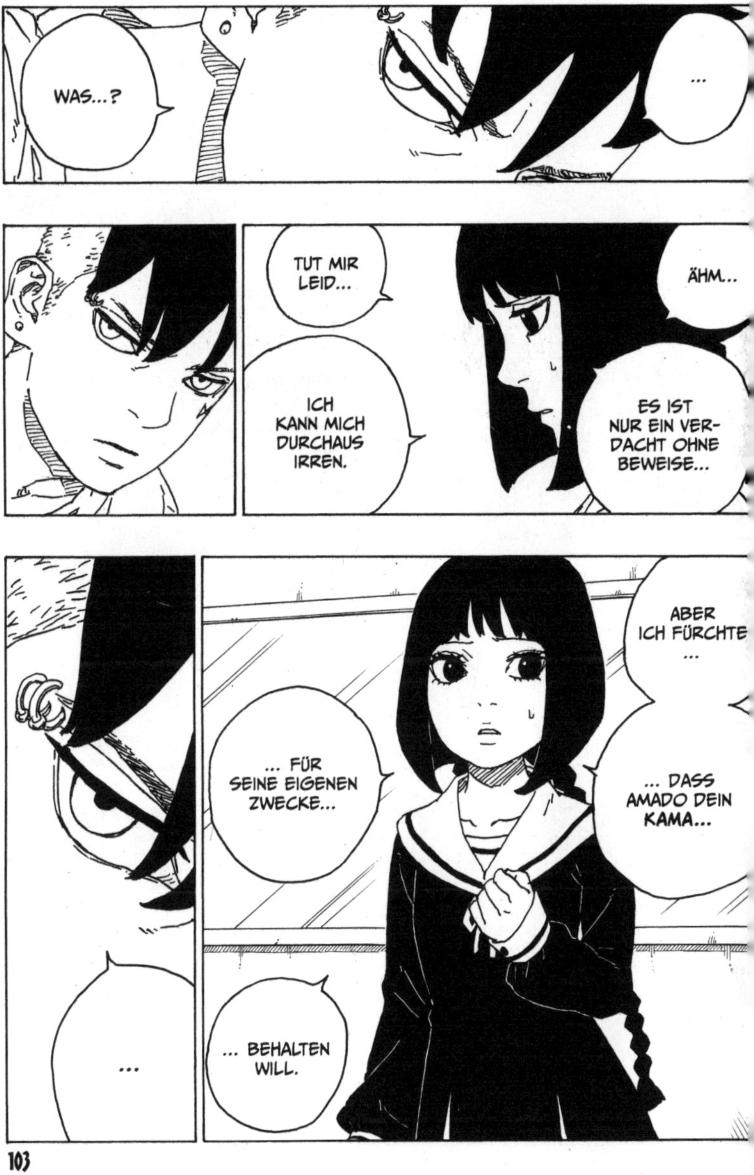
...
WAS...?
ÄHM...
ES IST NUR EIN VERDACHT OHNE BEWEISE...
TUT MIR LEID...
ICH KANN MICH DURCHAUS IRREN.
ABER ICH FÜRCHTE ...
... DASS AMADO DEIN KAMA...
... FÜR SEINE EIGENEN ZWECKE...
... BEHALTEN WILL.
...

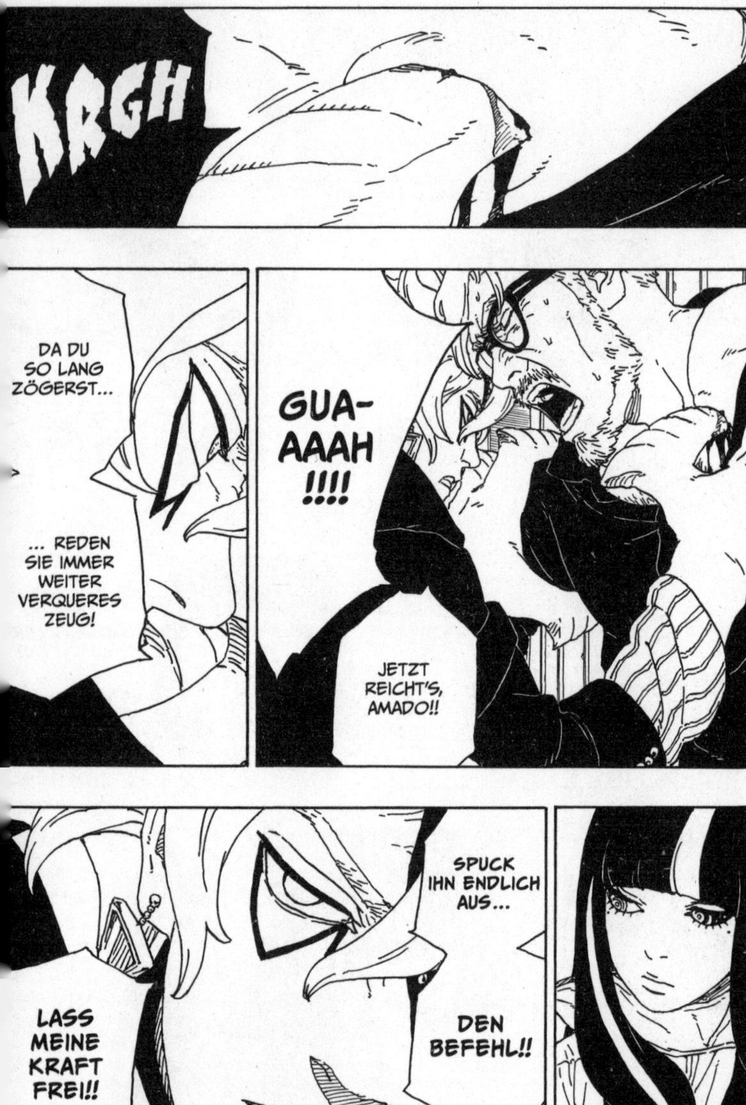
KRGH
GUA-AAAH!!!!
JETZT REICHT'S, AMADO!!
DA DU SO LANG ZÖGERST...
... REDEN SIE IMMER WEITER VERQUERES ZEUG!
SPUCK IHN ENDLICH AUS...
DEN BEFEHL!!
LASS MEINE KRAFT FREI!!

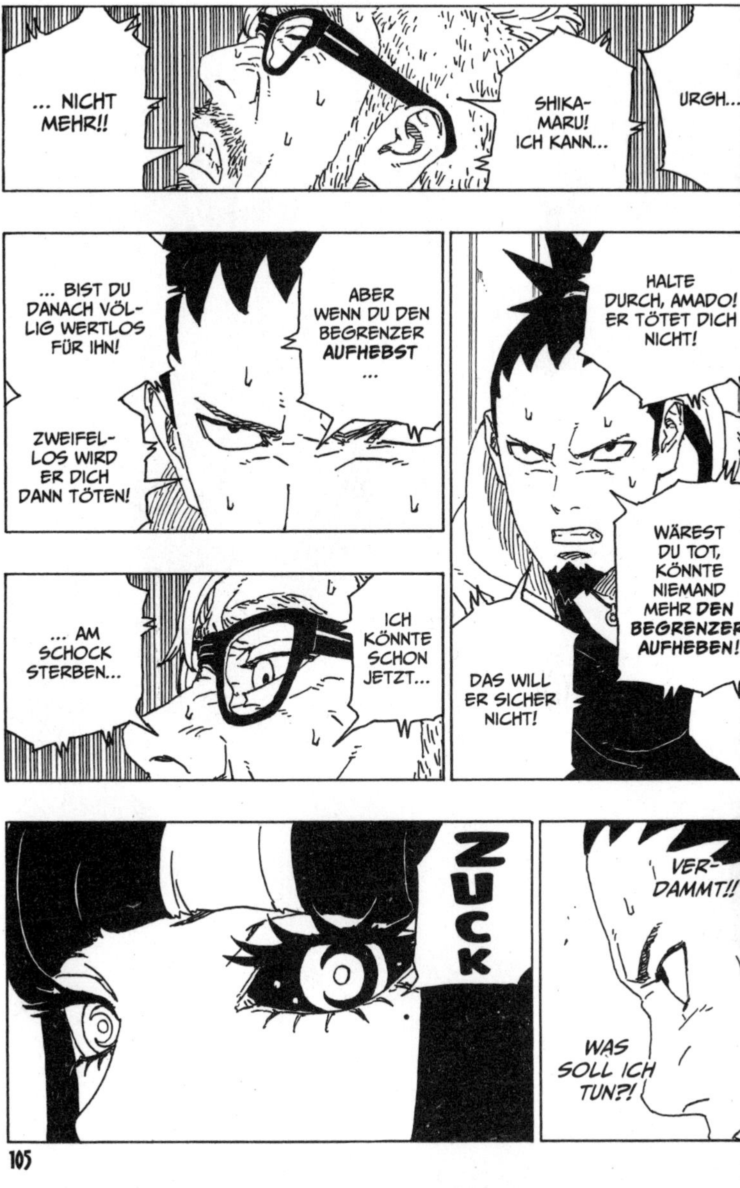
URGH...
SHIKAMARU! ICH KANN...
... NICHT MEHR!!
HALTE DURCH, AMADO! ER TÖTET DICH NICHT!
WÄREST DU TOT, KÖNNTE NIEMAND MEHR DEN BEGRENZER AUFHEBEN!
DAS WILL ER SICHER NICHT!
ABER WENN DU DEN BEGRENZER AUFHEBST ...
... BIST DU DANACH VÖLLIG WERTLOS FÜR IHN!
ZWEIFELLOS WIRD ER DICH DANN TÖTEN!
ICH KÖNNTE SCHON JETZT...
... AM SCHOCK STERBEN...
VERDAMMT!!
WAS SOLL ICH TUN?!
ZUCK

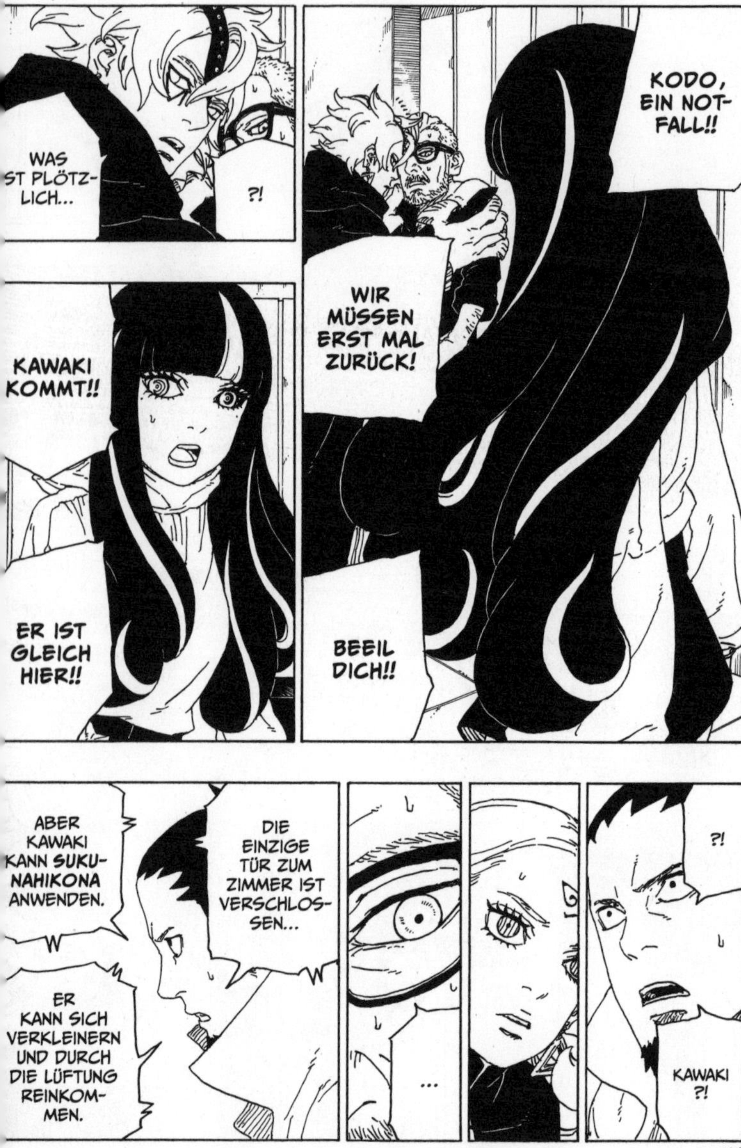

KODO, EIN NOTFALL!!
WIR MÜSSEN ERST MAL ZURÜCK!
BEEIL DICH!!
WAS ST PLÖTZLICH...
?!
KAWAKI KOMMT!!
ER IST GLEICH HIER!!
?!
KAWAKI ?!
...
DIE EINZIGE TÜR ZUM ZIMMER IST VERSCHLOSSEN...
ABER KAWAKI KANN SUKUNAHIKONA ANWENDEN.
ER KANN SICH VERKLEINERN UND DURCH DIE LÜFTUNG REINKOMMEN.

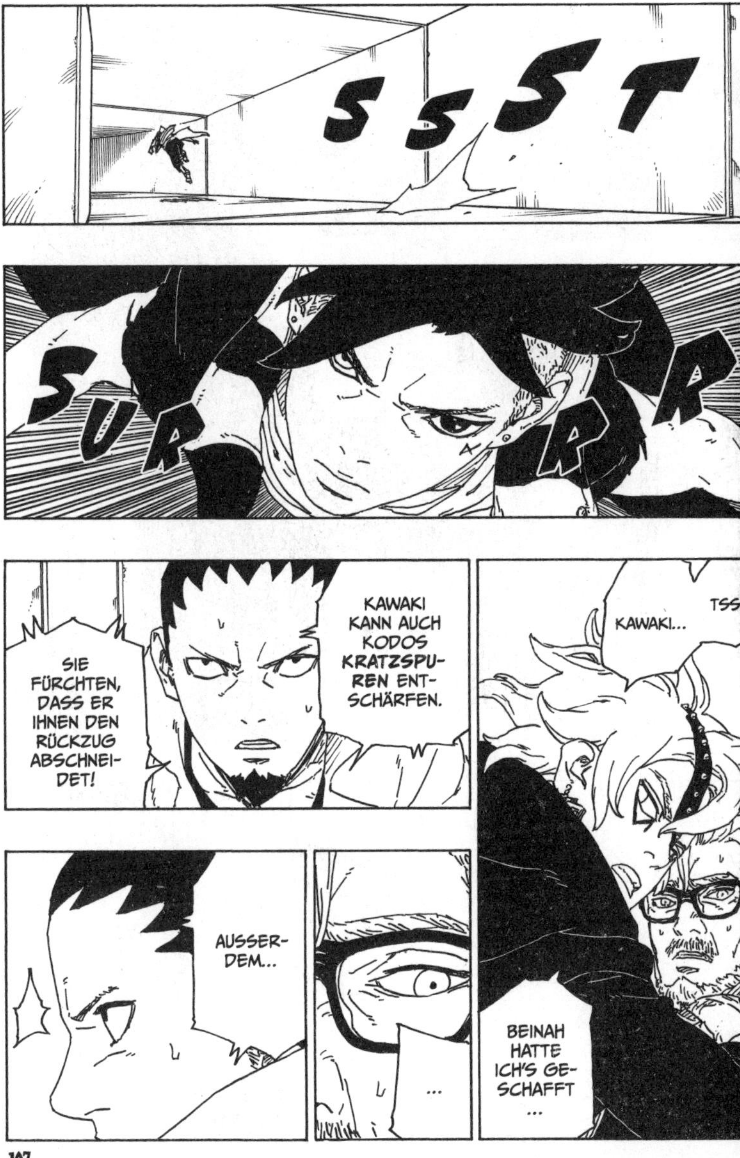
SSST
SURRR
TSS!
KAWAKI...
KAWAKI KANN AUCH KODOS KRATZSPUREN ENTSCHÄRFEN.
SIE FÜRCHTEN, DASS ER IHNEN DEN RÜCKZUG ABSCHNEIDET!
BEINAH HATTE ICH'S GESCHAFFT ...
...
AUSSERDEM...

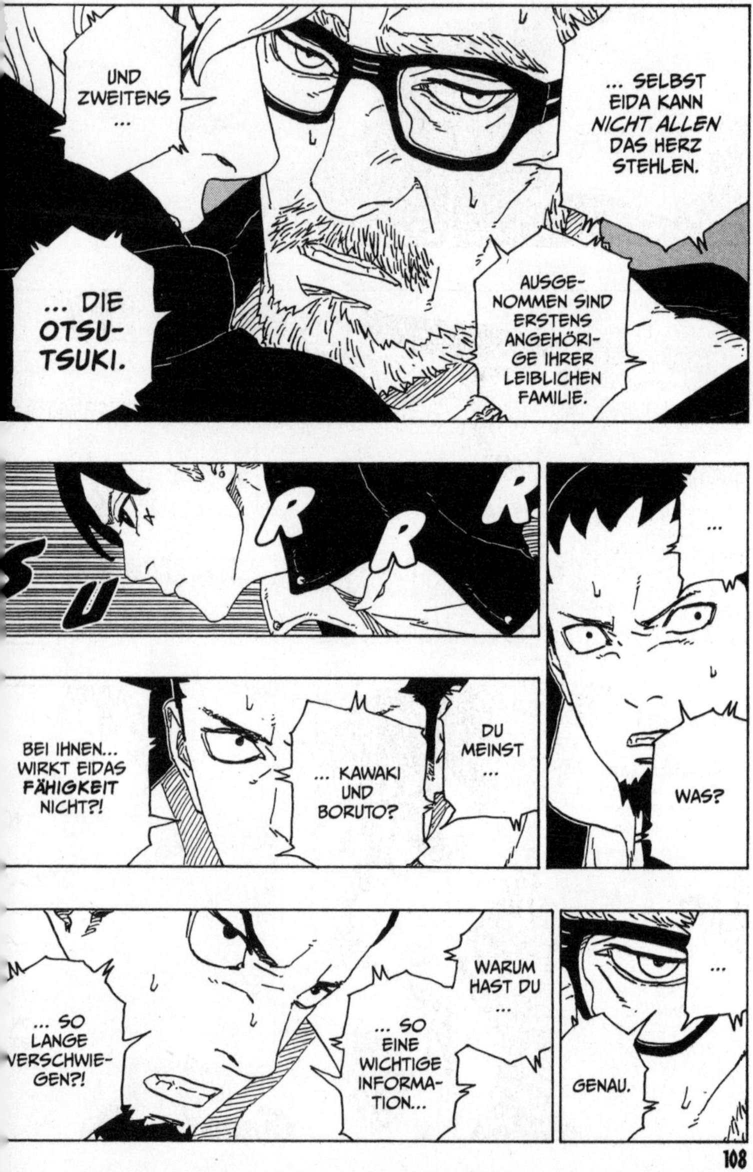
... SELBST EIDA KANN *NICHT ALLEN* DAS HERZ STEHLEN.
AUSGENOMMEN SIND ERSTENS ANGEHÖRIGE IHRER LEIBLICHEN FAMILIE.
UND ZWEITENS ...
... DIE OTSUTSUKI.
...
WAS?
RRR
SU
DU MEINST ...
... KAWAKI UND BORUTO?
BEI IHNEN... WIRKT EIDAS FÄHIGKEIT NICHT?!
...
GENAU.
WARUM HAST DU ...
... SO EINE WICHTIGE INFORMATION...
... SO LANGE VERSCHWIEGEN?!

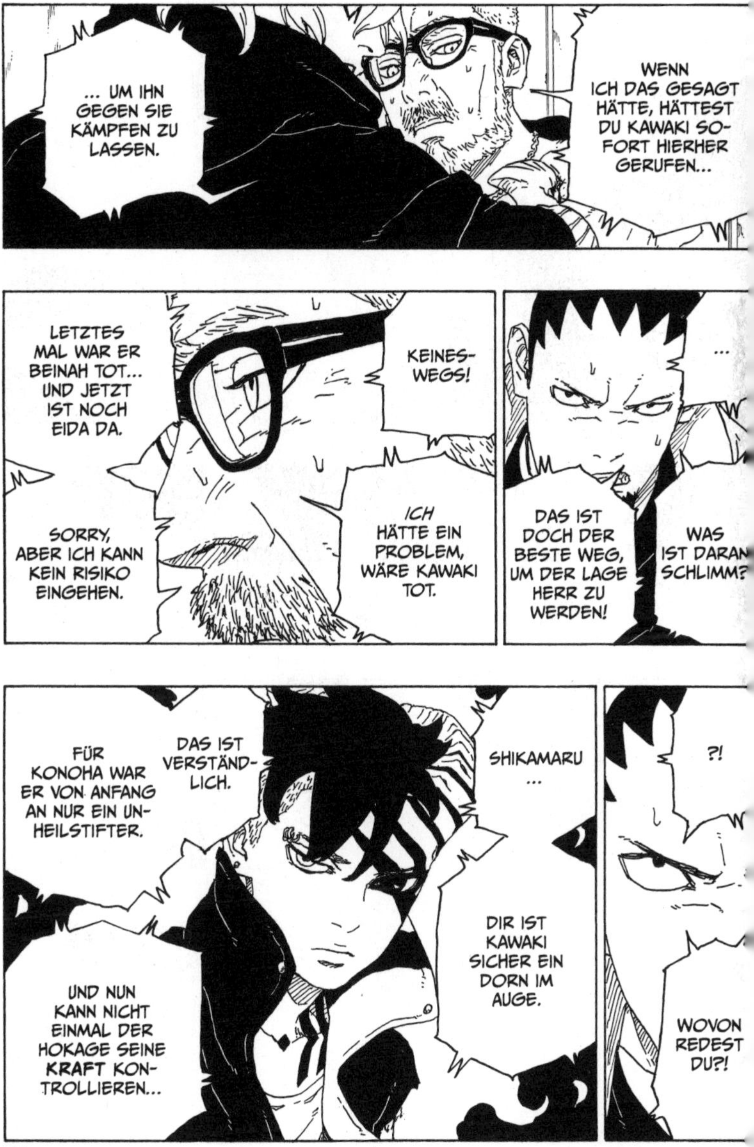
WENN ICH DAS GESAGT HÄTTE, HÄTTEST DU KAWAKI SOFORT HIERHER GERUFEN...
... UM IHN GEGEN SIE KÄMPFEN ZU LASSEN.
...
WAS IST DARAN SCHLIMM?
DAS IST DOCH DER BESTE WEG, UM DER LAGE HERR ZU WERDEN!
KEINESWEGS!
LETZTES MAL WAR ER BEINAH TOT... UND JETZT IST NOCH EIDA DA.
ICH HÄTTE EIN PROBLEM, WÄRE KAWAKI TOT.
SORRY, ABER ICH KANN KEIN RISIKO EINGEHEN.
?!
WOVON REDEST DU?!
SHIKAMARU ...
DIR IST KAWAKI SICHER EIN DORN IM AUGE.
DAS IST VERSTÄNDLICH.
FÜR KONOHA WAR ER VON ANFANG AN NUR EIN UNHEILSTIFTER.
UND NUN KANN NICHT EINMAL DER HOKAGE SEINE **KRAFT** KONTROLLIEREN...

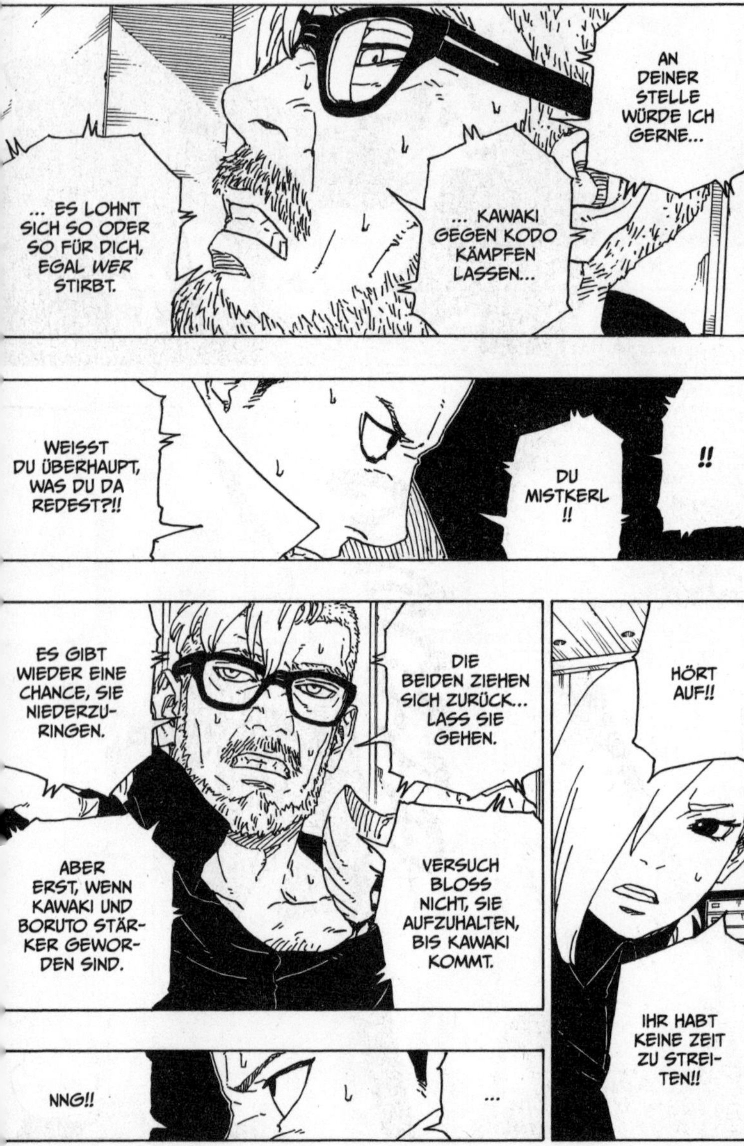
AN DEINER STELLE WÜRDE ICH GERNE...
... KAWAKI GEGEN KODO KÄMPFEN LASSEN...
... ES LOHNT SICH SO ODER SO FÜR DICH, EGAL *WER* STIRBT.
!!
DU MISTKERL !!
WEISST DU ÜBERHAUPT, WAS DU DA REDEST?!!
HÖRT AUF!!
IHR HABT KEINE ZEIT ZU STREITEN!!
DIE BEIDEN ZIEHEN SICH ZURÜCK... LASS SIE GEHEN.
ES GIBT WIEDER EINE CHANCE, SIE NIEDERZURINGEN.
VERSUCH BLOSS NICHT, SIE AUFZUHALTEN, BIS KAWAKI KOMMT.
ABER ERST, WENN KAWAKI UND BORUTO STÄRKER GEWORDEN SIND.
...
NNG!!

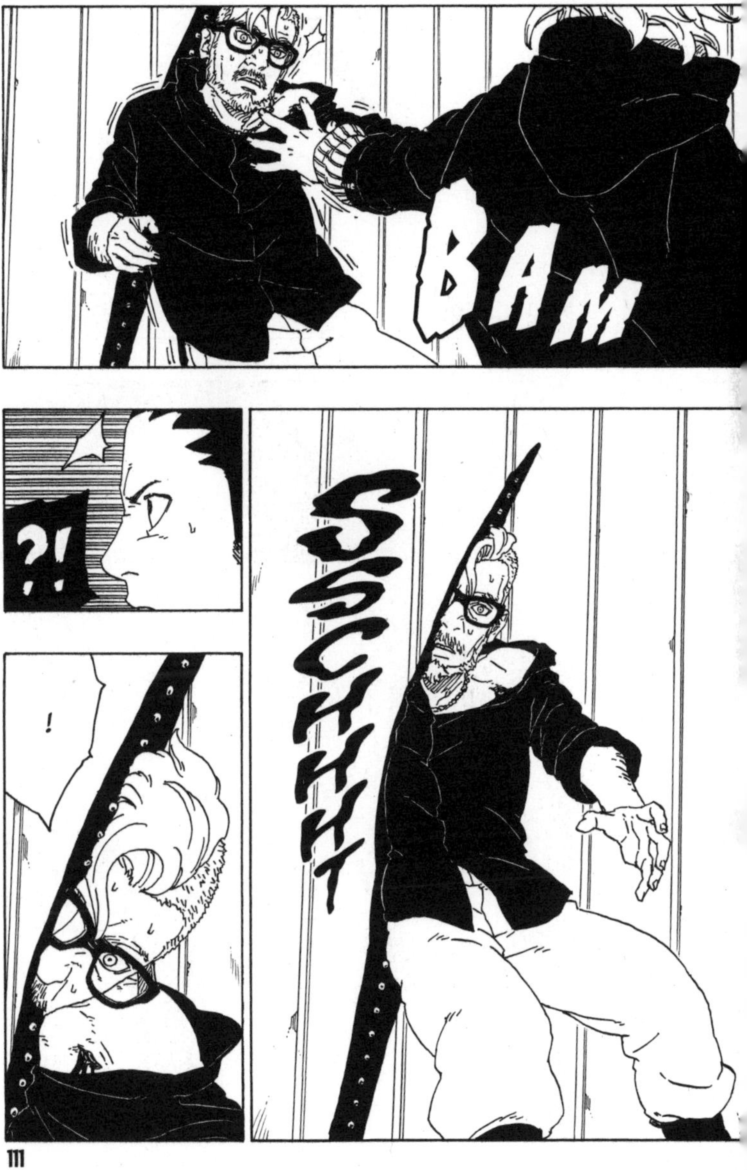

BAM
?!
SSCHHHT
!

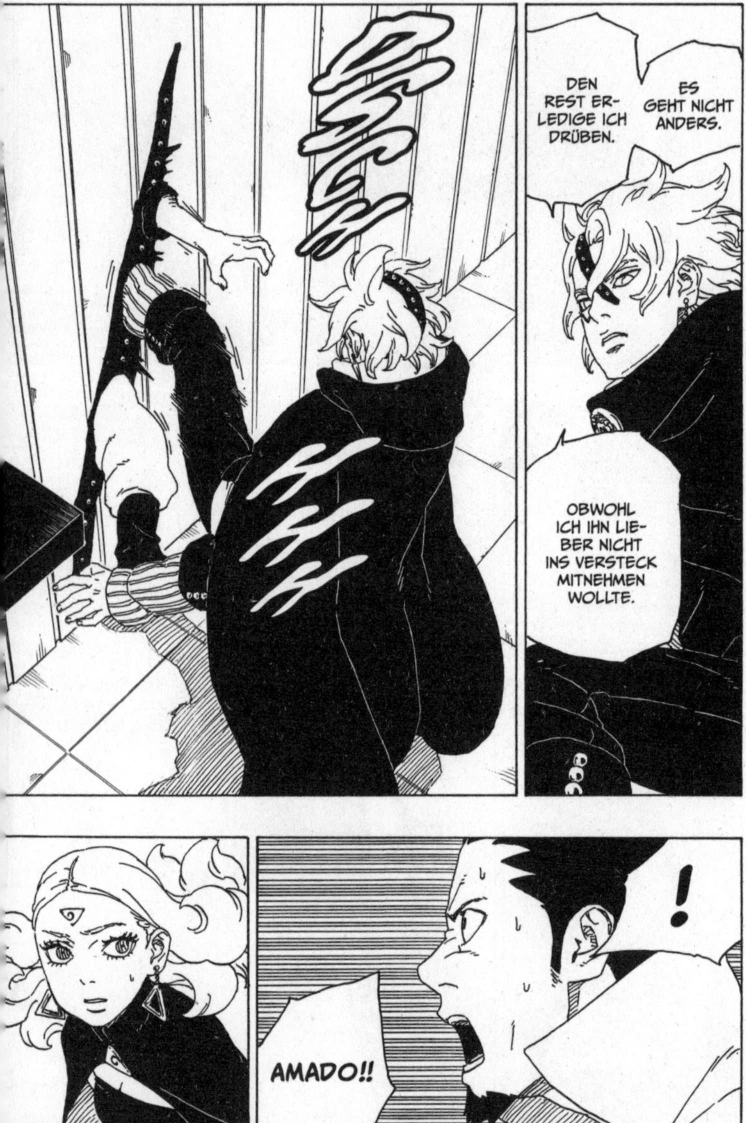
ES GEHT NICHT ANDERS.
DEN REST ERLEDIGE ICH DRÜBEN.
OBWOHL ICH IHN LIEBER NICHT INS VERSTECK MITNEHMEN WOLLTE.
!
AMADO!!

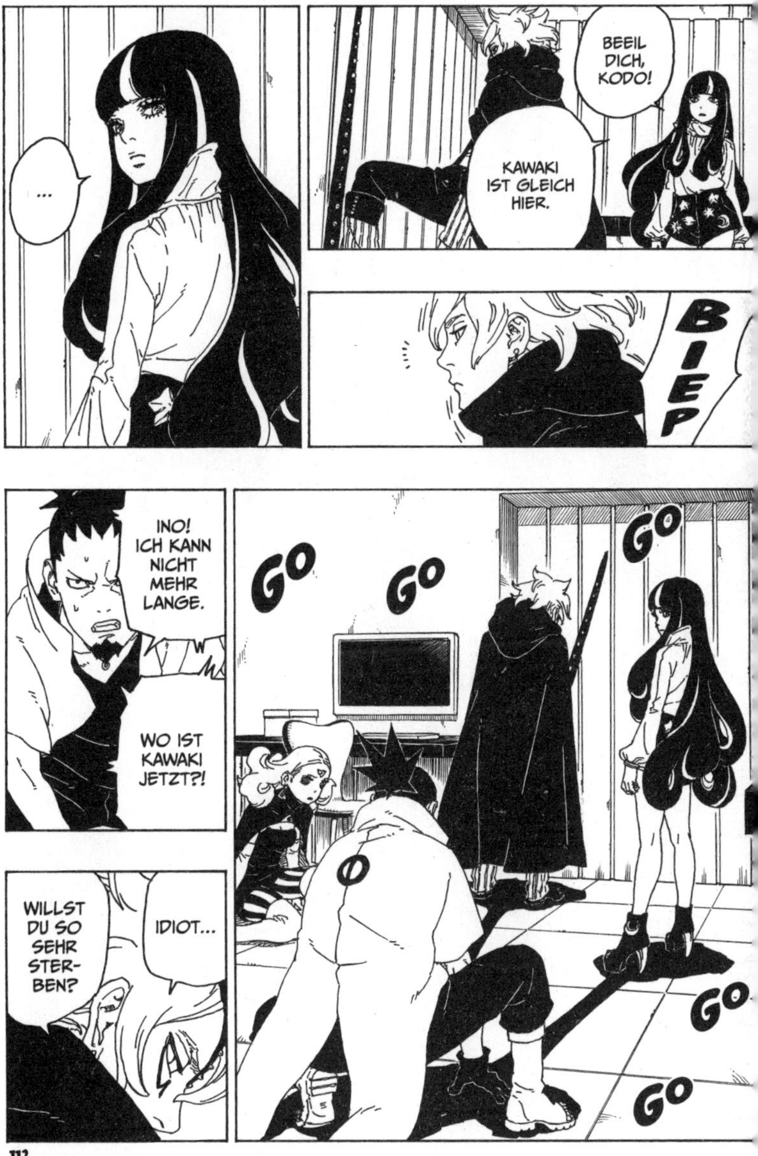
BEEIL DICH, KODO!
KAWAKI IST GLEICH HIER.
...
BIEP
INO! ICH KANN NICHT MEHR LANGE.
WO IST KAWAKI JETZT?!
GO
GO
GO
GO
GO
IDIOT...
WILLST DU SO SEHR STER-BEN?

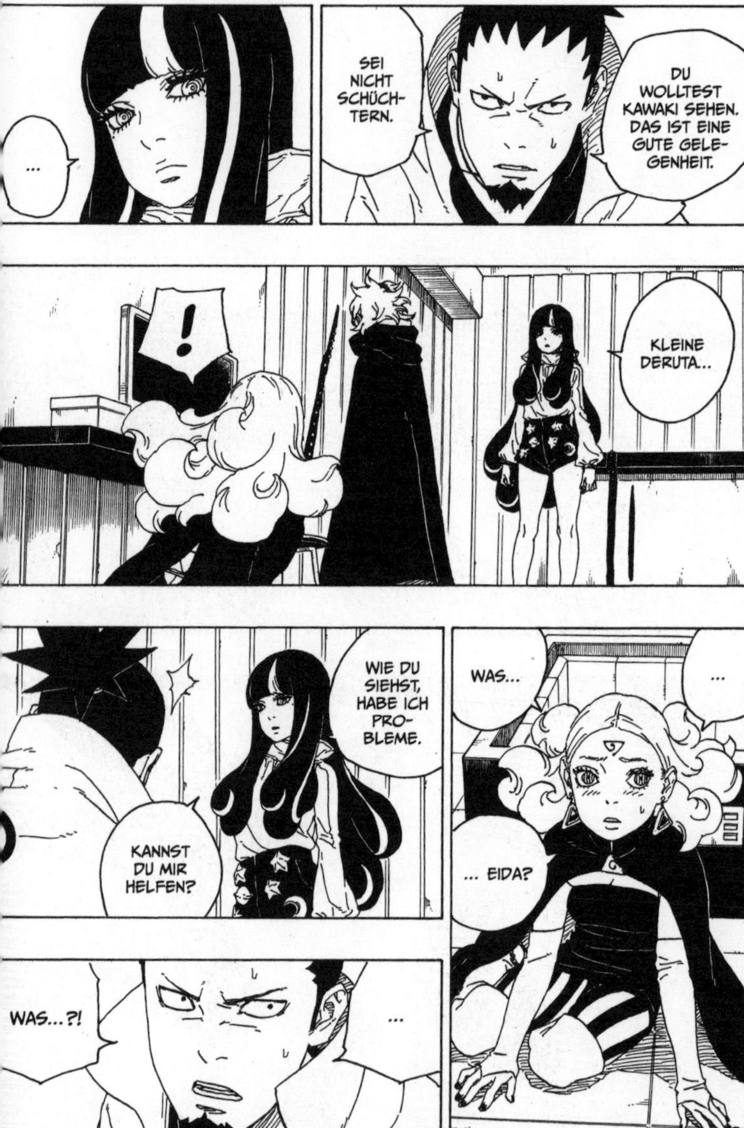
DU WOLLTEST KAWAKI SEHEN. DAS IST EINE GUTE GELEGENHEIT.
SEI NICHT SCHÜCHTERN.
...
KLEINE DERUTA...
!
...
WAS...
... EIDA?
WIE DU SIEHST, HABE ICH PROBLEME.
KANNST DU MIR HELFEN?
...
WAS...?!

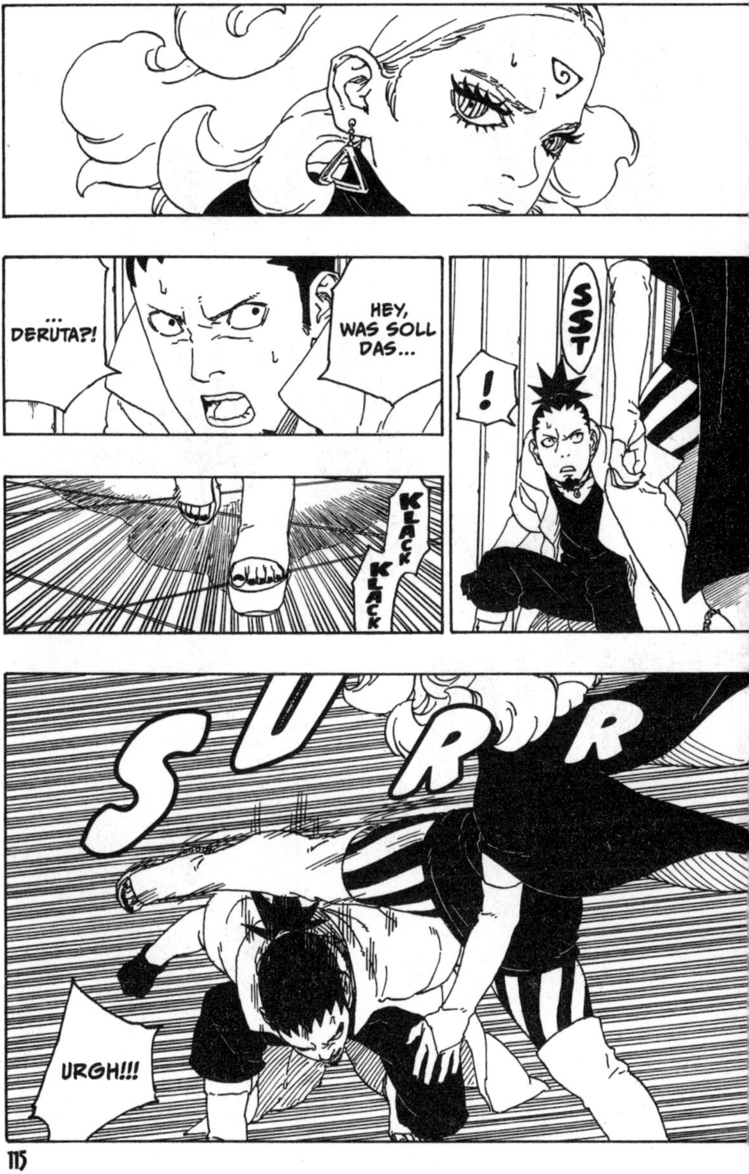
HEY, WAS SOLL DAS...
... DERUTA?!
SST
!
KLACK KLACK
SURR
URGH!!!

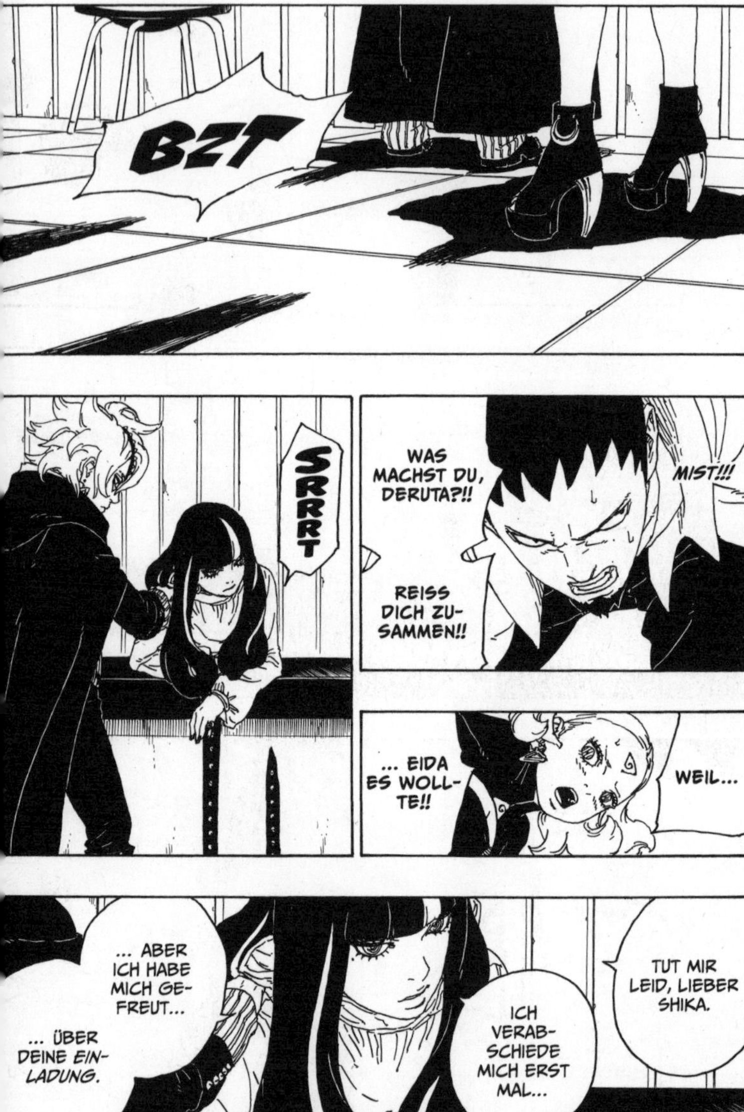
BZT
MIST!!!
WAS MACHST DU, DERUTA?!!
REISS DICH ZUSAMMEN!!
WEIL...
... EIDA ES WOLLTE!!
SRRRT
TUT MIR LEID, LIEBER SHIKA.
ICH VERABSCHIEDE MICH ERST MAL...
... ABER ICH HABE MICH GEFREUT...
... ÜBER DEINE *EIN*LADUNG.

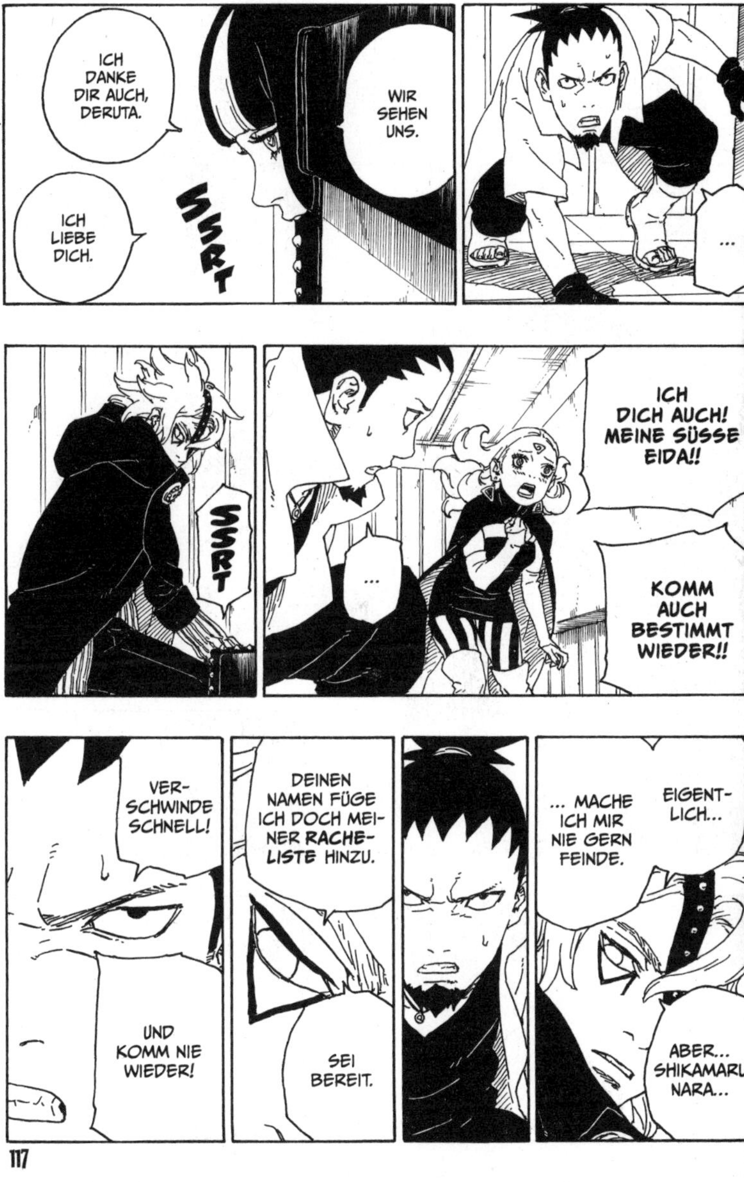
...
WIR SEHEN UNS.
ICH DANKE DIR AUCH, DERUTA.
ICH LIEBE DICH.
SSRT
ICH DICH AUCH! MEINE SÜSSE EIDA!!
KOMM AUCH BESTIMMT WIEDER!!
...
SSRT
EIGENT-LICH...
... MACHE ICH MIR NIE GERN FEINDE.
ABER... SHIKAMARU NARA...
DEINEN NAMEN FÜGE ICH DOCH MEINER RACHE-LISTE HINZU.
SEI BEREIT.
VER-SCHWINDE SCHNELL!
UND KOMM NIE WIEDER!

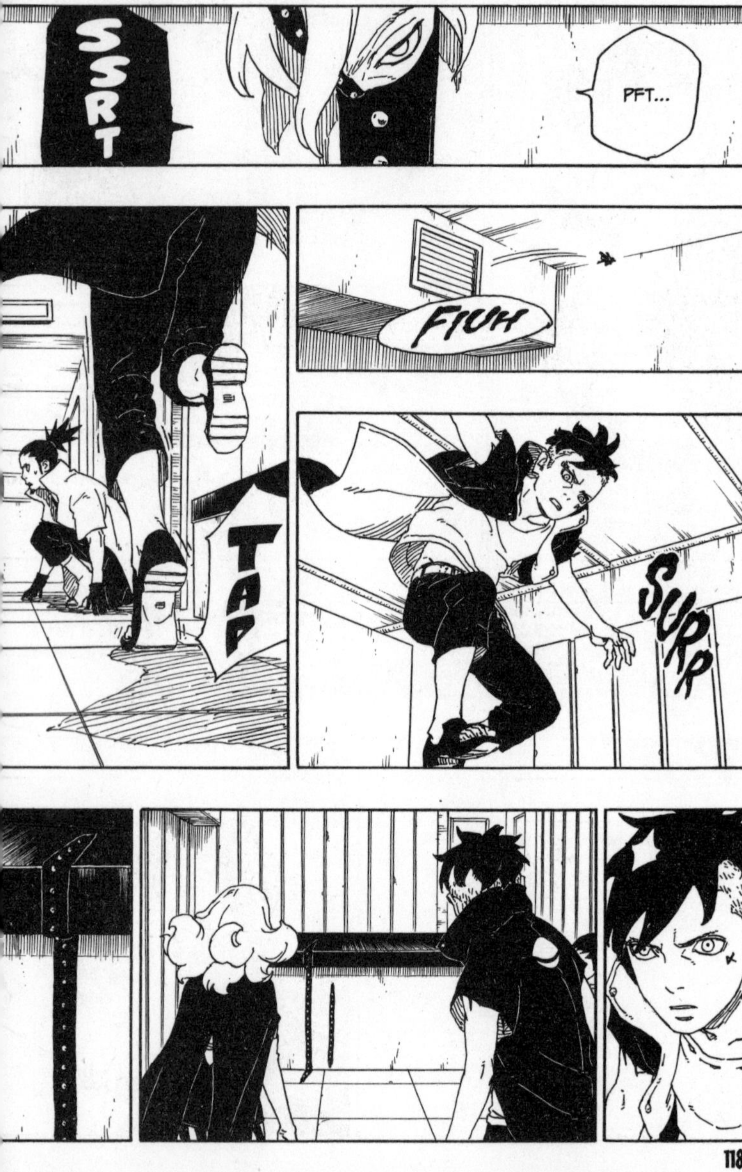
PFT...
SSRT
FIUH
SURR
TAP

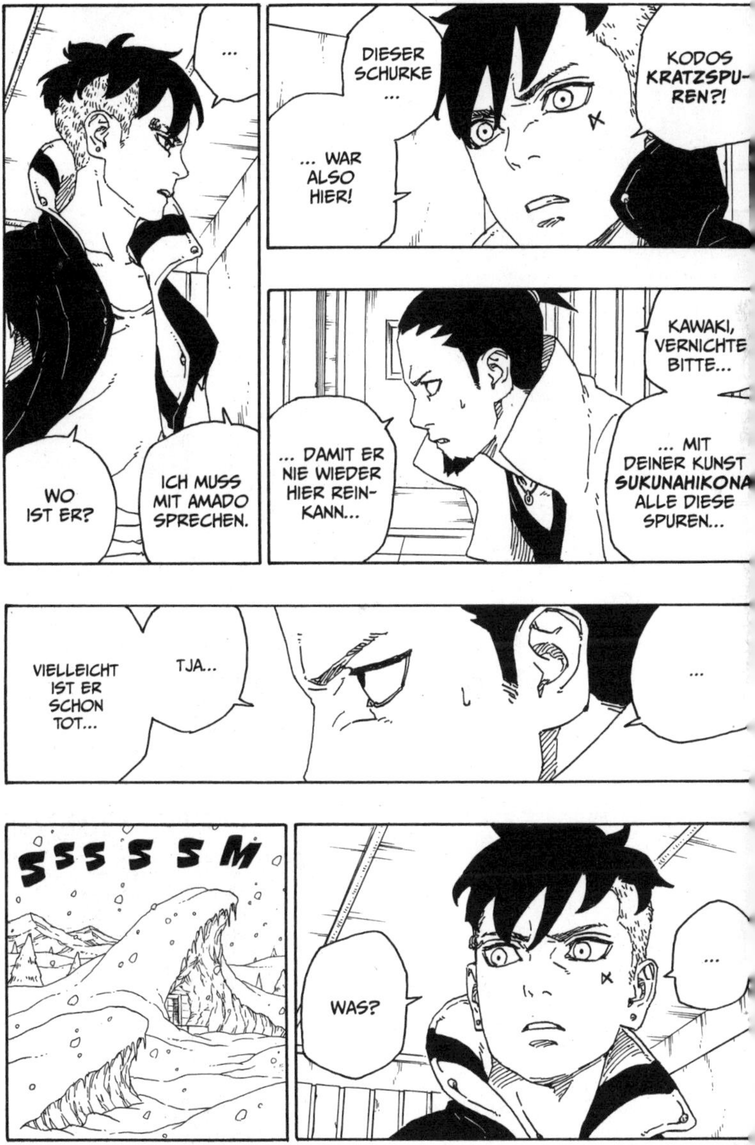

KODOS KRATZSPUREN?!
DIESER SCHURKE ...
... WAR ALSO HIER!
KAWAKI, VERNICHTE BITTE...
... MIT DEINER KUNST SUKUNAHIKONA ALLE DIESE SPUREN...
... DAMIT ER NIE WIEDER HIER REINKANN...
...
ICH MUSS MIT AMADO SPRECHEN.
WO IST ER?
...
TJA...
VIELLEICHT IST ER SCHON TOT...
...
WAS?
SSSSSM

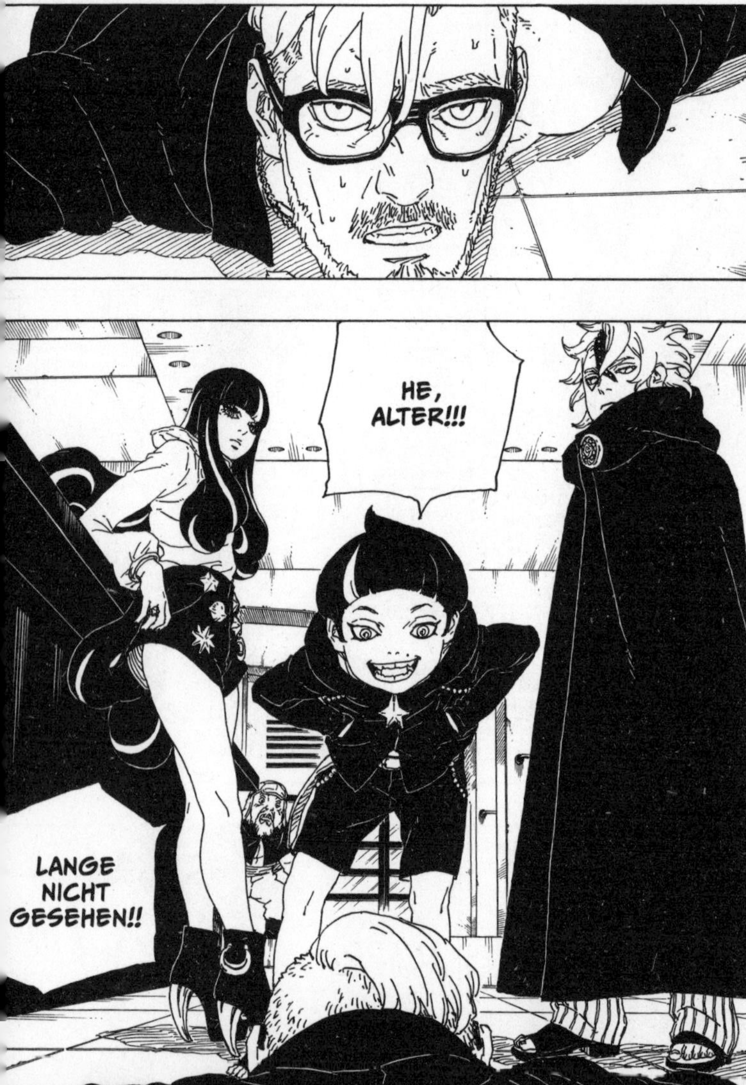
HE,
ALTER!!!
LANGE
NICHT
GESEHEN!!

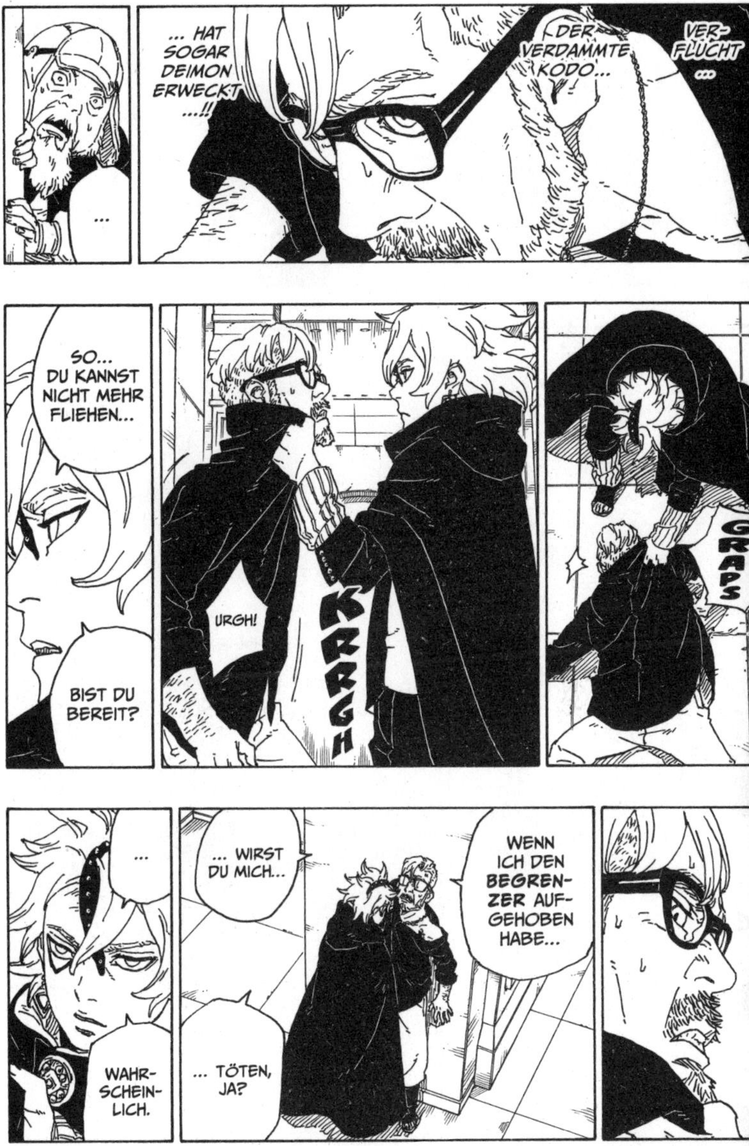
VERFLUCHT ...
DER VERDAMMTE KODO...
... HAT SOGAR DEIMON ERWECKT ...!!
...
GRAPS
URGH!
KRRGH
SO... DU KANNST NICHT MEHR FLIEHEN...
BIST DU BEREIT?
WENN ICH DEN BEGRENZER AUFGEHOBEN HABE...
... WIRST DU MICH...
... TÖTEN, JA?
...
WAHRSCHEINLICH.

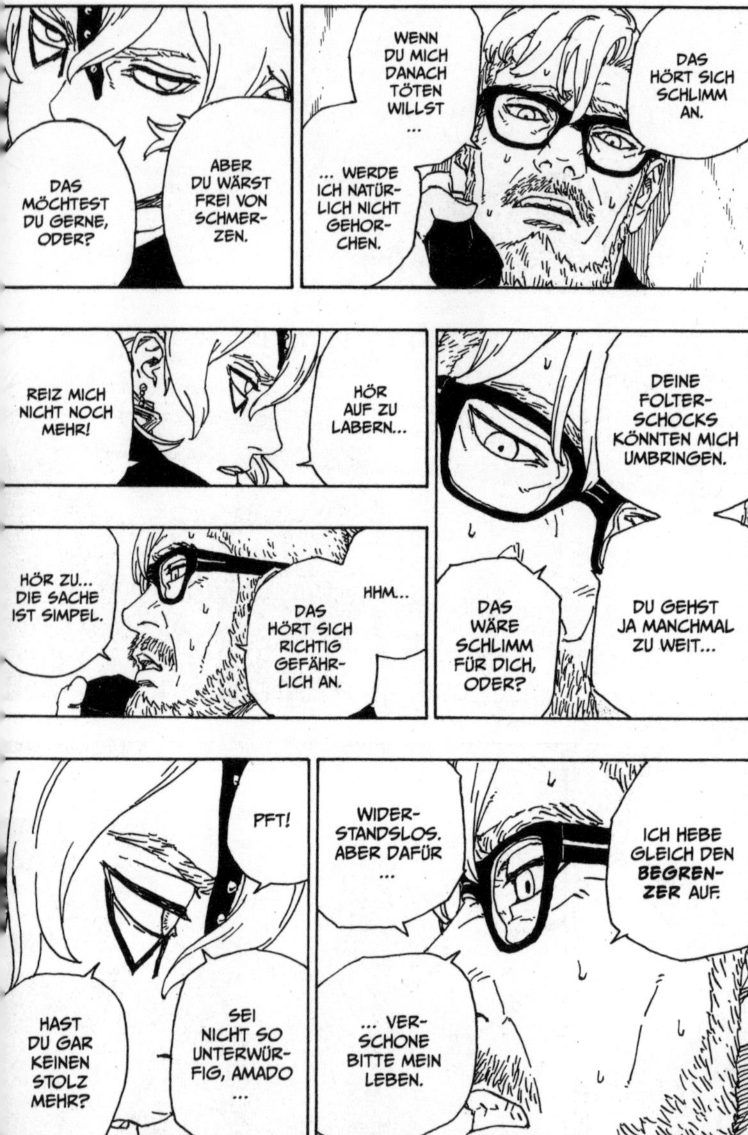
DAS HÖRT SICH SCHLIMM AN.
WENN DU MICH DANACH TÖTEN WILLST ...
... WERDE ICH NATÜRLICH NICHT GEHORCHEN.
ABER DU WÄRST FREI VON SCHMERZEN.
DAS MÖCHTEST DU GERNE, ODER?
DEINE FOLTERSCHOCKS KÖNNTEN MICH UMBRINGEN.
DU GEHST JA MANCHMAL ZU WEIT...
DAS WÄRE SCHLIMM FÜR DICH, ODER?
HÖR AUF ZU LABERN...
REIZ MICH NICHT NOCH MEHR!
HHM...
DAS HÖRT SICH RICHTIG GEFÄHRLICH AN.
HÖR ZU... DIE SACHE IST SIMPEL.
ICH HEBE GLEICH DEN BEGRENZER AUF.
WIDERSTANDSLOS. ABER DAFÜR ...
... VERSCHONE BITTE MEIN LEBEN.
PFT!
SEI NICHT SO UNTERWÜRFIG, AMADO ...
HAST DU GAR KEINEN STOLZ MEHR?

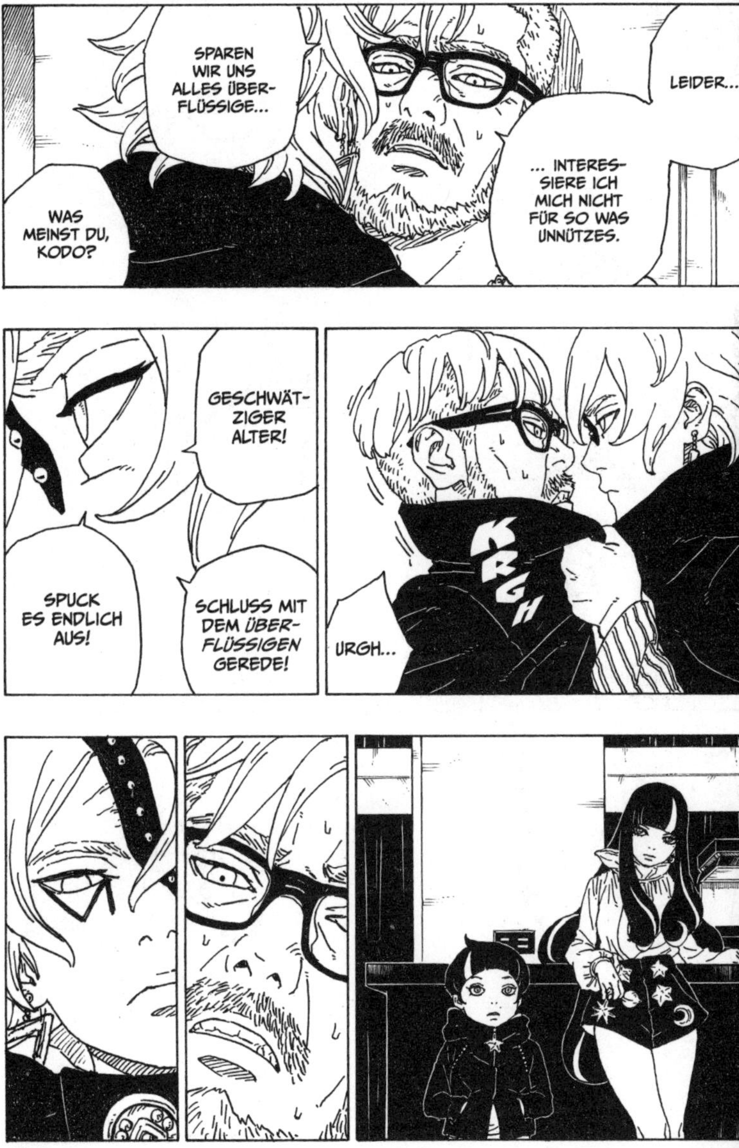
LEIDER...
... INTERES-SIERE ICH MICH NICHT FÜR SO WAS UNNÜTZES.
SPAREN WIR UNS ALLES ÜBER-FLÜSSIGE...
WAS MEINST DU, KODO?
KRGH
URGH...
GESCHWÄT-ZIGER ALTER!
SCHLUSS MIT DEM ÜBER-FLÜSSIGEN GEREDE!
SPUCK ES ENDLICH AUS!

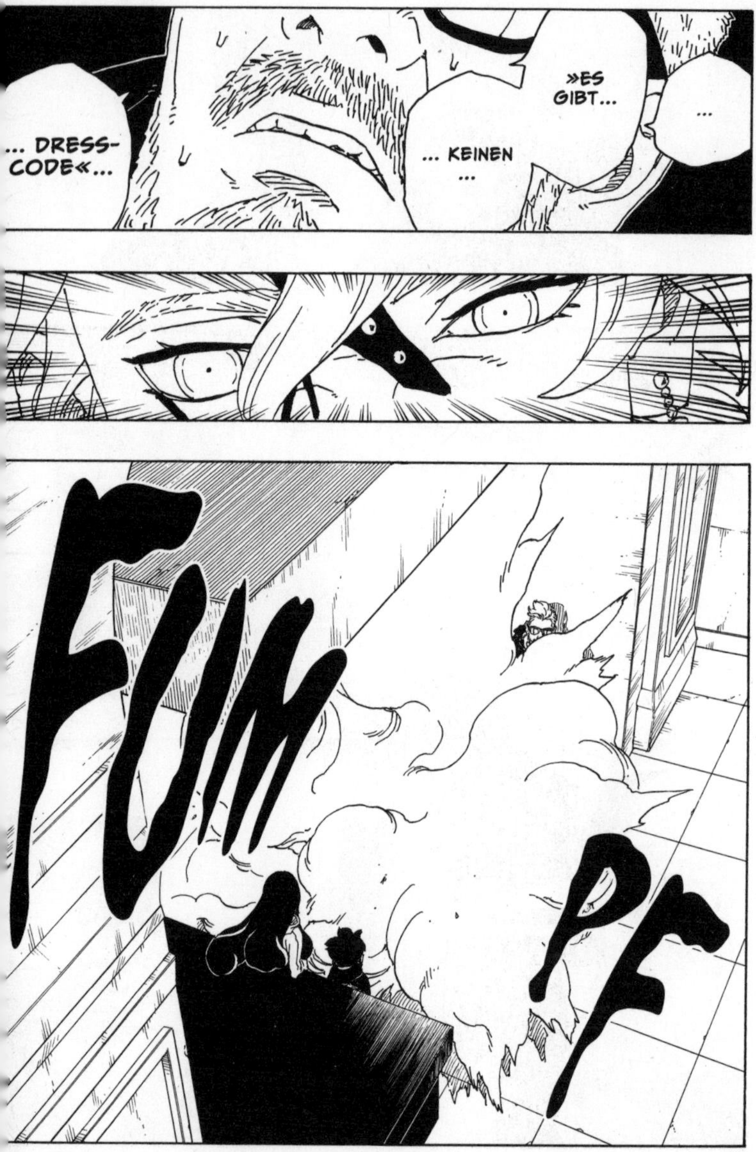
…
»ES GIBT…
… KEINEN …
… DRESS-CODE«…
FUMPF

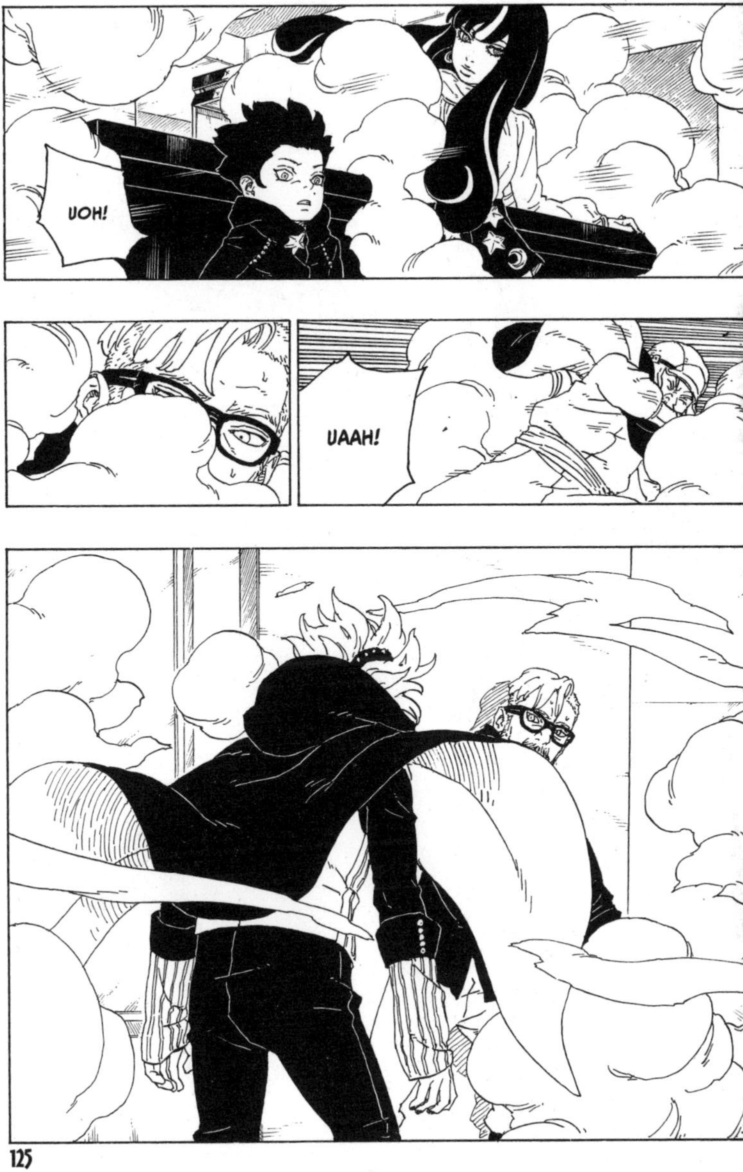
UOH!
UAAH!

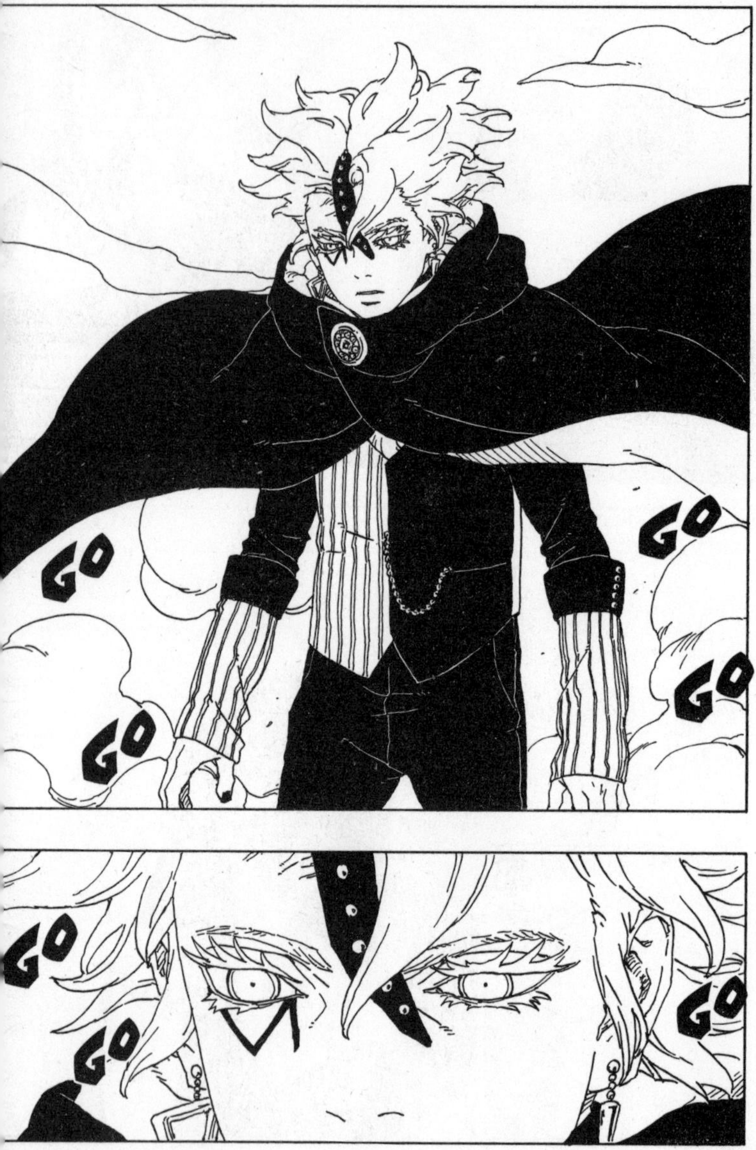
GO
GO
GO
GO
GO
GO
GO

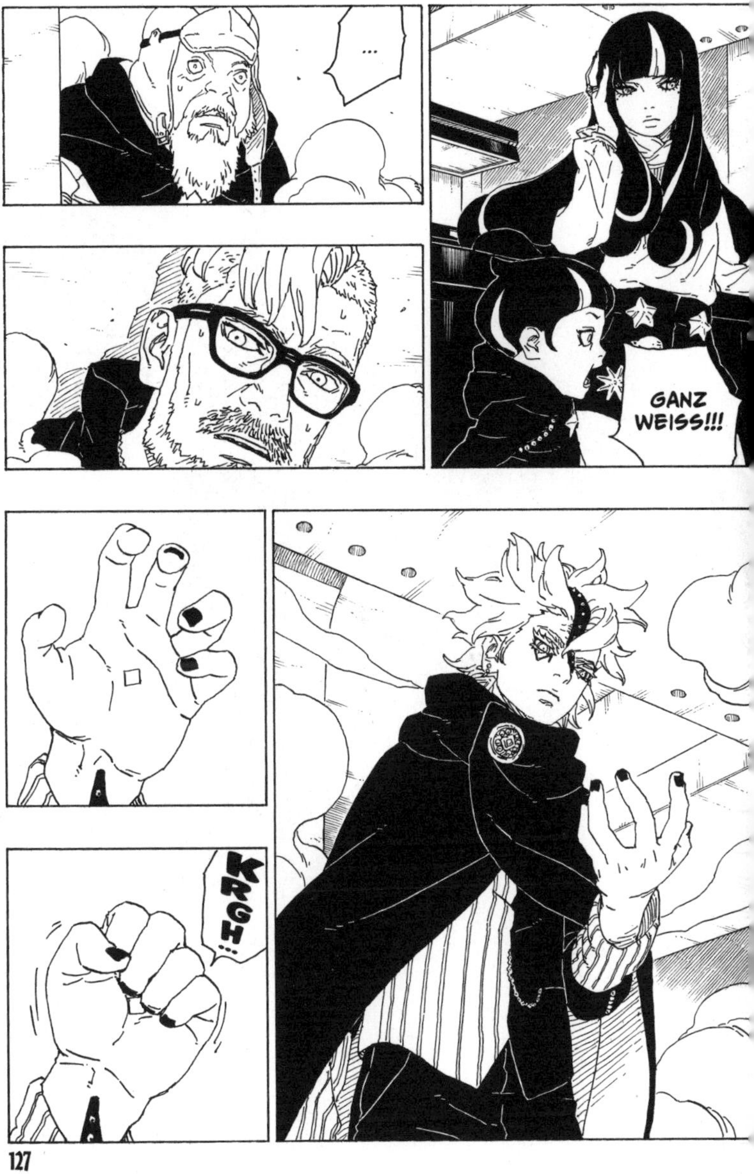
GANZ WEISS!!!
...
KRGH..!

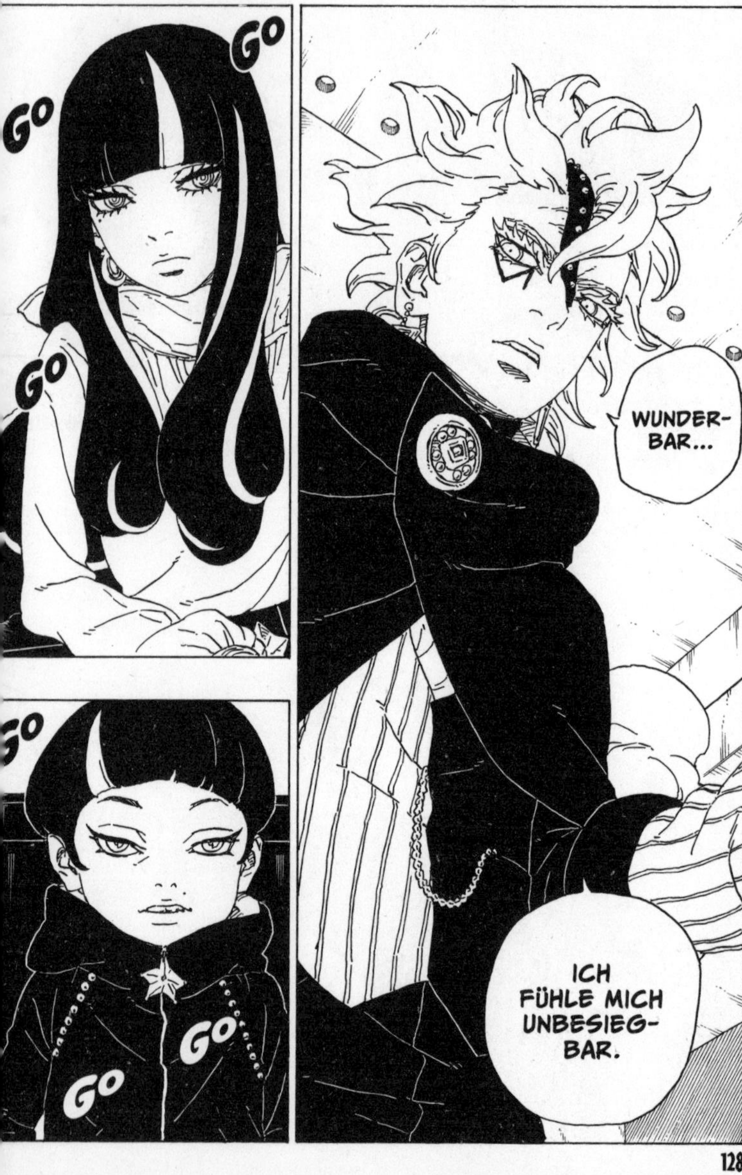

WUNDER-
BAR...
ICH FÜHLE MICH UNBESIEG-
BAR.
GO GO
GO
GO
GO
GO
GO

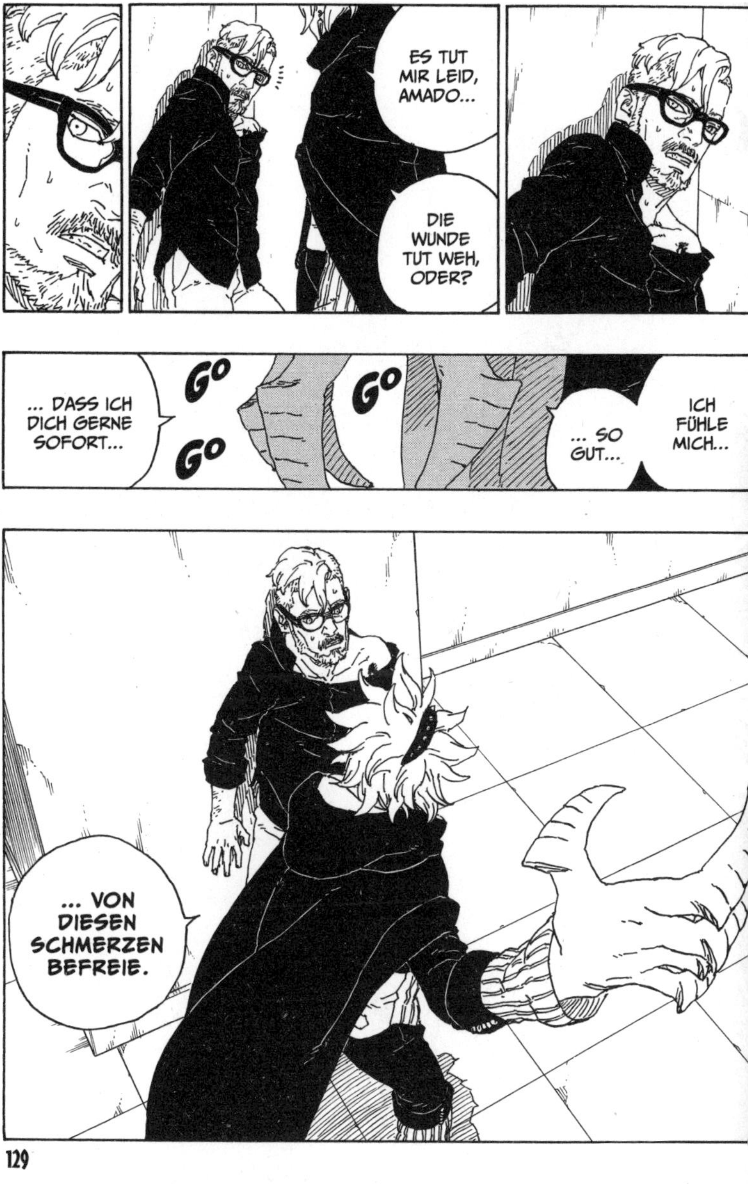
ES TUT MIR LEID, AMADO...
DIE WUNDE TUT WEH, ODER?
ICH FÜHLE MICH...
... SO GUT...
GO
GO
GO
... DASS ICH DICH GERNE SOFORT...
... VON DIESEN SCHMERZEN BEFREIE.

BORUTO

-NARUTO NEXT GENERATIONS-

71: Ein Störenfried

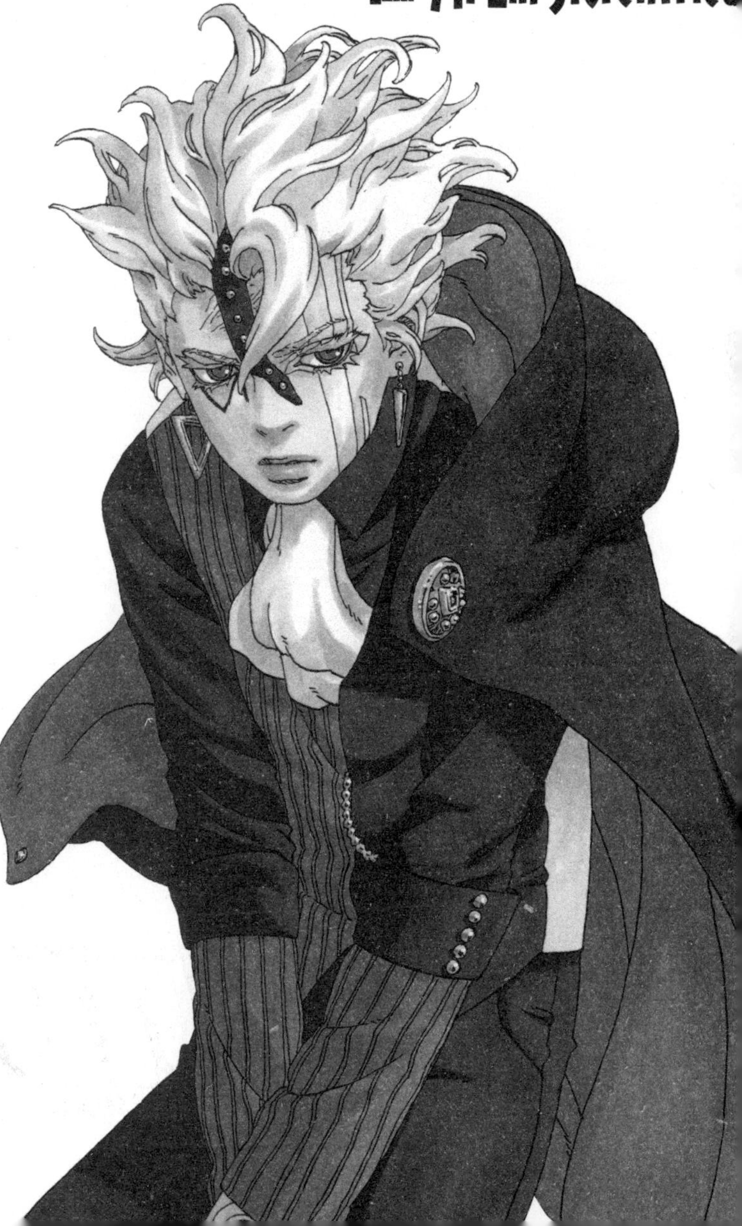

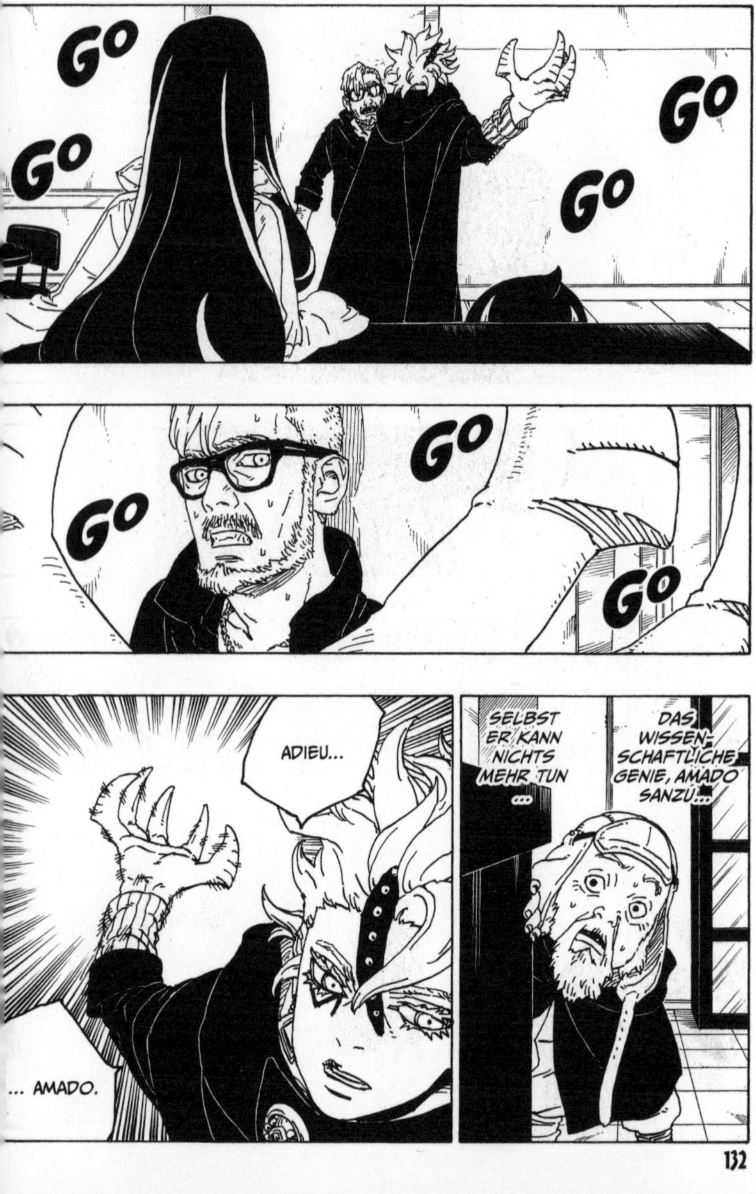
GO
GO
GO
GO
GO
GO
GO
DAS WISSEN-SCHAFTLICHE GENIE, AMADO SANZU...
SELBST ER KANN NICHTS MEHR TUN ...
ADIEU...
... AMADO.

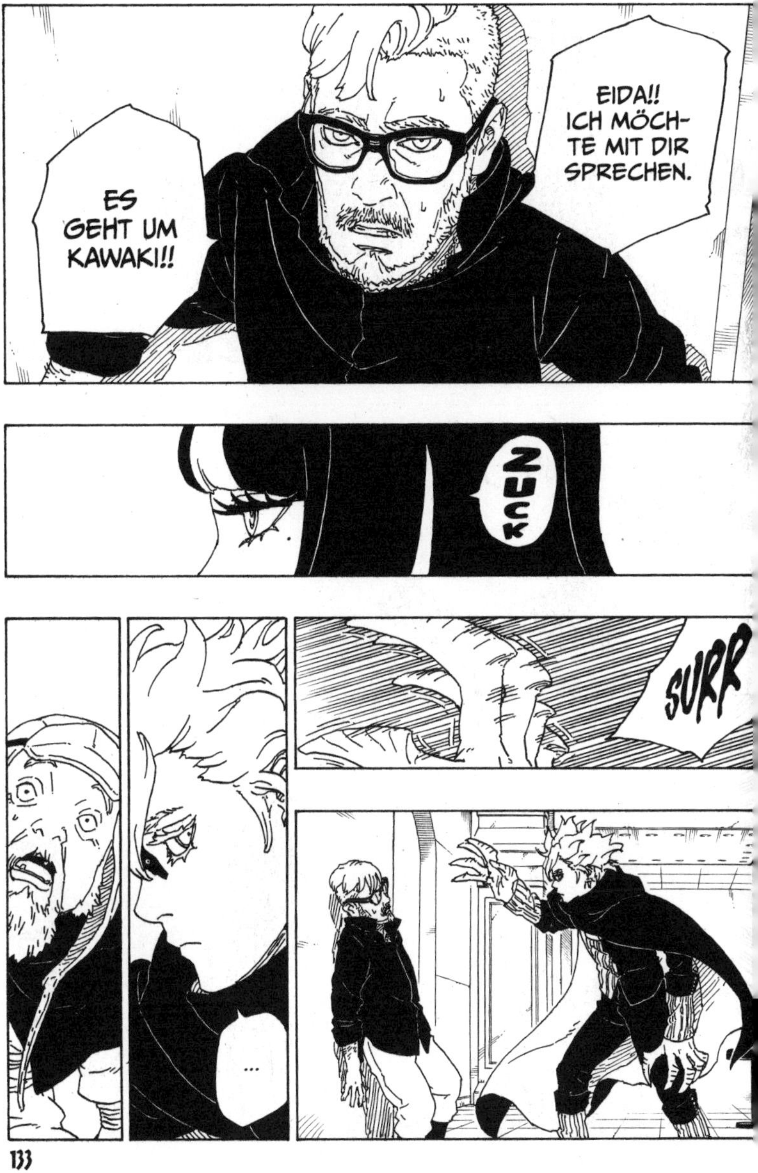
EIDA!! ICH MÖCH-TE MIT DIR SPRECHEN.
ES GEHT UM KAWAKI!!
ZUCK
SURR
...

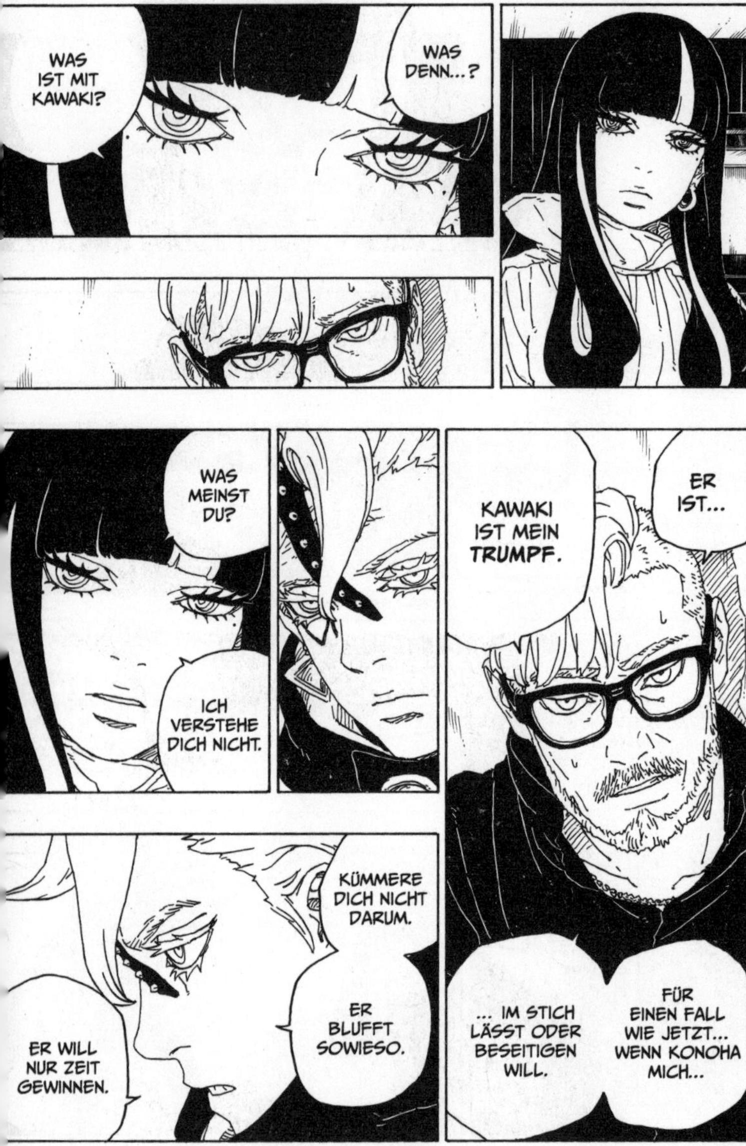
WAS DENN...?
WAS IST MIT KAWAKI?
ER IST...
KAWAKI IST MEIN TRUMPF.
FÜR EINEN FALL WIE JETZT... WENN KONOHA MICH...
... IM STICH LÄSST ODER BESEITIGEN WILL.
WAS MEINST DU?
ICH VERSTEHE DICH NICHT.
KÜMMERE DICH NICHT DARUM.
ER BLUFFT SOWIESO.
ER WILL NUR ZEIT GEWINNEN.

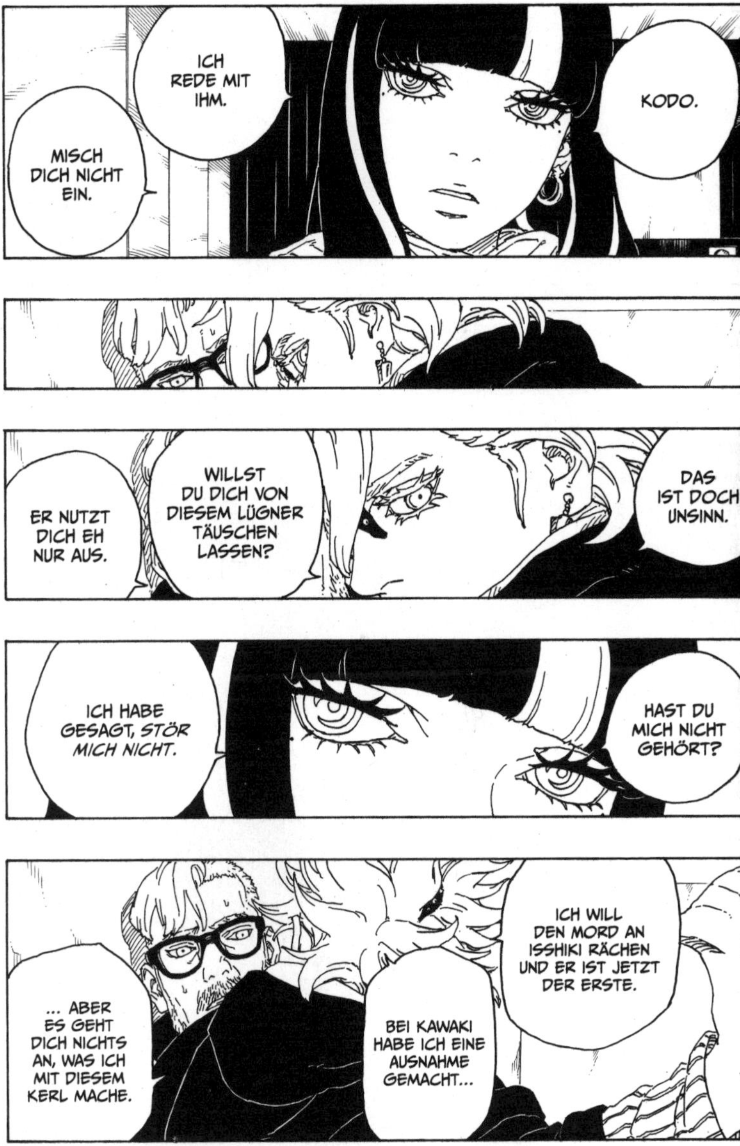
KODO.
ICH REDE MIT IHM.
MISCH DICH NICHT EIN.
DAS IST DOCH UNSINN.
WILLST DU DICH VON DIESEM LÜGNER TÄUSCHEN LASSEN?
ER NUTZT DICH EH NUR AUS.
HAST DU MICH NICHT GEHÖRT?
ICH HABE GESAGT, STÖR *MICH NICHT*.
ICH WILL DEN MORD AN ISSHIKI RÄCHEN UND ER IST JETZT DER ERSTE.
BEI KAWAKI HABE ICH EINE AUSNAHME GEMACHT...
... ABER ES GEHT DICH NICHTS AN, WAS ICH MIT DIESEM KERL MACHE.

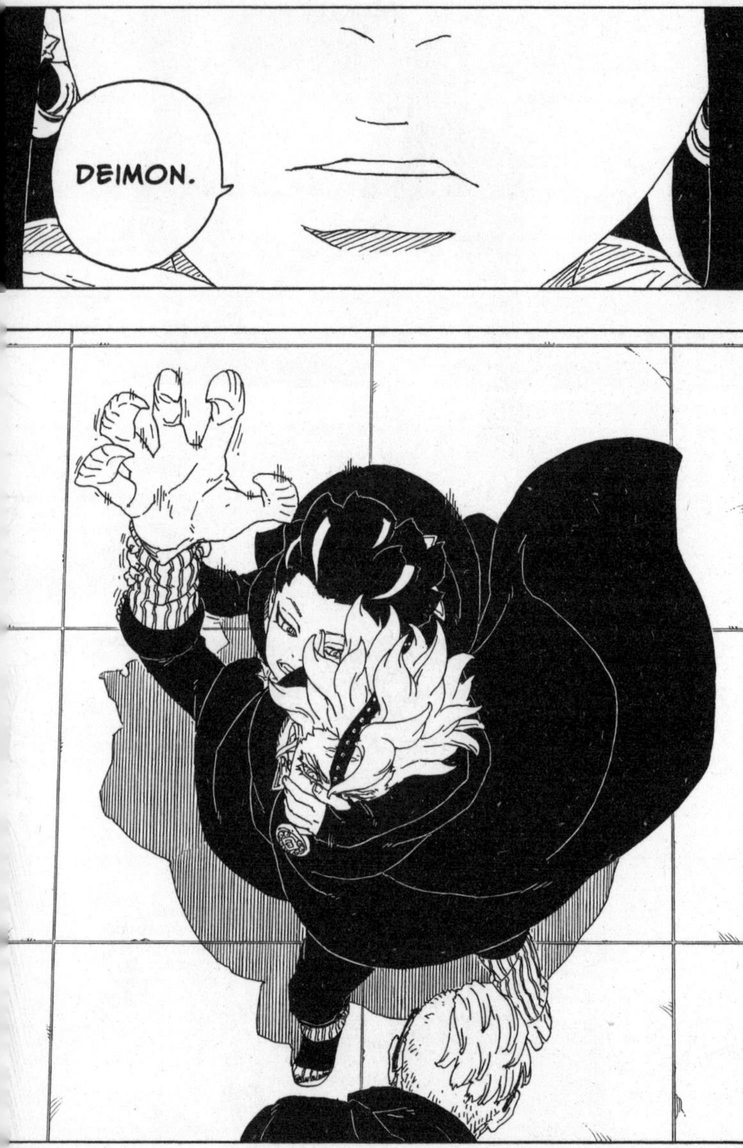
DEIMON.

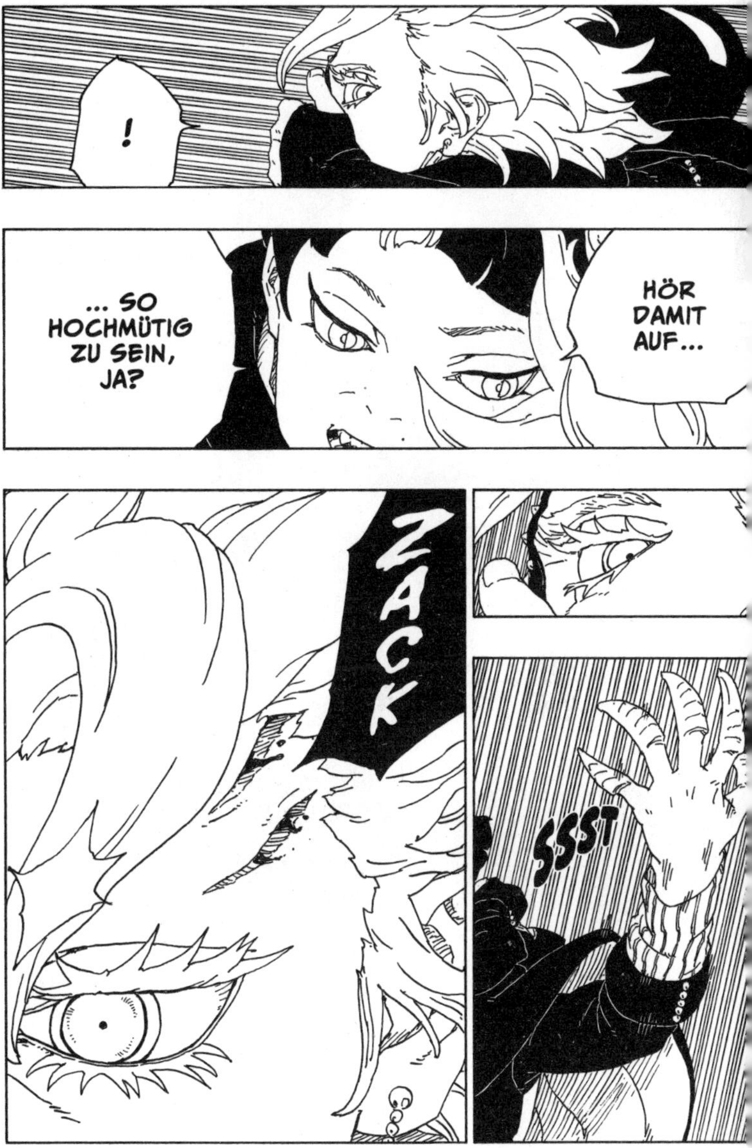
!
HÖR DAMIT AUF...
... SO HOCHMÜTIG ZU SEIN, JA?
ZACK
SSST

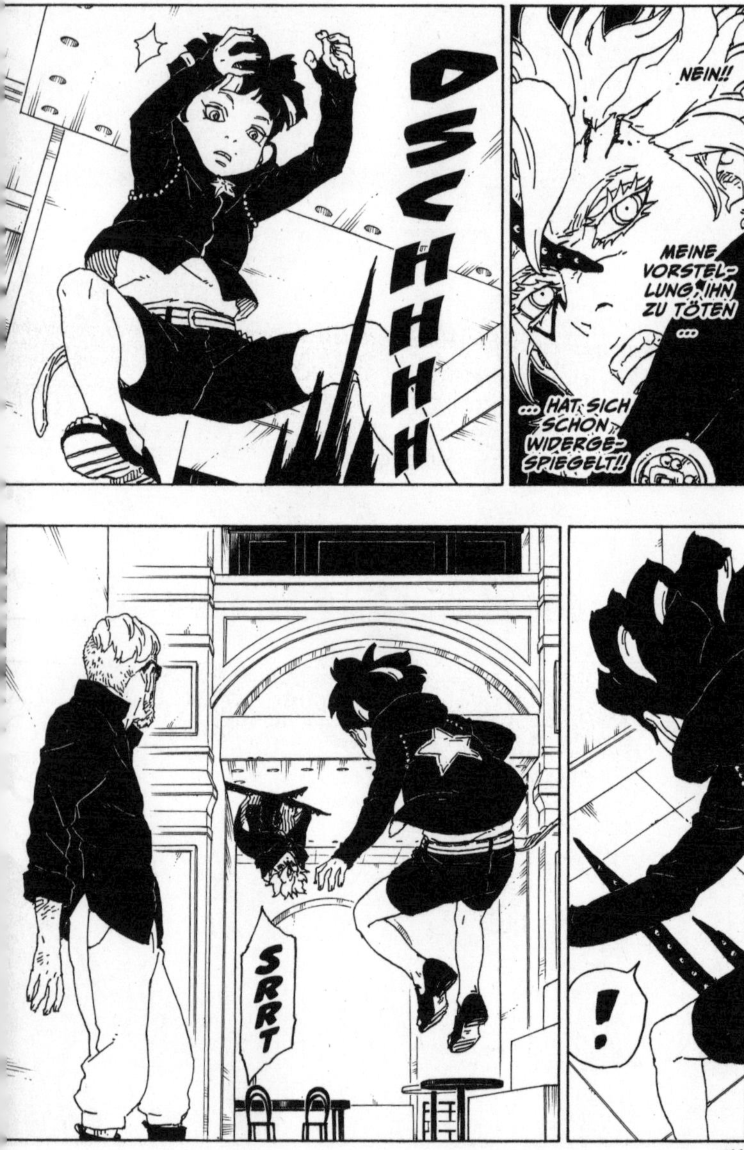
NEIN!!
MEINE VORSTEL-LUNG, IHN ZU TÖTEN ...
... HAT SICH SCHON WIDERGE-SPIEGELT!!
DSCHHHHH
!
SRRT

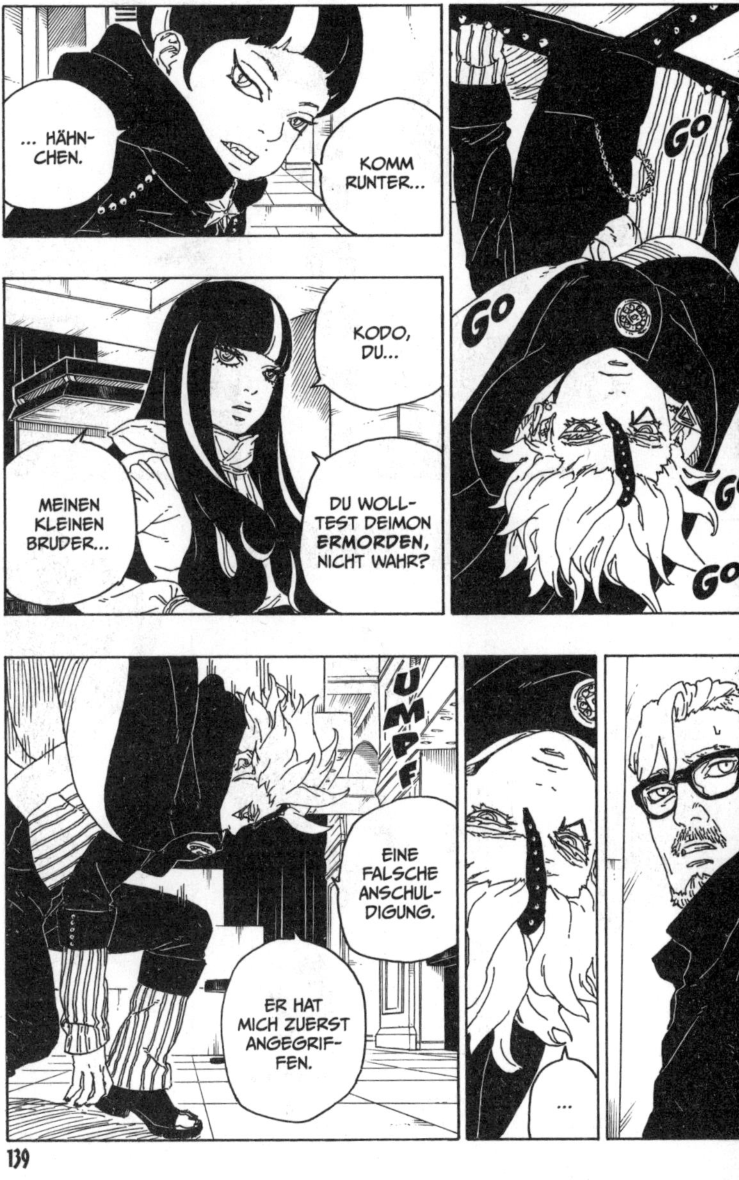
GO
GO
GO
GO
KOMM RUNTER...
... HÄHN-CHEN.
KODO, DU...
DU WOLL-TEST DEIMON ERMORDEN, NICHT WAHR?
MEINEN KLEINEN BRUDER...
...
UMPF
EINE FALSCHE ANSCHUL-DIGUNG.
ER HAT MICH ZUERST ANGEGRIF-FEN.

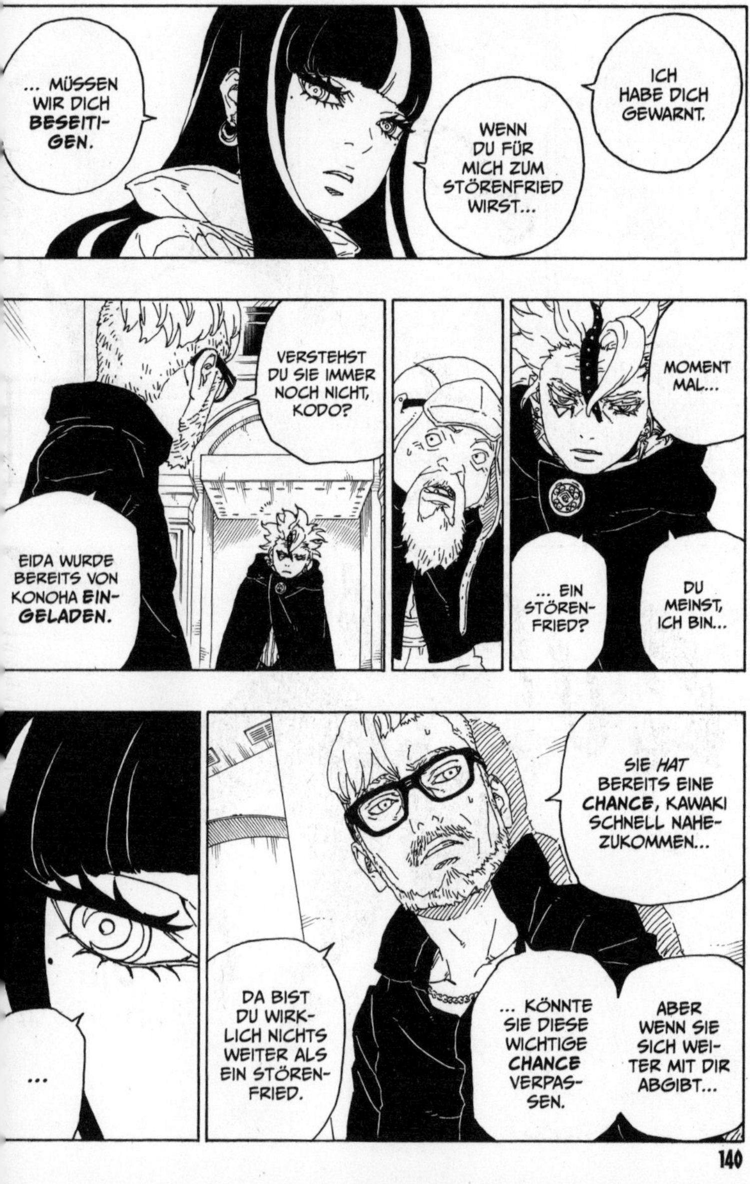
ICH HABE DICH GEWARNT.
WENN DU FÜR MICH ZUM STÖRENFRIED WIRST...
... MÜSSEN WIR DICH BESEITIGEN.
MOMENT MAL...
DU MEINST, ICH BIN...
... EIN STÖRENFRIED?
VERSTEHST DU SIE IMMER NOCH NICHT, KODO?
EIDA WURDE BEREITS VON KONOHA EINGELADEN.
SIE *HAT* BEREITS EINE CHANCE, KAWAKI SCHNELL NAHEZUKOMMEN...
ABER WENN SIE SICH WEITER MIT DIR ABGIBT...
... KÖNNTE SIE DIESE WICHTIGE CHANCE VERPASSEN.
DA BIST DU WIRKLICH NICHTS WEITER ALS EIN STÖRENFRIED.
...

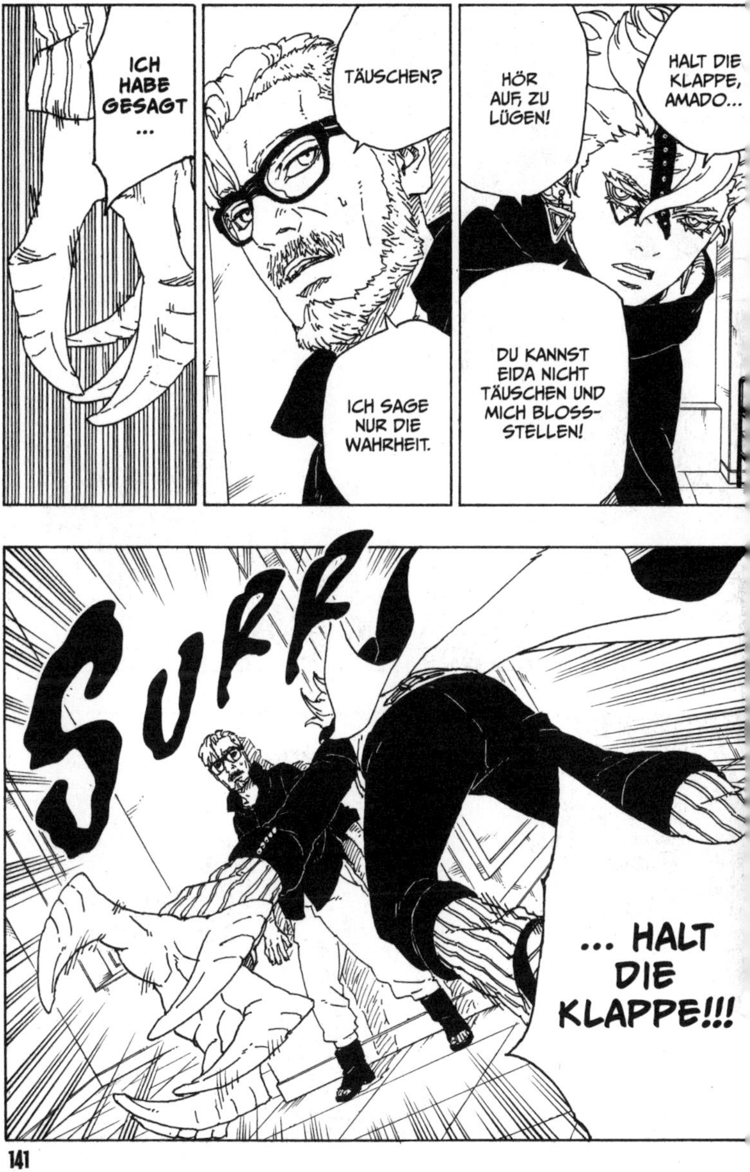
HALT DIE KLAPPE, AMADO...
HÖR AUF, ZU LÜGEN!
DU KANNST EIDA NICHT TÄUSCHEN UND MICH BLOSS-STELLEN!
TÄUSCHEN?
ICH SAGE NUR DIE WAHRHEIT.
ICH HABE GESAGT ...
... HALT DIE KLAPPE!!!
SURR

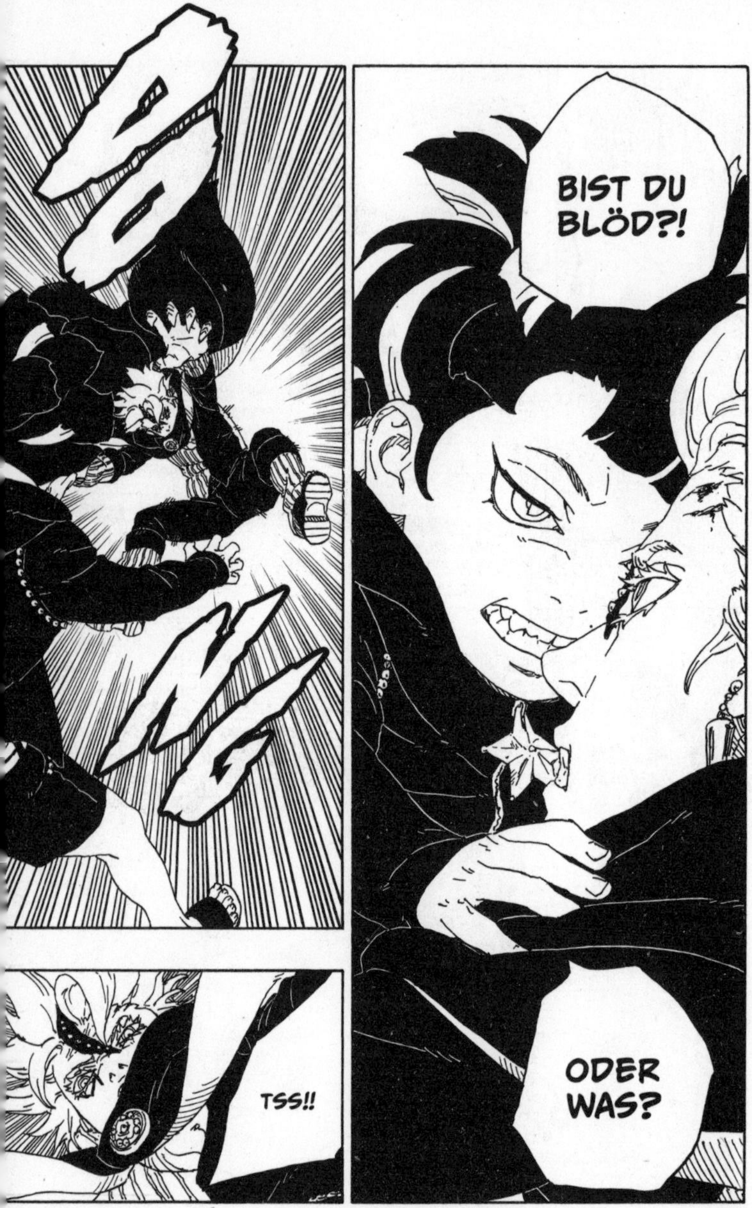
BIST DU BLÖD?!
ODER WAS?
TSS!!

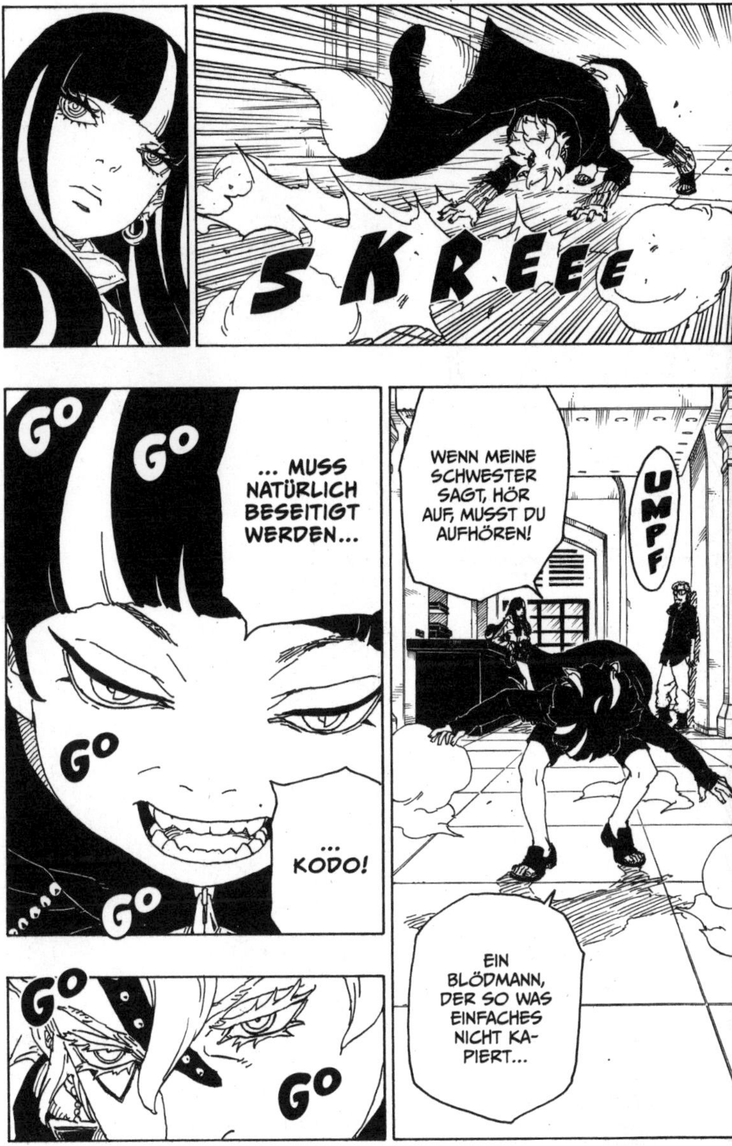
SKREEE
WENN MEINE SCHWESTER SAGT, HÖR AUF, MUSST DU AUFHÖREN!
UMPF
EIN BLÖDMANN, DER SO WAS EINFACHES NICHT KAPIERT...
... MUSS NATÜRLICH BESEITIGT WERDEN...
GO GO
GO
... KODO!
GO
GO
GO

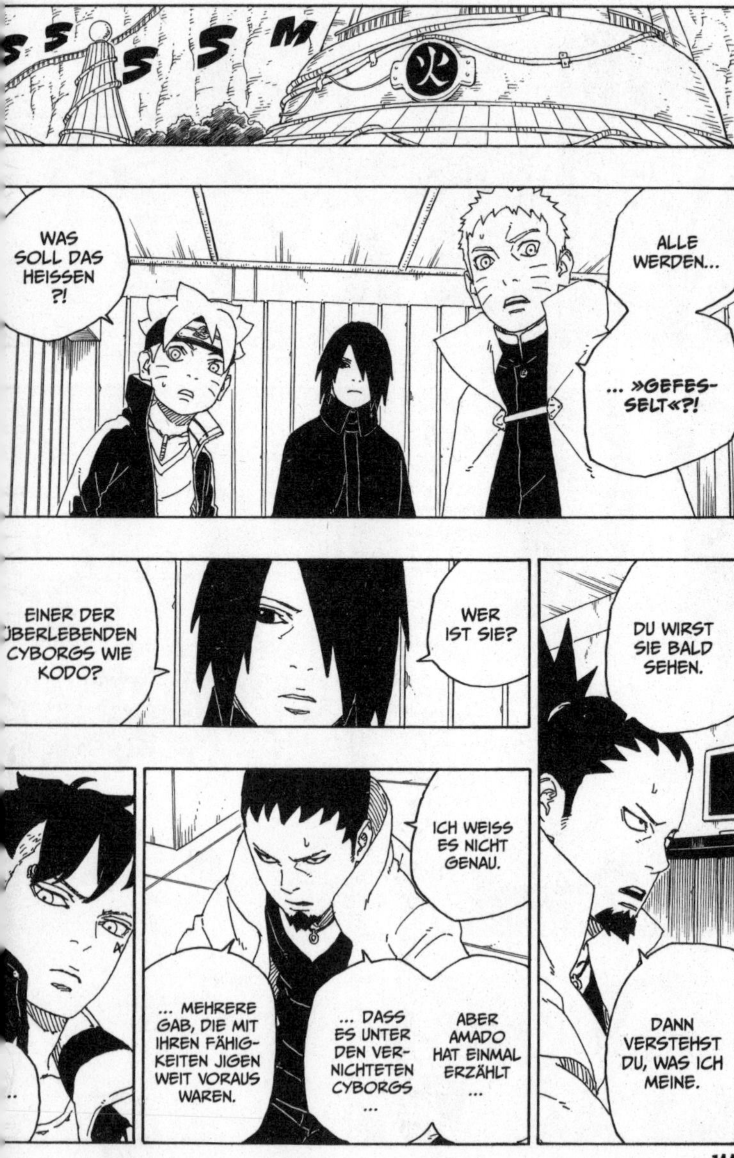
SSSSM
ALLE WERDEN…
… »GEFESSELT«?!
WAS SOLL DAS HEISSEN ?!
DU WIRST SIE BALD SEHEN.
WER IST SIE?
EINER DER ÜBERLEBENDEN CYBORGS WIE KODO?
DANN VERSTEHST DU, WAS ICH MEINE.
ICH WEISS ES NICHT GENAU.
ABER AMADO HAT EINMAL ERZÄHLT …
… DASS ES UNTER DEN VERNICHTETEN CYBORGS …
… MEHRERE GAB, DIE MIT IHREN FÄHIGKEITEN JIGEN WEIT VORAUS WAREN.
…

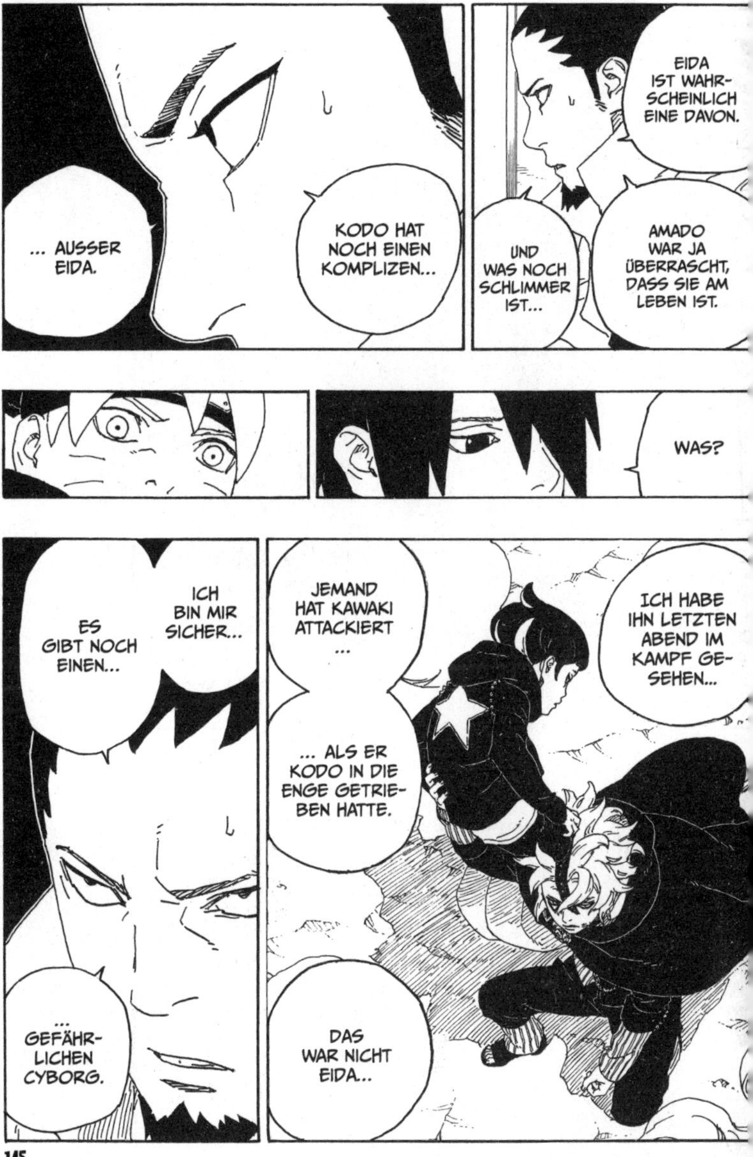
EIDA IST WAHRSCHEINLICH EINE DAVON.
AMADO WAR JA ÜBERRASCHT, DASS SIE AM LEBEN IST.
UND WAS NOCH SCHLIMMER IST...
KODO HAT NOCH EINEN KOMPLIZEN...
... AUSSER EIDA.
WAS?
ICH HABE IHN LETZTEN ABEND IM KAMPF GESEHEN...
JEMAND HAT KAWAKI ATTACKIERT ...
... ALS ER KODO IN DIE ENGE GETRIEBEN HATTE.
DAS WAR NICHT EIDA..
ICH BIN MIR SICHER...
ES GIBT NOCH EINEN...
... GEFÄHRLICHEN CYBORG.

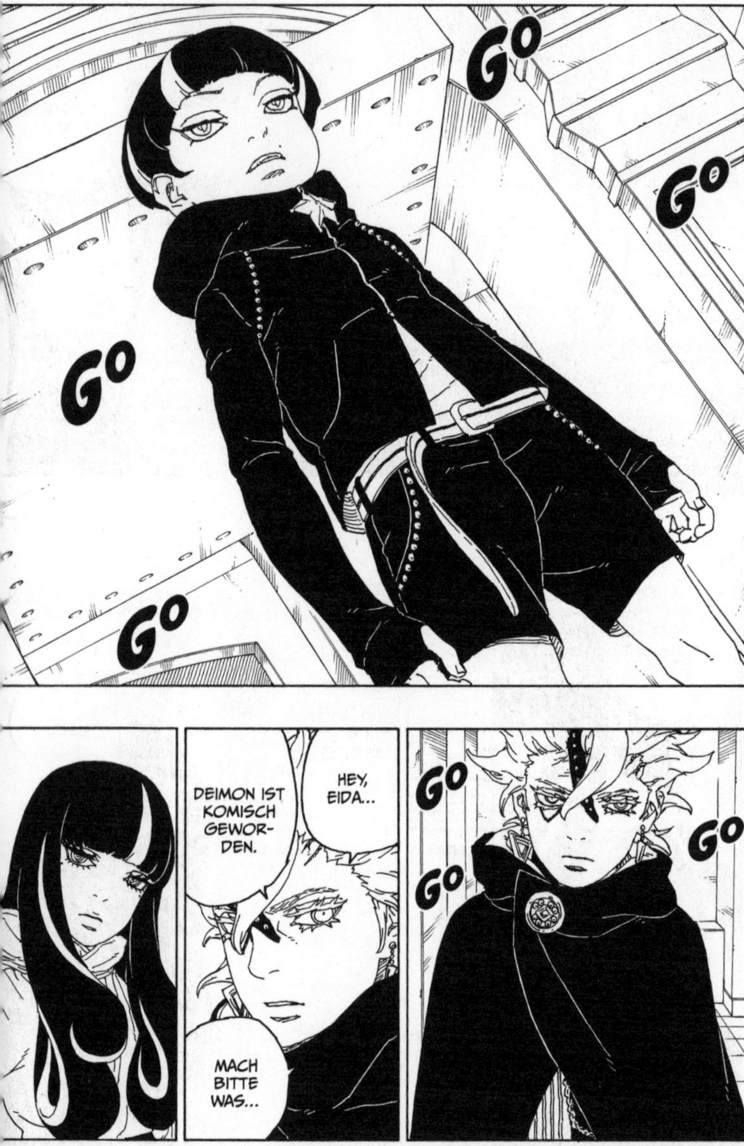
GO
GO
GO
GO
GO
GO
GO
HEY, EIDA...
DEIMON IST KOMISCH GEWORDEN.
MACH BITTE WAS...

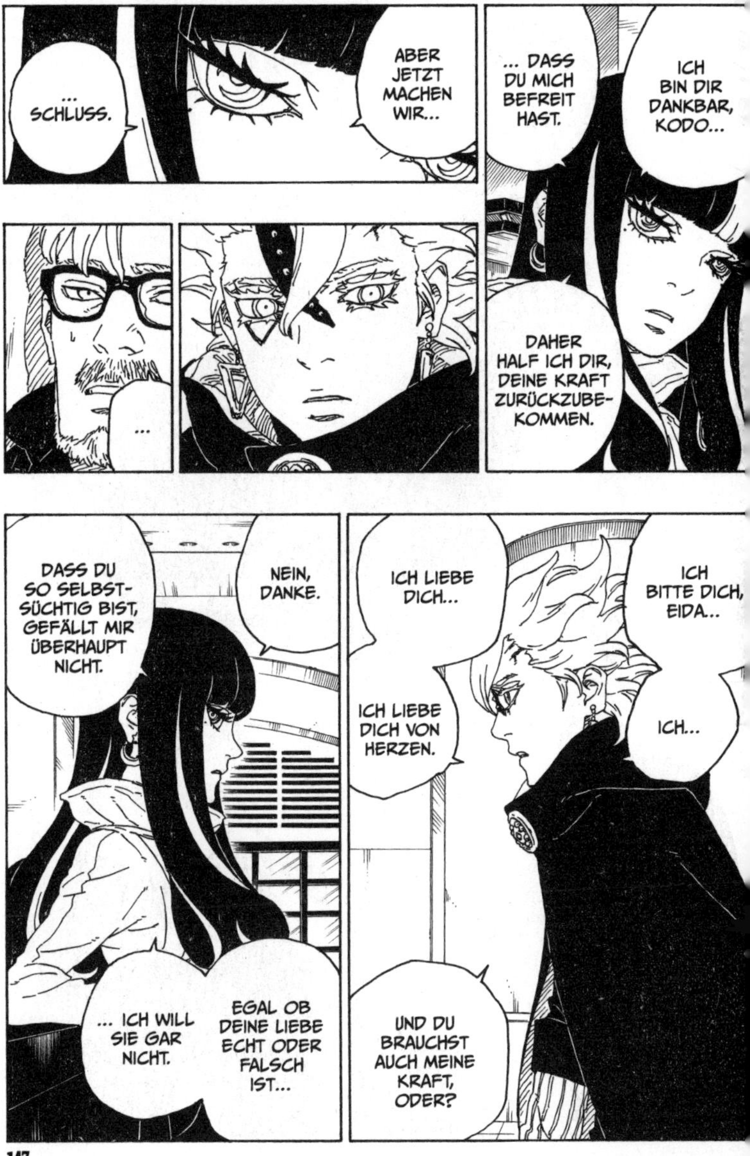
ICH BIN DIR DANKBAR, KODO...
... DASS DU MICH BEFREIT HAST.
DAHER HALF ICH DIR, DEINE KRAFT ZURÜCKZUBEKOMMEN.
ABER JETZT MACHEN WIR...
... SCHLUSS.
...
ICH BITTE DICH, EIDA...
ICH...
ICH LIEBE DICH...
ICH LIEBE DICH VON HERZEN.
UND DU BRAUCHST AUCH MEINE KRAFT, ODER?
NEIN, DANKE.
DASS DU SO SELBSTSÜCHTIG BIST, GEFÄLLT MIR ÜBERHAUPT NICHT.
EGAL OB DEINE LIEBE ECHT ODER FALSCH IST...
... ICH WILL SIE GAR NICHT.

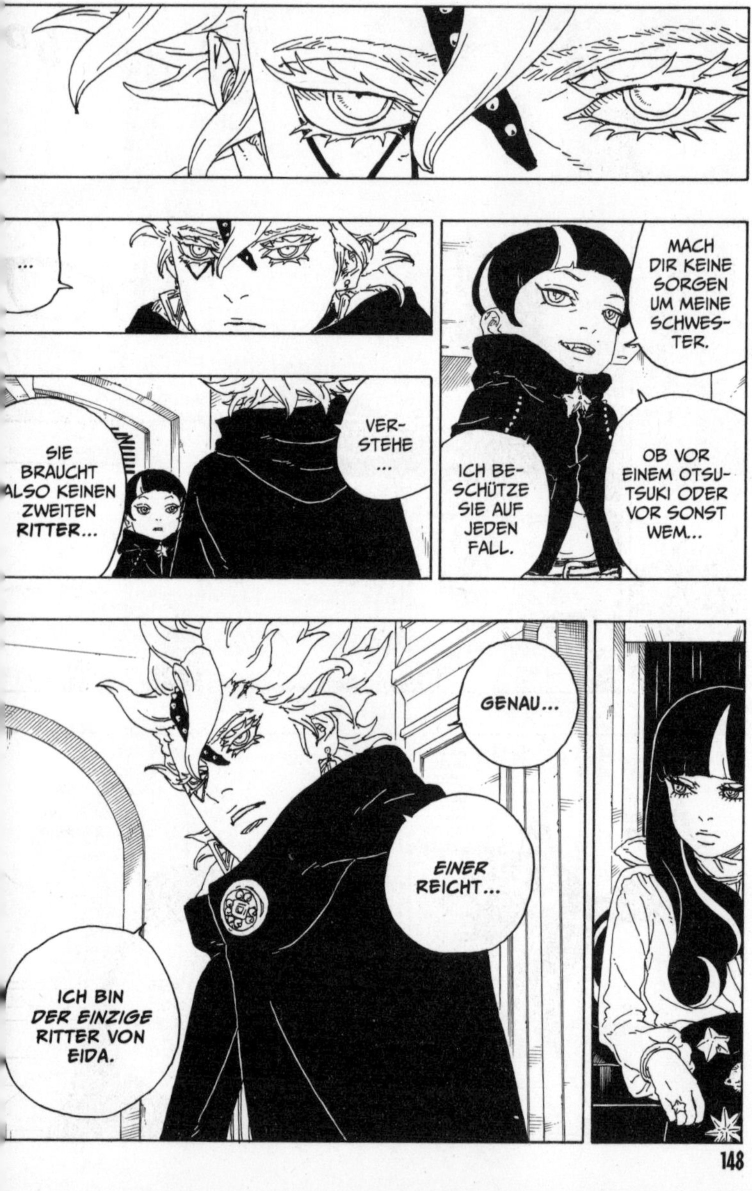
MACH DIR KEINE SORGEN UM MEINE SCHWESTER.
OB VOR EINEM OTSUTSUKI ODER VOR SONST WEM...
ICH BESCHÜTZE SIE AUF JEDEN FALL.
...
VERSTEHE...
SIE BRAUCHT ALSO KEINEN ZWEITEN RITTER...
GENAU...
EINER REICHT...
ICH BIN *DER EINZIGE* RITTER VON EIDA.

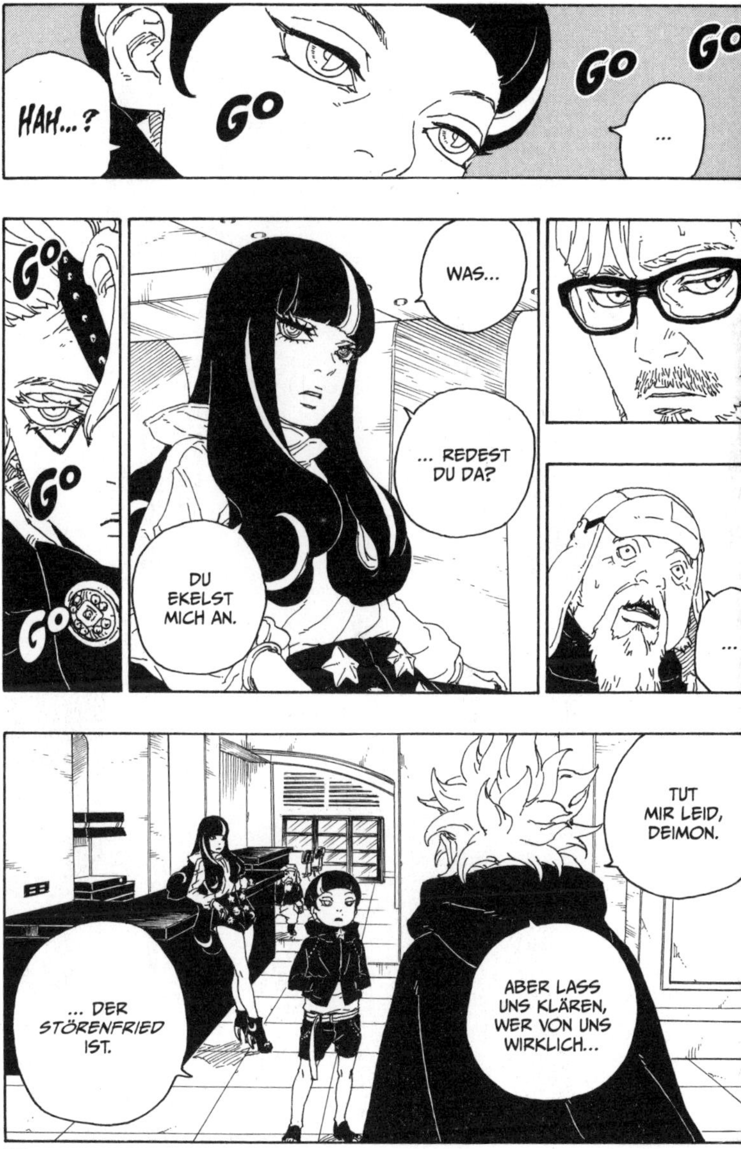
...
GO GO GO
GO
HAH...?
...
WAS...
... REDEST DU DA?
DU EKELST MICH AN.
GO GO GO
TUT MIR LEID, DEIMON.
ABER LASS UNS KLÄREN, WER VON UNS WIRKLICH...
... DER STÖRENFRIED IST.

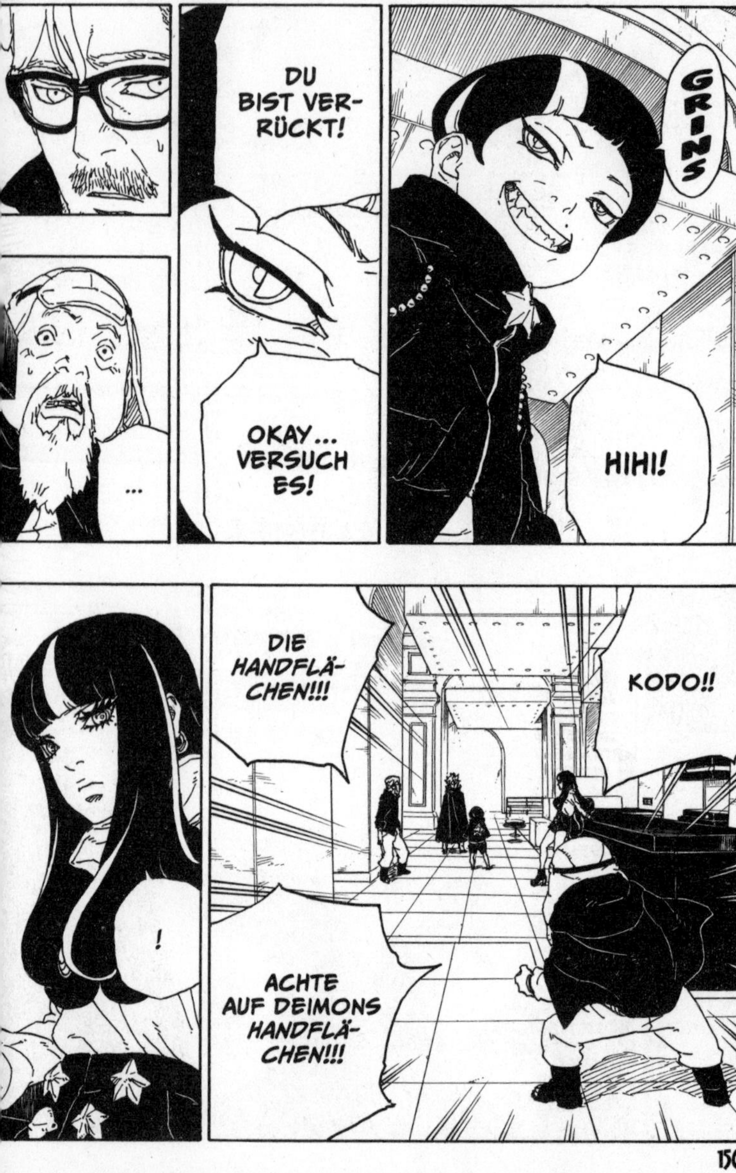
GRINS
HIHI!
DU BIST VERRÜCKT!
OKAY... VERSUCH ES!
...
KODO!!
DIE HANDFLÄCHEN!!!
ACHTE AUF DEIMONS HANDFLÄCHEN!!!
!

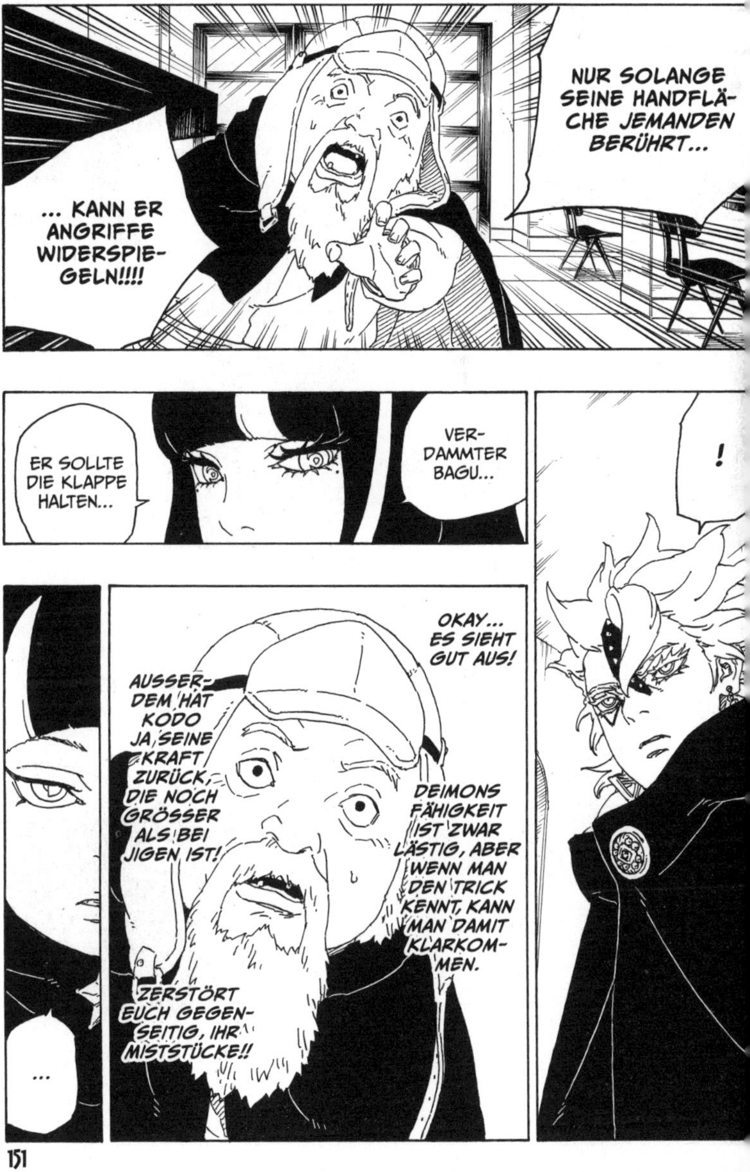
NUR SOLANGE SEINE HANDFLÄCHE JEMANDEN BERÜHRT...
... KANN ER ANGRIFFE WIDERSPIEGELN!!!!
!
VERDAMMTER BAGU...
ER SOLLTE DIE KLAPPE HALTEN...
OKAY... ES SIEHT GUT AUS!
DEIMONS FÄHIGKEIT IST ZWAR LÄSTIG, ABER WENN MAN DEN TRICK KENNT, KANN MAN DAMIT KLARKOMMEN.
AUSSERDEM HAT KODO JA SEINE KRAFT ZURÜCK, DIE NOCH GRÖSSER ALS BEI JIGEN IST!
ZERSTÖRT EUCH GEGENSEITIG, IHR MISTSTÜCKE!!
...

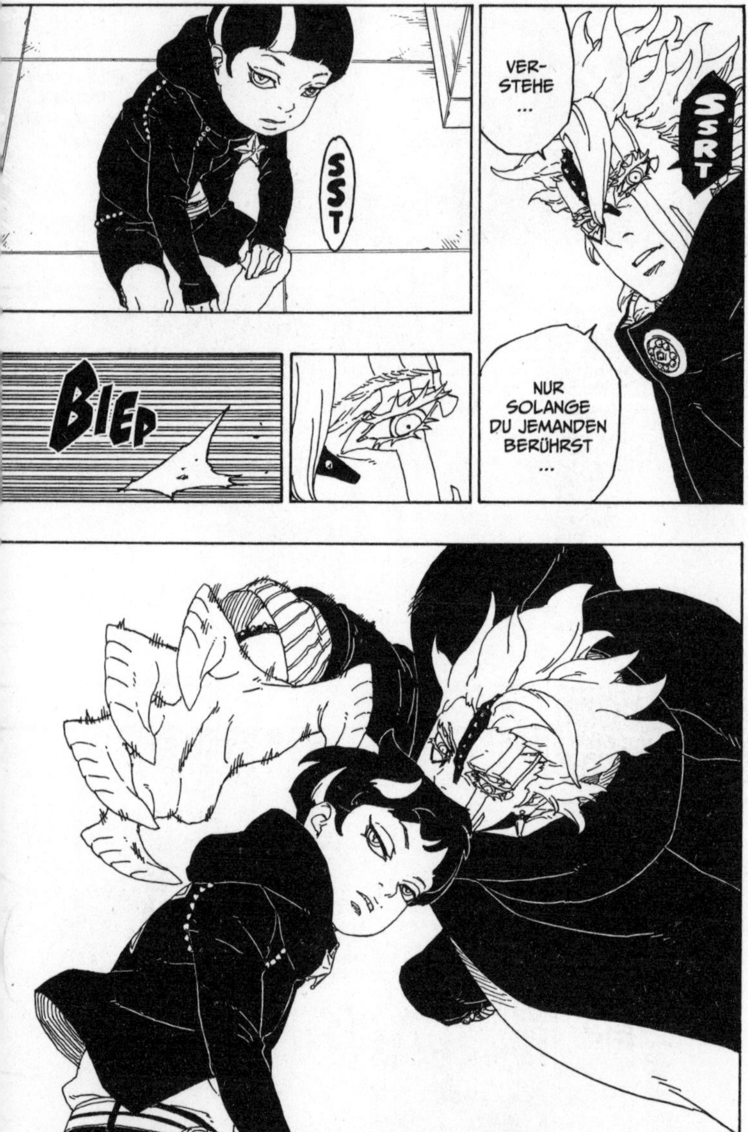

VER-
STEHE
...
SSRT
NUR
SOLANGE
DU JEMANDEN
BERÜHRST
...
SST
BIEP

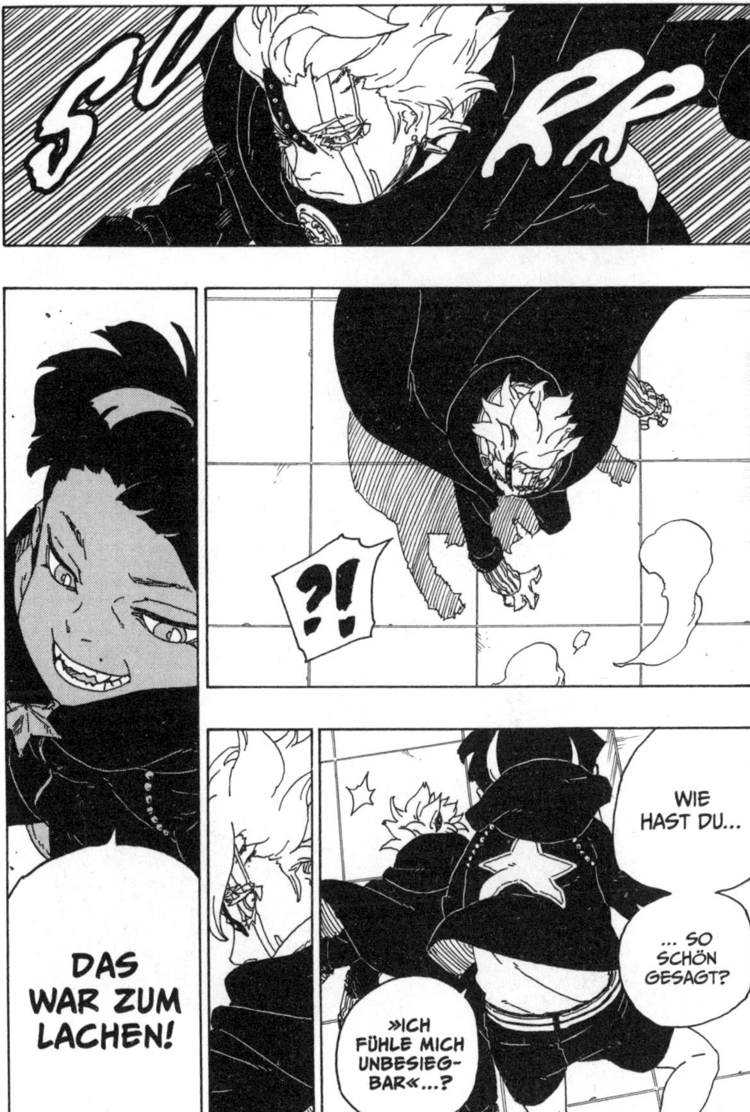
SURR
?!
WIE HAST DU...
... SO SCHÖN GESAGT?
»ICH FÜHLE MICH UNBESIEG-BAR«...?
DAS WAR ZUM LACHEN!

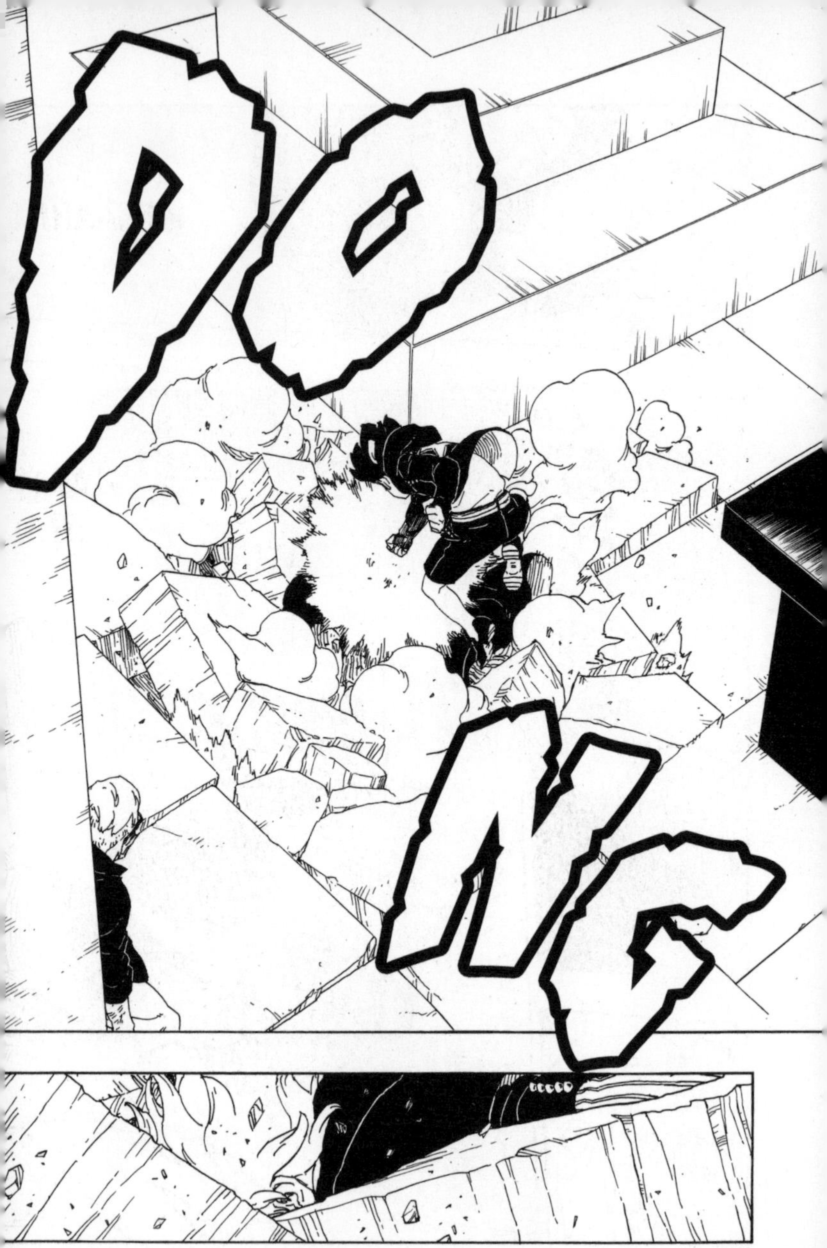
DONG

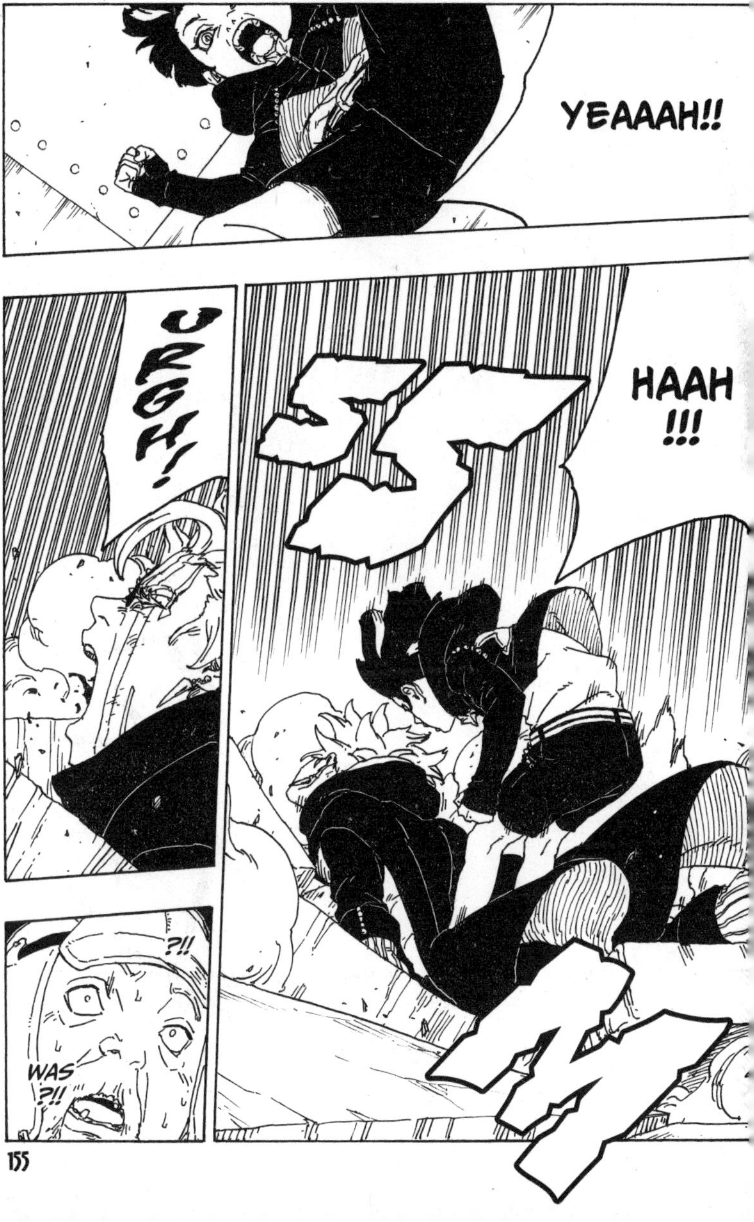
YEAAAH!!
HAAH !!!
URGH!
?!!
WAS ?!!

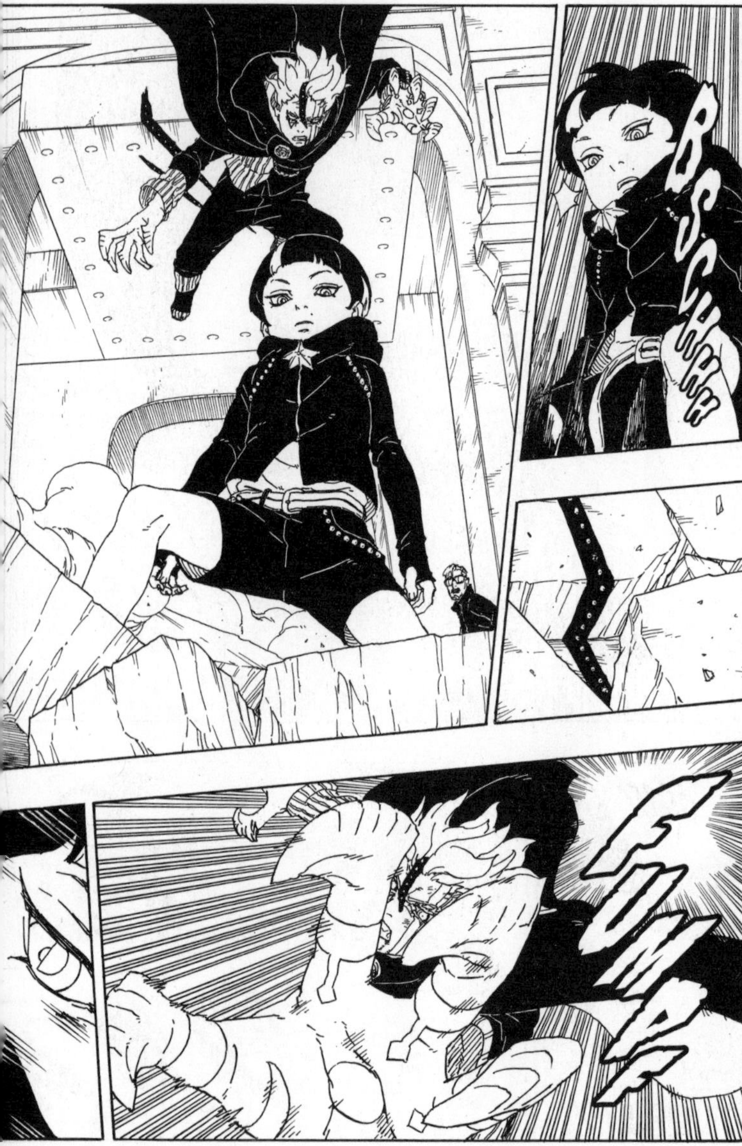
BSCHHH

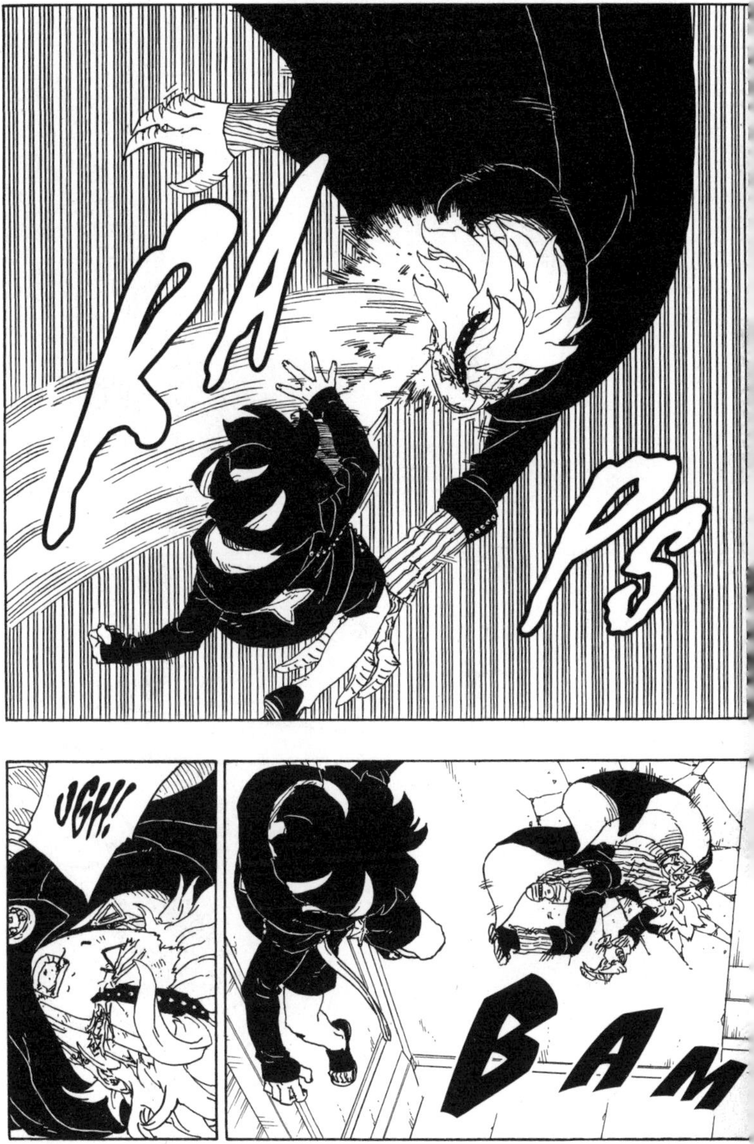
RA
PS
UGH!
BAM

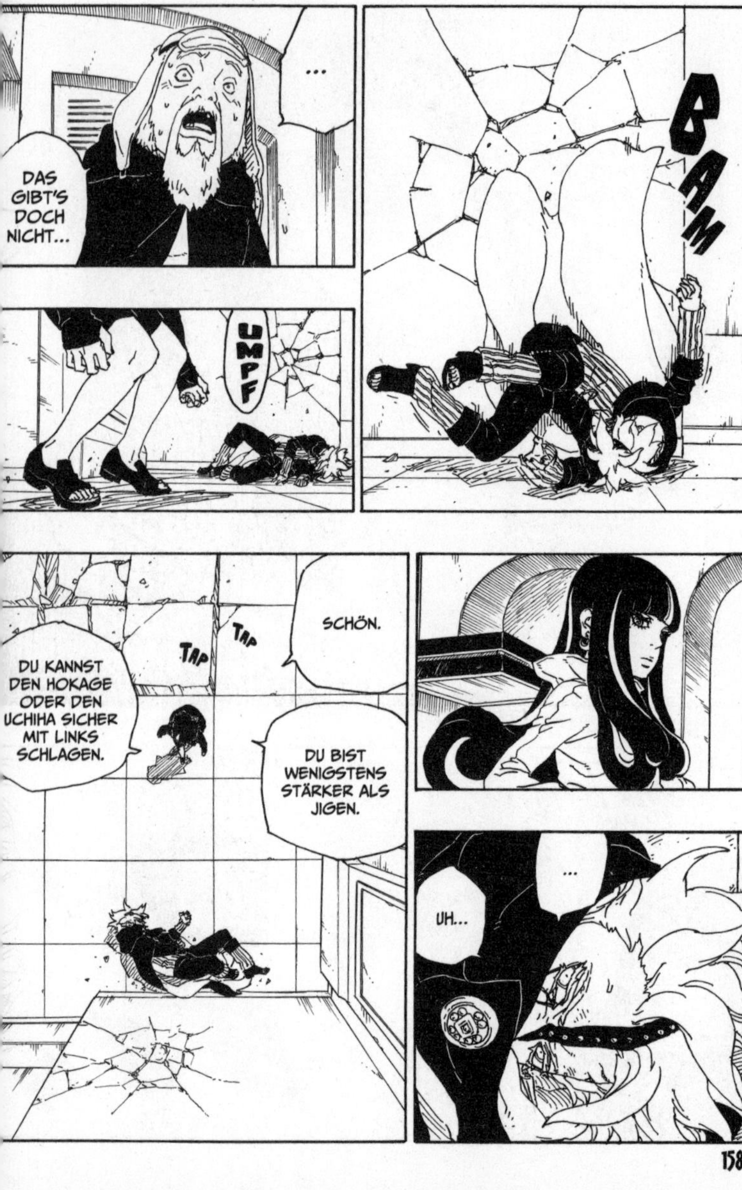
BAM
...
DAS GIBT'S DOCH NICHT...
UMPF
SCHÖN.
TAP
TAP
DU KANNST DEN HOKAGE ODER DEN UCHIHA SICHER MIT LINKS SCHLAGEN.
DU BIST WENIGSTENS STÄRKER ALS JIGEN.
...
UH...

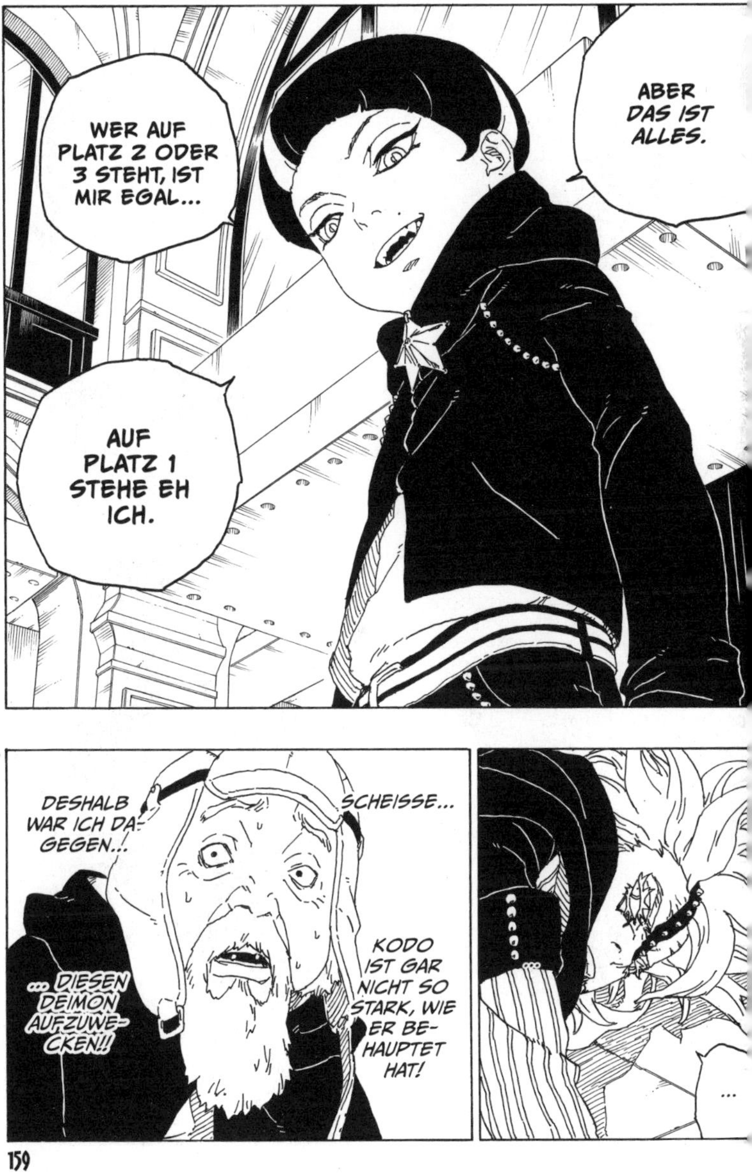
ABER DAS IST ALLES.
WER AUF PLATZ 2 ODER 3 STEHT, IST MIR EGAL...
AUF PLATZ 1 STEHE EH ICH.
...
SCHEISSE...
KODO IST GAR NICHT SO STARK, WIE ER BEHAUPTET HAT!
DESHALB WAR ICH DAGEGEN...
... DIESEN DEIMON AUFZUWECKEN!!

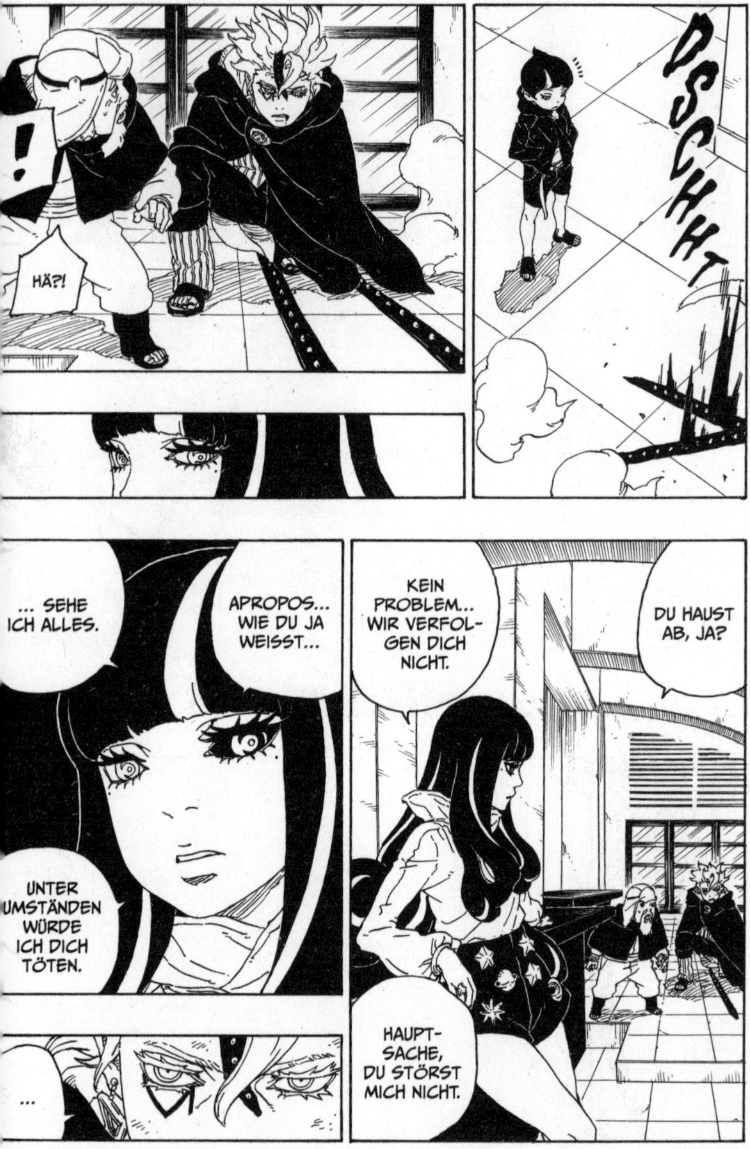
DSCHHT
!
HÄ?!
DU HAUST AB, JA?
KEIN PROBLEM... WIR VERFOLGEN DICH NICHT.
HAUPTSACHE, DU STÖRST MICH NICHT.
APROPOS... WIE DU JA WEISST...
... SEHE ICH ALLES.
UNTER UMSTÄNDEN WÜRDE ICH DICH TÖTEN.
...

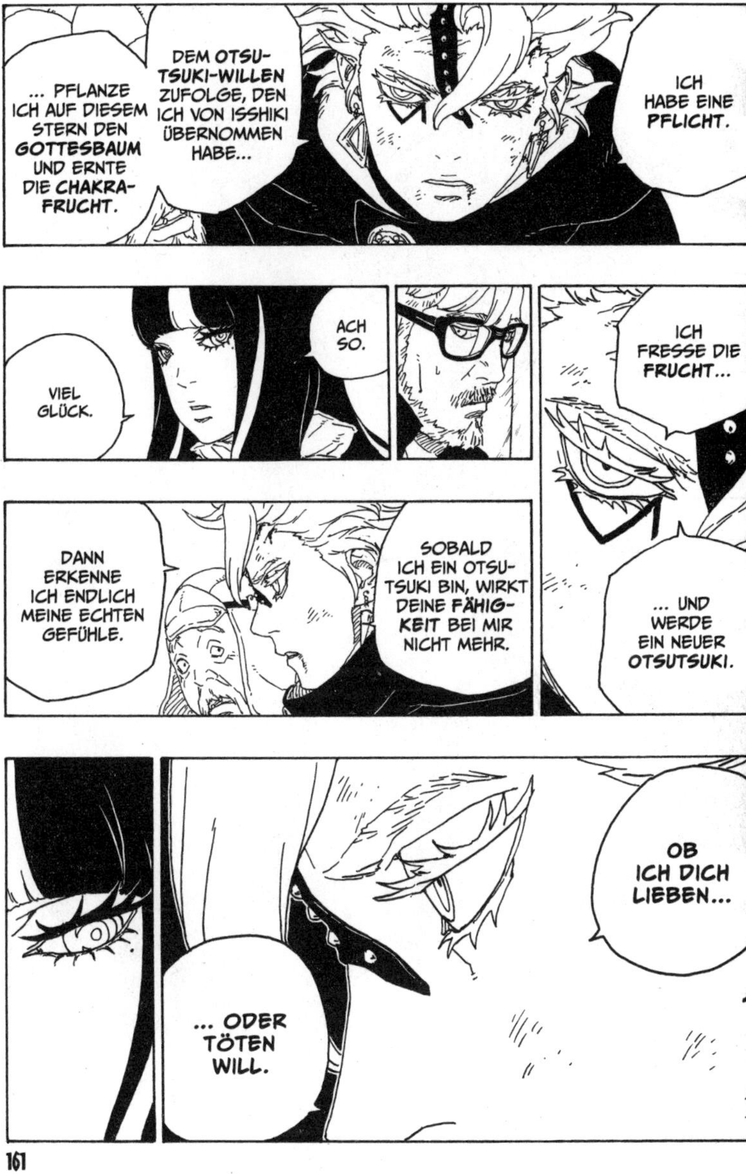
ICH HABE EINE PFLICHT.
DEM OTSUTSUKI-WILLEN ZUFOLGE, DEN ICH VON ISSHIKI ÜBERNOMMEN HABE...
... PFLANZE ICH AUF DIESEM STERN DEN GOTTESBAUM UND ERNTE DIE CHAKRAFRUCHT.
ICH FRESSE DIE FRUCHT...
... UND WERDE EIN NEUER OTSUTSUKI.
ACH SO.
VIEL GLÜCK.
SOBALD ICH EIN OTSUTSUKI BIN, WIRKT DEINE FÄHIGKEIT BEI MIR NICHT MEHR.
DANN ERKENNE ICH ENDLICH MEINE ECHTEN GEFÜHLE.
OB ICH DICH LIEBEN...
... ODER TÖTEN WILL.

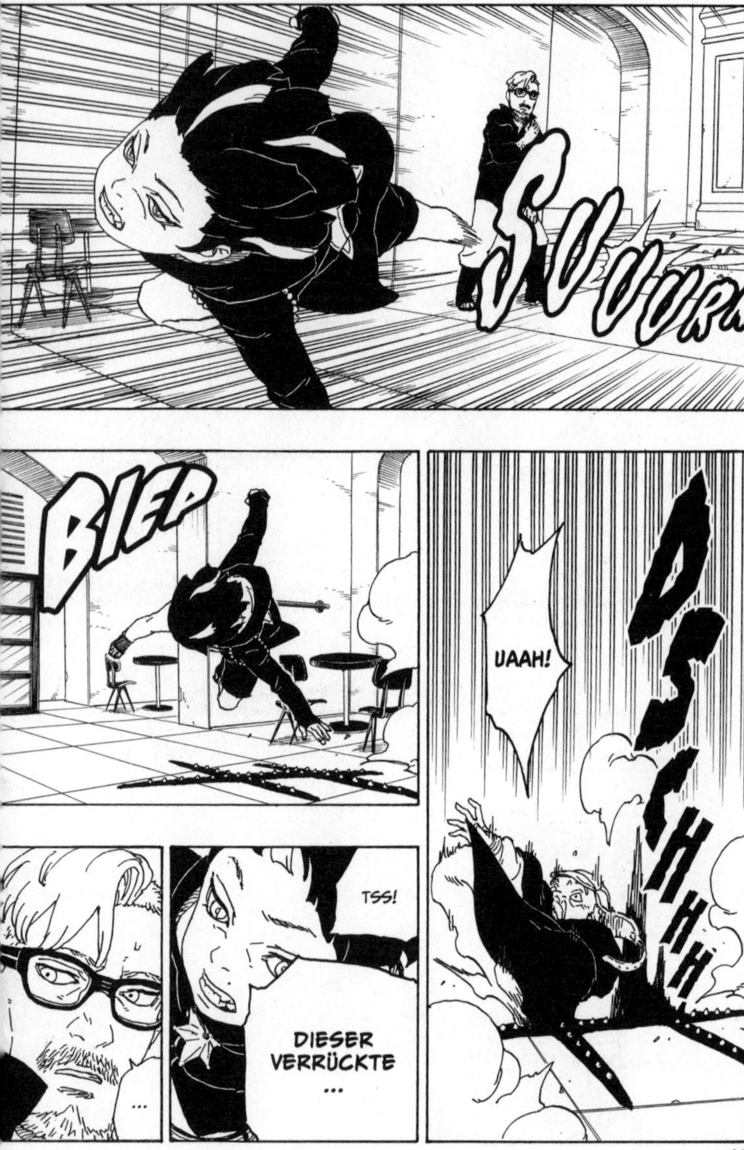
SVUURR
BIEP
DSCHHH
UAAH!
TSS!
DIESER VERRÜCKTE ...
...

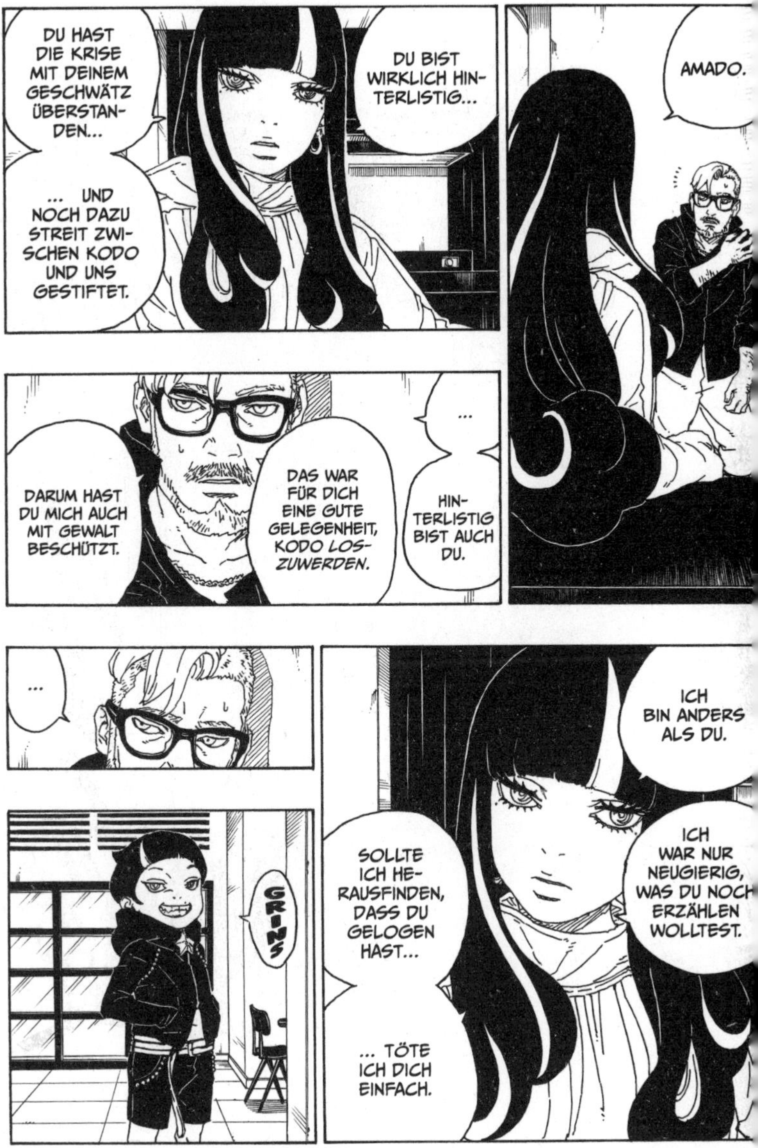
AMADO.
DU BIST WIRKLICH HINTERLISTIG...
DU HAST DIE KRISE MIT DEINEM GESCHWÄTZ ÜBERSTANDEN...
... UND NOCH DAZU STREIT ZWISCHEN KODO UND UNS GESTIFTET.
...
HINTERLISTIG BIST AUCH DU.
DAS WAR FÜR DICH EINE GUTE GELEGENHEIT, KODO LOSZUWERDEN.
DARUM HAST DU MICH AUCH MIT GEWALT BESCHÜTZT.
ICH BIN ANDERS ALS DU.
ICH WAR NUR NEUGIERIG, WAS DU NOCH ERZÄHLEN WOLLTEST.
SOLLTE ICH HERAUSFINDEN, DASS DU GELOGEN HAST...
... TÖTE ICH DICH EINFACH.
...
GRINS

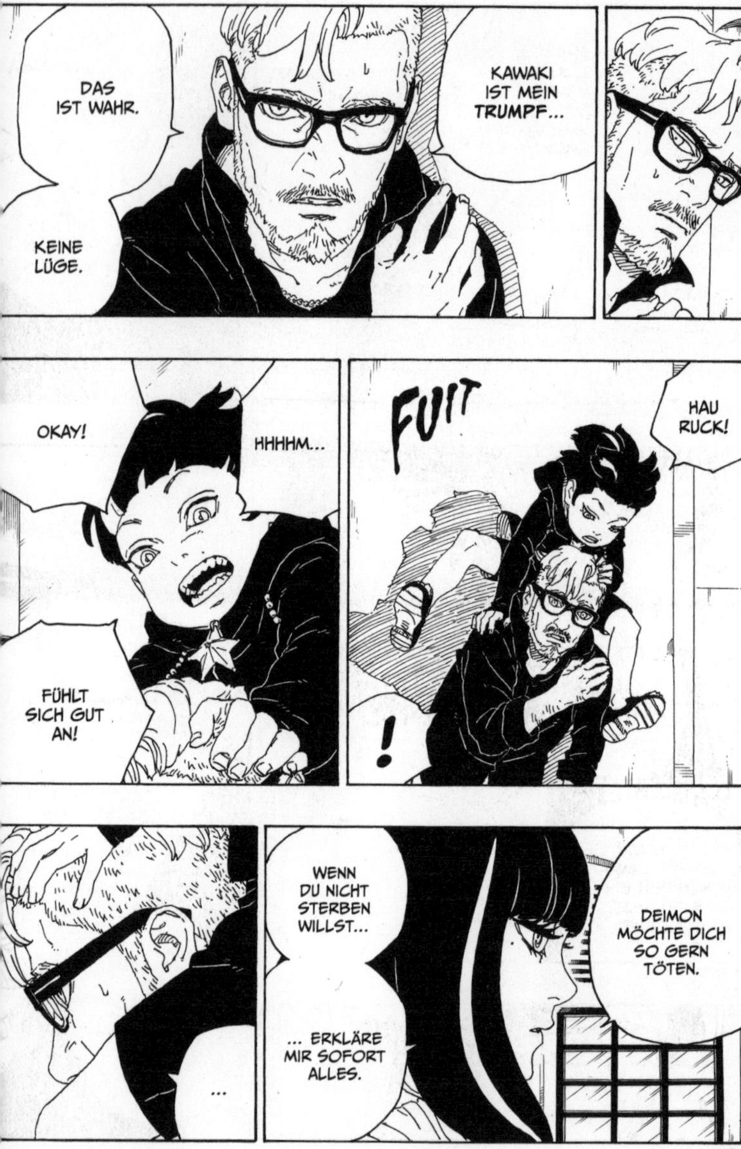
KAWAKI IST MEIN TRUMPF...
DAS IST WAHR.
KEINE LÜGE.
HAU RUCK!
FUIT
!
HHHHM...
OKAY!
FÜHLT SICH GUT AN!
DEIMON MÖCHTE DICH SO GERN TÖTEN.
WENN DU NICHT STERBEN WILLST...
... ERKLÄRE MIR SOFORT ALLES.
...

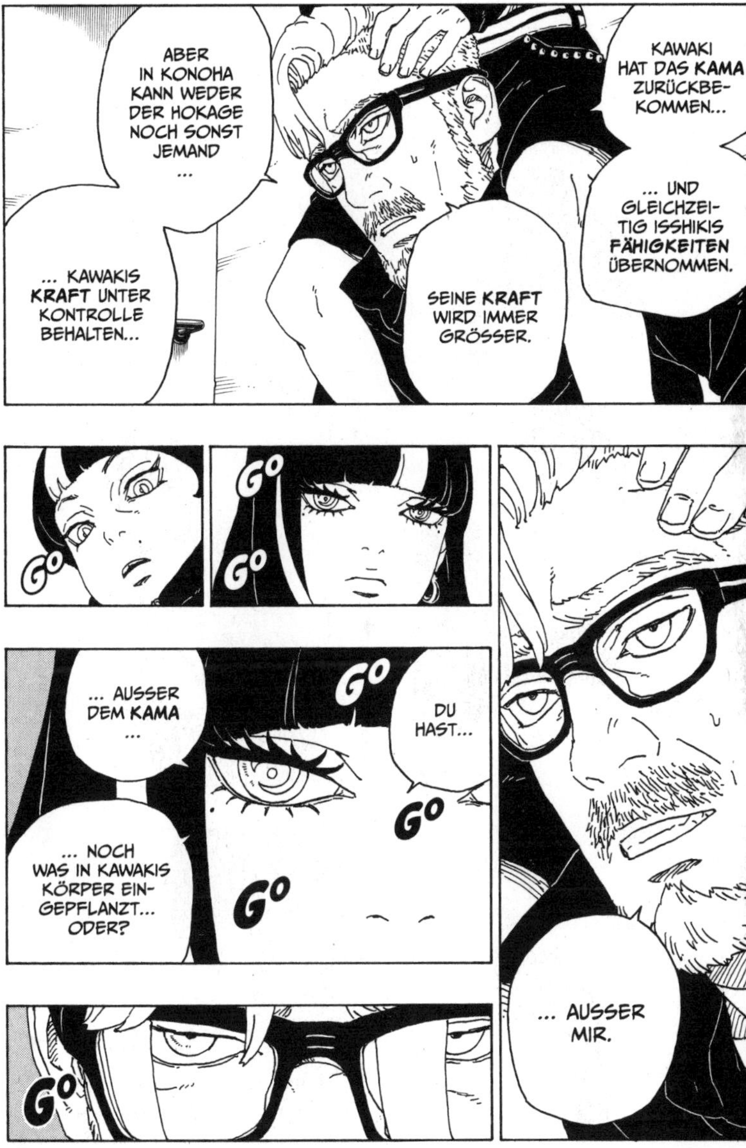
KAWAKI HAT DAS KAMA ZURÜCKBEKOMMEN...
... UND GLEICHZEITIG ISSHIKIS FÄHIGKEITEN ÜBERNOMMEN.
SEINE KRAFT WIRD IMMER GRÖSSER.
ABER IN KONOHA KANN WEDER DER HOKAGE NOCH SONST JEMAND ...
... KAWAKIS KRAFT UNTER KONTROLLE BEHALTEN...
... AUSSER MIR.
GO
GO
GO
GO
GO
DU HAST...
GO
... AUSSER DEM KAMA ...
... NOCH WAS IN KAWAKIS KÖRPER EINGEPFLANZT... ODER?
GO
GO

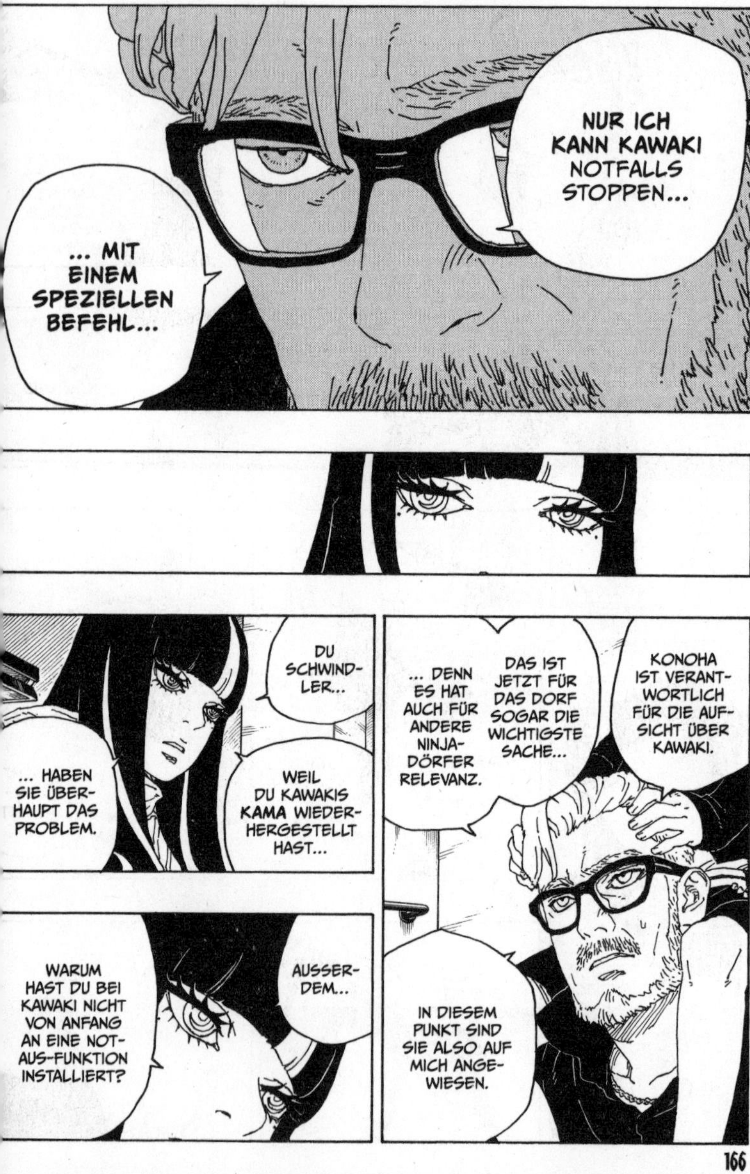
NUR ICH KANN KAWAKI NOTFALLS STOPPEN...
... MIT EINEM SPEZIELLEN BEFEHL...
KONOHA IST VERANTWORTLICH FÜR DIE AUFSICHT ÜBER KAWAKI.
DAS IST JETZT FÜR DAS DORF SOGAR DIE WICHTIGSTE SACHE...
... DENN ES HAT AUCH FÜR ANDERE NINJA-DÖRFER RELEVANZ.
IN DIESEM PUNKT SIND SIE ALSO AUF MICH ANGEWIESEN.
DU SCHWINDLER...
WEIL DU KAWAKIS KAMA WIEDERHERGESTELLT HAST...
... HABEN SIE ÜBERHAUPT DAS PROBLEM.
AUSSERDEM...
WARUM HAST DU BEI KAWAKI NICHT VON ANFANG AN EINE NOT-AUS-FUNKTION INSTALLIERT?

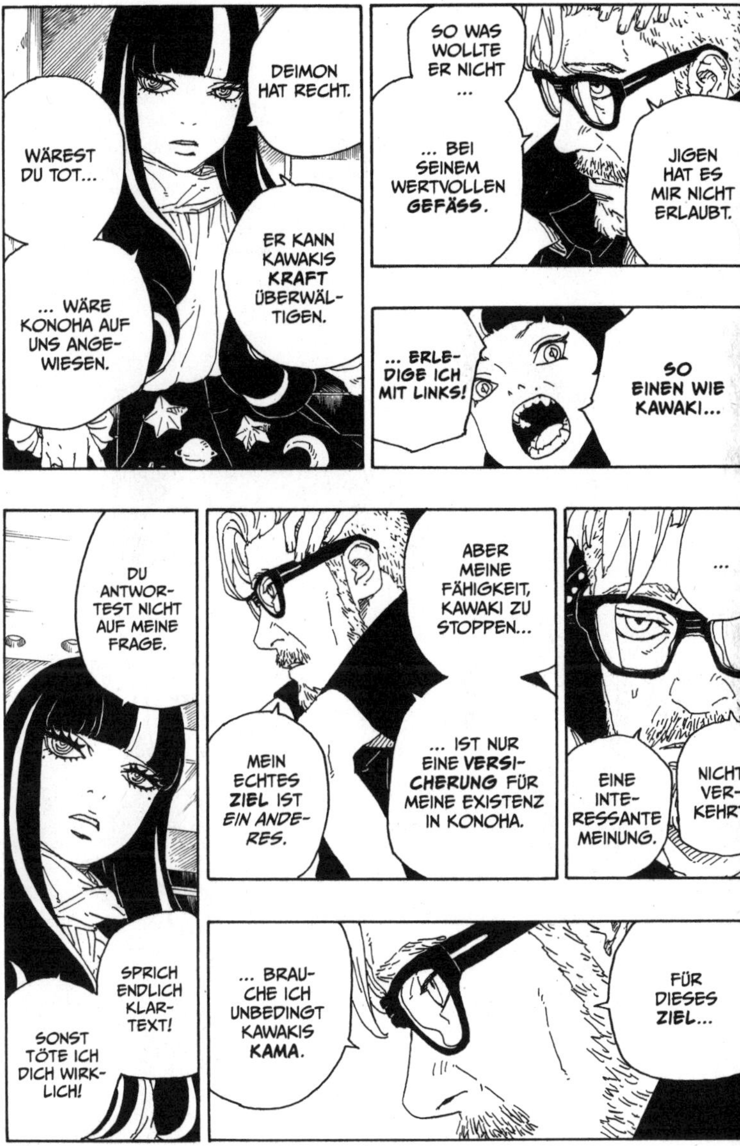
JIGEN HAT ES MIR NICHT ERLAUBT.
SO WAS WOLLTE ER NICHT ...
... BEI SEINEM WERTVOLLEN GEFÄSS.
SO EINEN WIE KAWAKI...
... ERLEDIGE ICH MIT LINKS!
DEIMON HAT RECHT.
ER KANN KAWAKIS KRAFT ÜBERWÄLTIGEN.
WÄREST DU TOT...
... WÄRE KONOHA AUF UNS ANGEWIESEN.
...
NICHT VERKEHRT
EINE INTERESSANTE MEINUNG.
ABER MEINE FÄHIGKEIT, KAWAKI ZU STOPPEN...
... IST NUR EINE VERSICHERUNG FÜR MEINE EXISTENZ IN KONOHA.
MEIN ECHTES ZIEL IST EIN ANDERES.
DU ANTWORTEST NICHT AUF MEINE FRAGE.
FÜR DIESES ZIEL...
... BRAUCHE ICH UNBEDINGT KAWAKIS KAMA.
SPRICH ENDLICH KLARTEXT!
SONST TÖTE ICH DICH WIRKLICH!

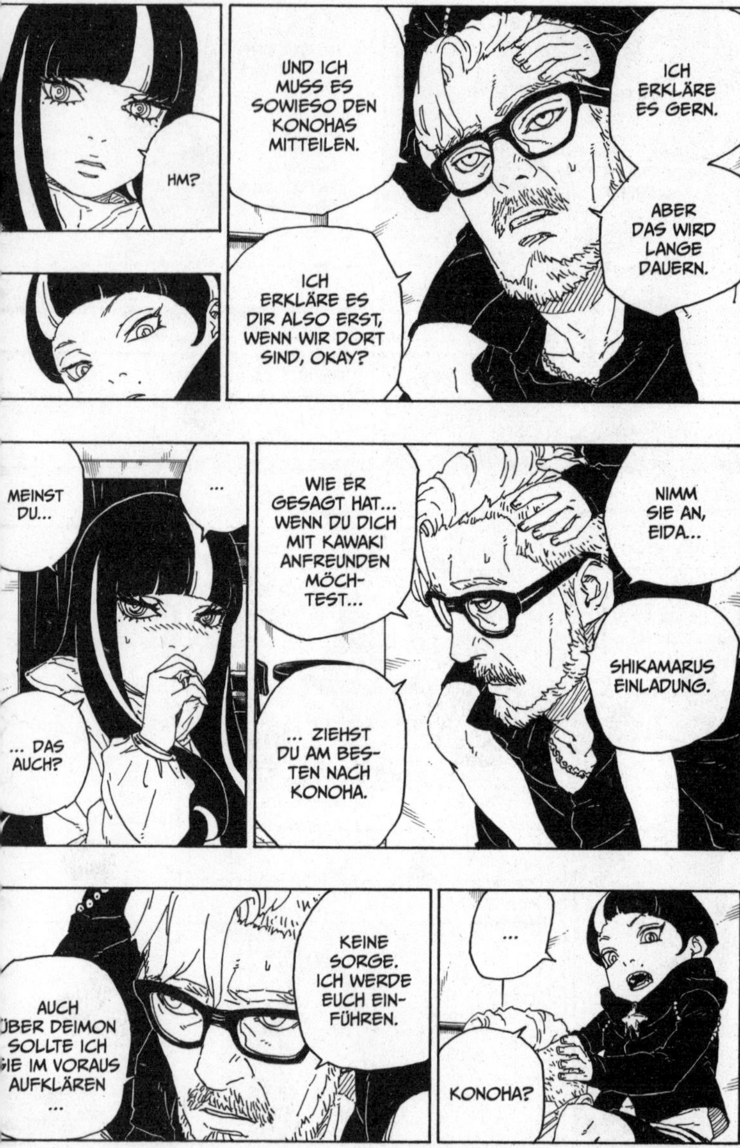
ICH ERKLÄRE ES GERN.
ABER DAS WIRD LANGE DAUERN.
UND ICH MUSS ES SOWIESO DEN KONOHAS MITTEILEN.
ICH ERKLÄRE ES DIR ALSO ERST, WENN WIR DORT SIND, OKAY?
HM?
NIMM SIE AN, EIDA...
SHIKAMARUS EINLADUNG.
WIE ER GESAGT HAT... WENN DU DICH MIT KAWAKI ANFREUNDEN MÖCHTEST...
... ZIEHST DU AM BESTEN NACH KONOHA.
...
MEINST DU...
... DAS AUCH?
...
KONOHA?
KEINE SORGE. ICH WERDE EUCH EINFÜHREN.
AUCH ÜBER DEIMON SOLLTE ICH SIE IM VORAUS AUFKLÄREN ...

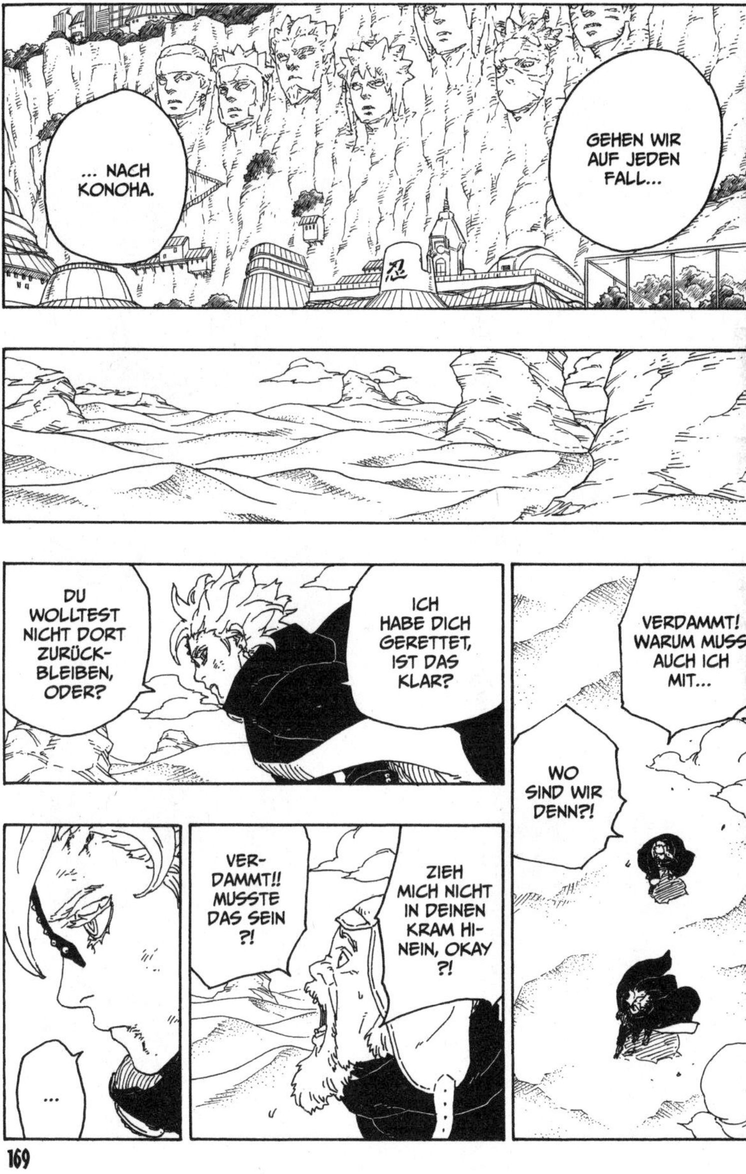
GEHEN WIR AUF JEDEN FALL...
... NACH KONOHA.
VERDAMMT! WARUM MUSS AUCH ICH MIT...
WO SIND WIR DENN?!
ICH HABE DICH GERETTET, IST DAS KLAR?
DU WOLLTEST NICHT DORT ZURÜCK-BLEIBEN, ODER?
ZIEH MICH NICHT IN DEINEN KRAM HI-NEIN, OKAY?!
VER-DAMMT!! MUSSTE DAS SEIN?!
...

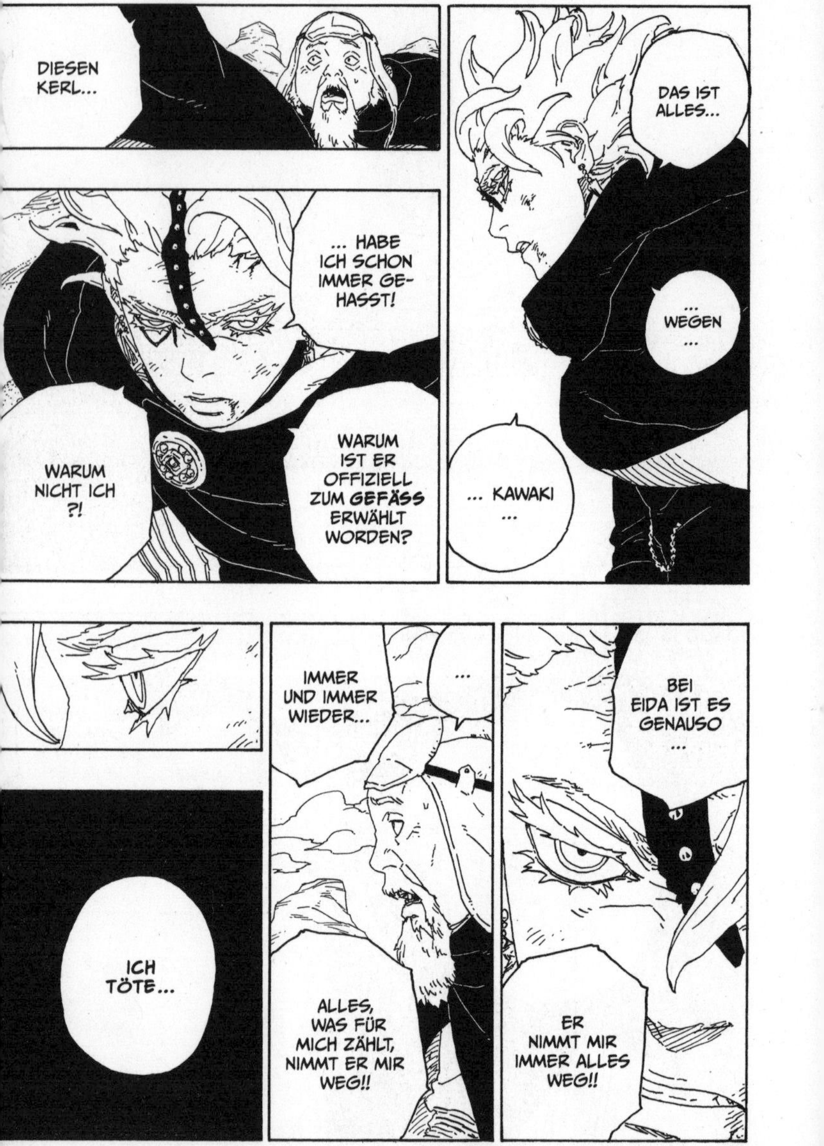
DAS IST ALLES...
... WEGEN ...
... KAWAKI ...
DIESEN KERL...
... HABE ICH SCHON IMMER GE-HASST!
WARUM IST ER OFFIZIELL ZUM GEFÄSS ERWÄHLT WORDEN?
WARUM NICHT ICH ?!
BEI EIDA IST ES GENAUSO ...
ER NIMMT MIR IMMER ALLES WEG!!
...
IMMER UND IMMER WIEDER...
ALLES, WAS FÜR MICH ZÄHLT, NIMMT ER MIR WEG!!
ICH TÖTE...

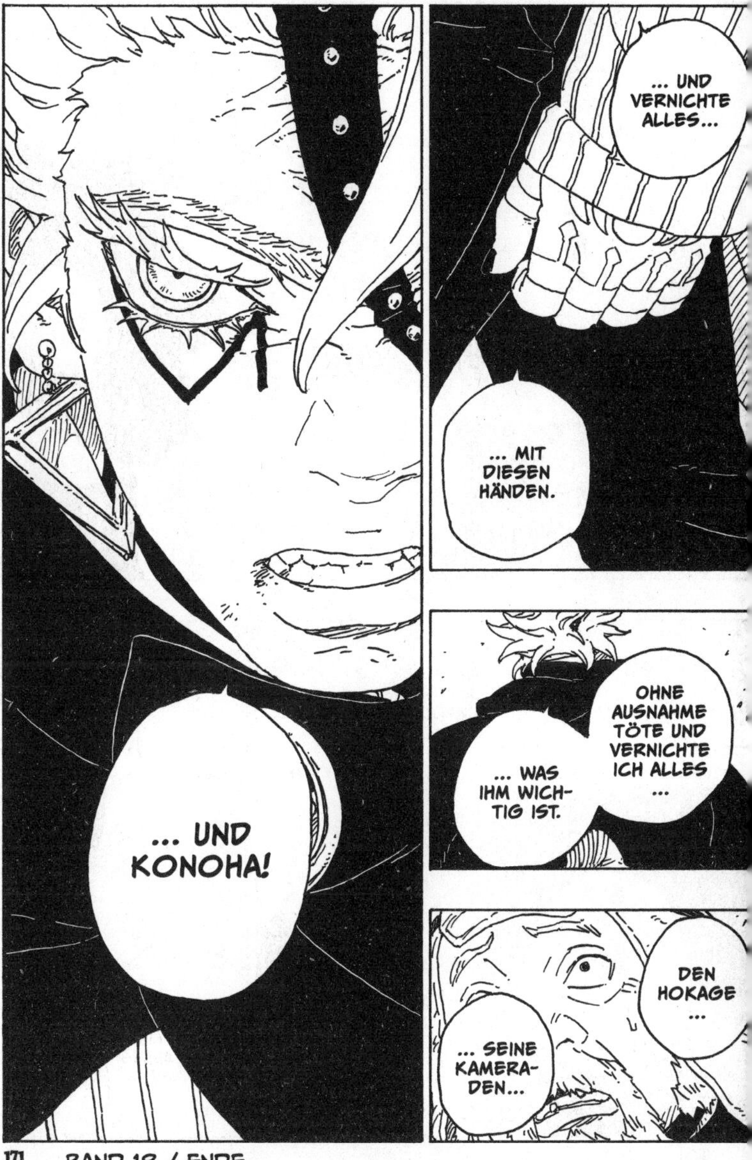
... UND VERNICHTE ALLES...
... MIT DIESEN HÄNDEN.
OHNE AUSNAHME TÖTE UND VERNICHTE ICH ALLES ...
... WAS IHM WICH-TIG IST.
DEN HOKAGE ...
... SEINE KAMERA-DEN...
... UND KONOHA!

 BAND 18 / ENDE

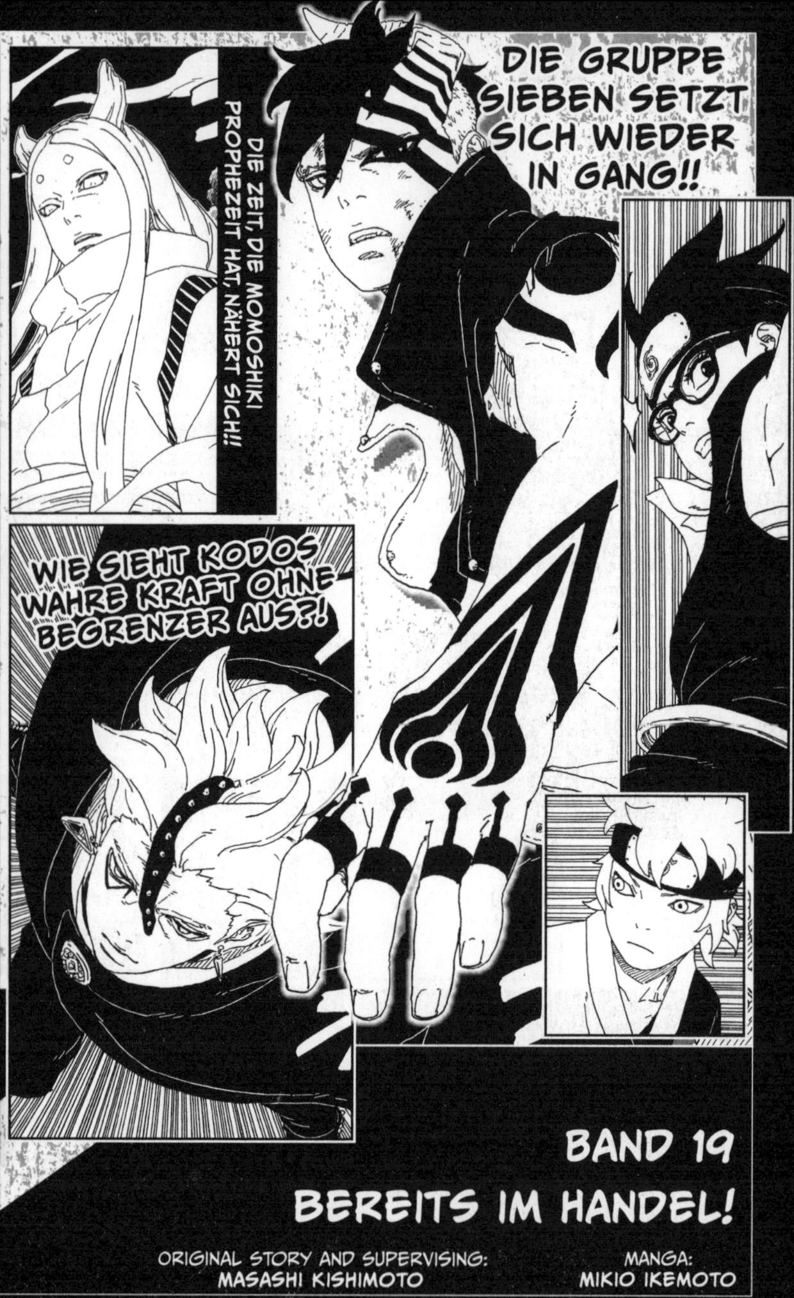
DIE GRUPPE SIEBEN SETZT SICH WIEDER IN GANG!!
DIE ZEIT, DIE MOMOSHIKI PROPHEZEIT HAT, NÄHERT SICH!!
WIE SIEHT KODOS WAHRE KRAFT OHNE BEGRENZER AUS?!
BAND 19
BEREITS IM HANDEL!
ORIGINAL STORY AND SUPERVISING:
MASASHI KISHIMOTO
MANGA:
MIKIO IKEMOTO

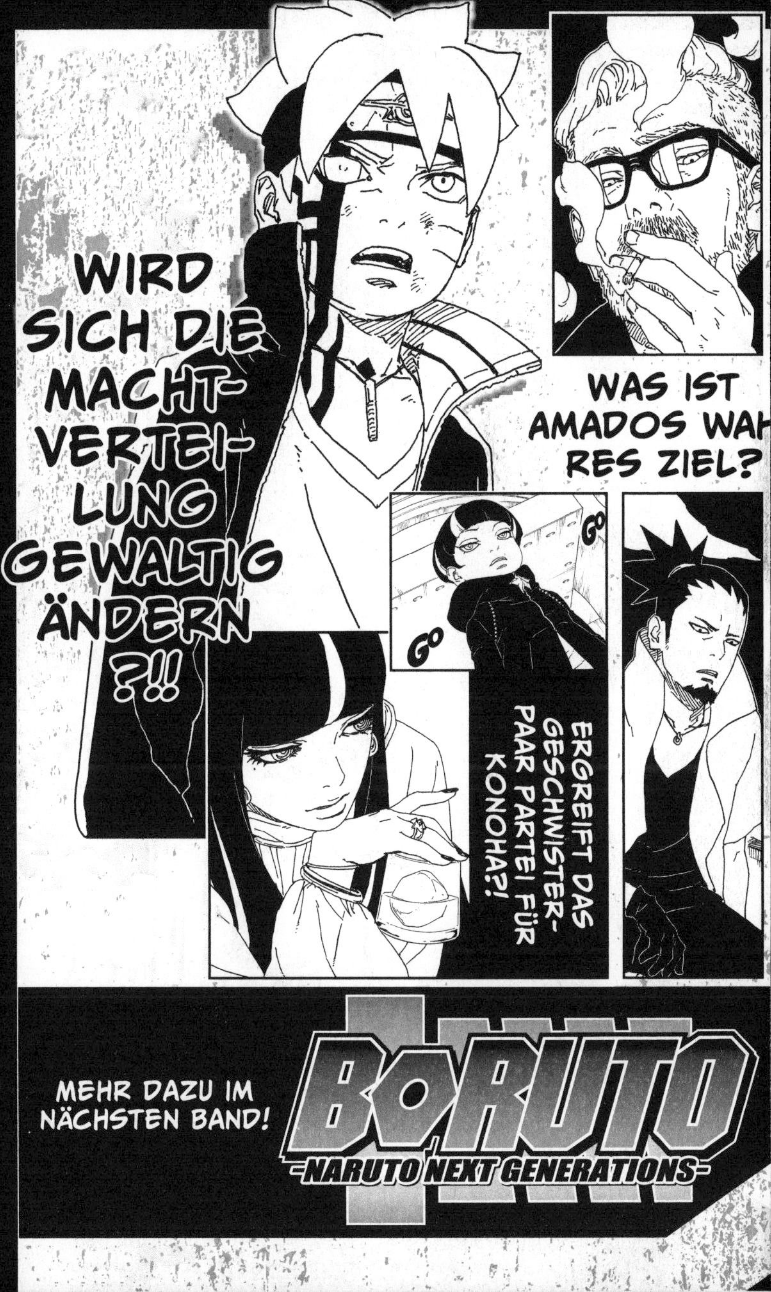
WAS IST AMADOS WAH RES ZIEL?
WIRD SICH DIE MACHT-VERTEI-LUNG GEWALTIG ÄNDERN?!!
GO
GO
ERGREIFT DAS GESCHWISTER-PAAR PARTEI FÜR KONOHA?!
BORUTO -NARUTO NEXT GENERATIONS-
MEHR DAZU IM NÄCHSTEN BAND!

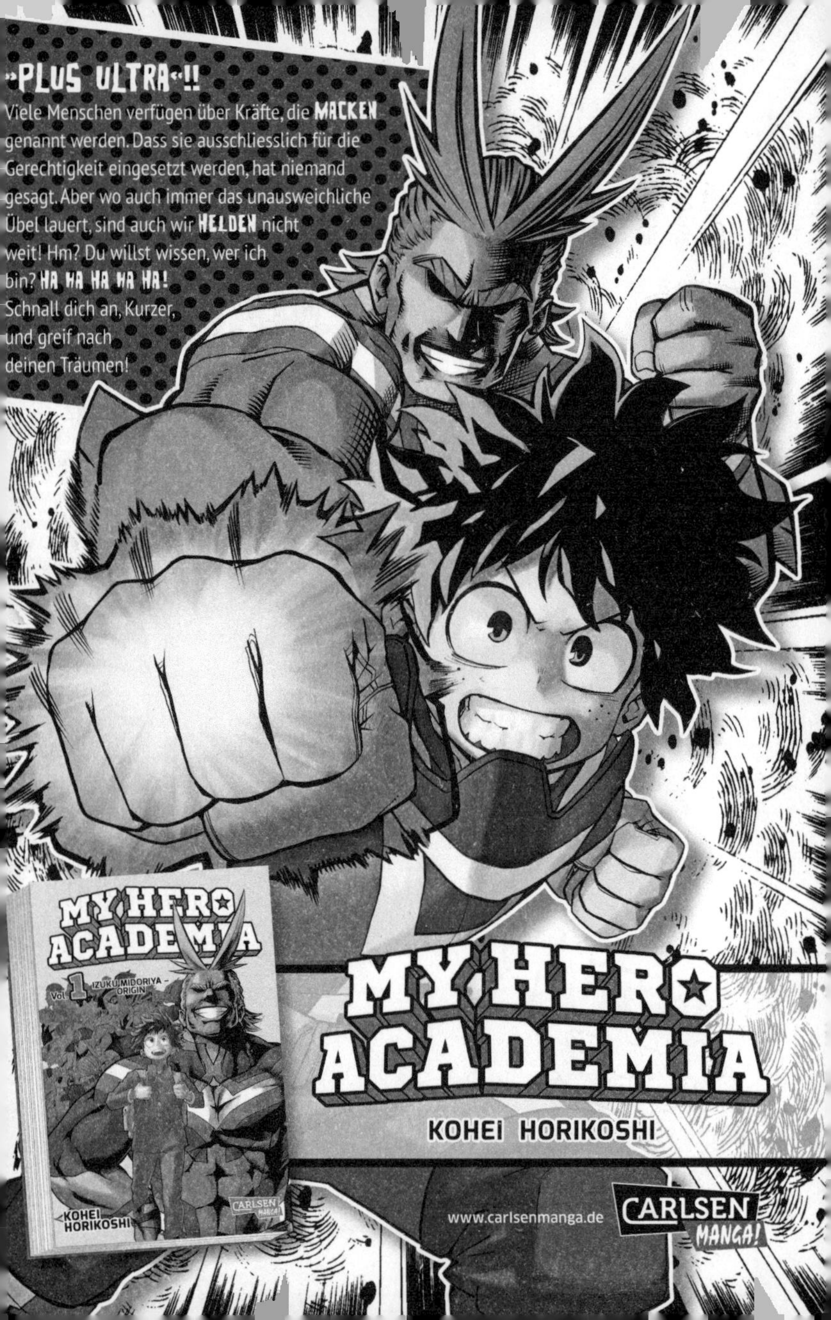
»PLUS ULTRA«!!
Viele Menschen verfügen über Kräfte, die MACKEN genannt werden. Dass sie ausschliesslich für die Gerechtigkeit eingesetzt werden, hat niemand gesagt. Aber wo auch immer das unausweichliche Übel lauert, sind auch wir HELDEN nicht weit! Hm? Du willst wissen, wer ich bin? HA HA HA HA HA!
Schnall dich an, Kurzer, und greif nach deinen Träumen!
MY HERO ACADEMIA
Vol. 1 IZUKU MIDORIYA – ORIGIN
KOHEI HORIKOSHI
MY HERO ACADEMIA
KOHEI HORIKOSHI
www.carlsenmanga.de
CARLSEN MANGA!

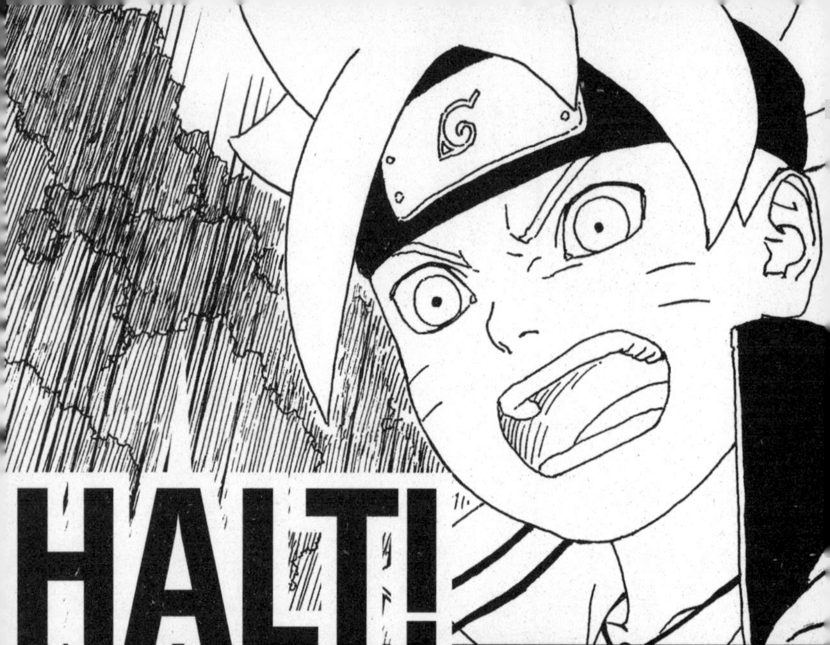

HALT!

Das ist nicht die erste Seite des Buches. »Boruto« ist ein japanischer Comic. In Japan liest man von »hinten« nach »vorne« und von rechts oben nach links unten, also genau spiegelverkehrt zu dem, wie wir es gewohnt sind.
Auch die Bilder und Sprechblasen auf jeder Seite werden so gelesen, wie es in der Grafik gezeigt wird!
Die Legende der neuen Generation beginnt!!

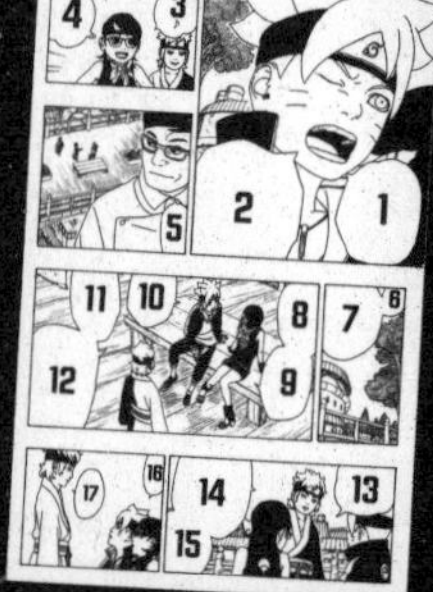

CARLSEN MANGA! NEWS * Aktuelle Infos abonnieren unter
www.carlsenmanga.de * www.carlsen.de

CARLSEN MANGA * Deutsche Ausgabe / German Edition * © 2023 Carlsen Verlag GmbH, Völckersstraße 14-20, 22765 Hamburg * Aus dem Japanischen von Miyuki TsujiBORUTO:NARUTO NEXT GENERATIONS © 2016 by Masashi Kishimoto, Mikio Ikemoto All rights reserved. * First published in Japan in 2016 by SHUEISHA Inc., Tokyo. * German translation rights in Germany, Austria, Luxembourg and German-speaking Switzerland arranged by SHUEISHA Inc. through VME PLB SAS, France. Redaktion: Anne Berling Textbearbeitung: Ina Schiele * Herstellung: Derya Yıldırım * Alle deutschen Rechte vorbehalten Bei Fragen zum Produkt: carlsen.de/kontakt * ISBN 978-3-551-77030-1